新编21世纪高等职业教育精品教材 · 通识课系列

浙江省高职院校“十四五”重点立项建设教材

U0873652

商品实务

SHANGPIN SHIWU

主　编 ◎ 钟　燕　李婷婷

副主编 ◎ 包训艳　贺　骥　苏　敏

中国人民大学出版社

· 北京 ·

图书在版编目（CIP）数据

商品实务 / 钟燕，李婷婷主编. -- 北京 ： 中国人民大学出版社，2024.8
新编21世纪高等职业教育精品教材. 通识课系列
ISBN 978-7-300-32861-4

Ⅰ. ①商… Ⅱ. ①钟… ②李… Ⅲ. ①商品学—高等职业教育—教材 Ⅳ. ①F76

中国国家版本馆 CIP 数据核字（2024）第 107094 号

浙江省高职院校“十四五”重点立项建设教材
新编 21 世纪高等职业教育精品教材·通识课系列
商品实务
主　编　钟　燕　李婷婷
副主编　包训艳　贺　骥　苏　敏
Shangpin Shiwu

出版发行	中国人民大学出版社		
社　　址	北京中关村大街 31 号	**邮政编码**	100080
电　　话	010-62511242（总编室）		010-62511770（质管部）
	010-82501766（邮购部）		010-62514148（门市部）
	010-62515195（发行公司）		010-62515275（盗版举报）
网　　址	http: // www. crup. com. cn		
经　　销	新华书店		
印　　刷	天津鑫丰华印务有限公司		
开　　本	787 mm × 1092 mm　1/16	**版　　次**	2024 年 8 月第 1 版
印　　张	16	**印　　次**	2025 年 5 月第 2 次印刷
字　　数	372 000	**定　　价**	45.00 元

版权所有　侵权必究　　印装差错　负责调换

前　言

QIAN YAN

党的二十大报告提出，加快建设贸易强国。随着全球化和数字化的快速发展，商品知识在现代营销、物流运作及国际贸易等领域中的重要性不言而喻。在当前全球化竞争的环境下，企业只有掌握消费者对商品的真正需求以及商品的属性和特征，才能有效增强竞争力。

本书是浙江省高职院校“十四五”重点立项建设教材，也是新形态立体化教材。本书根据高等职业教育的人才培养要求，结合行业发展的特点，侧重商贸类企业商品经营管理工作的实际需要。

商品实务是我国高职高专经济管理类专业的专业基础课程之一。本书在内容上以商品质量为中心，包含商品管理、商品质量监督和典型商品三个模块，涵盖走进商品实务、商品分类管理、商品代码操作、商品质量管理、监督的依据——商品标准、监督的方法——商品检验、监督的形式——商品认证、监督的目标——消费者权益保护，以及工业品、纺织品和食品商品特性等内容。此外，本书引进大量的新技术、新知识和新工艺，吸收各方面的实践经验和最新成果。本书包含课程大纲，单元教学设计，电子课件，案例动画、视频、图片等丰富的教学资源。同时，在线课程也正在同步开展。这些教学资源的建设与教材编写同步，是本书的一大特色。

本书以“必需、够用”为度，从应用出发，理论联系实际，强化实用性和学生实践能力的训练与培养。本书注重将党的二十大精神有机融入，结合课程思政建设要求，挖掘思想政治教育元素和资源，引导学生树立正确的世界观、人生观和价值观，增强学生的文化自信和职业认同感。通过学习本书，学生可以初步掌握商品管理和商品推介的基础理论知识和基本技能，为后续学好各门专业课以及从事具体商品经营管理工作奠定一定的基础。

本书由浙江长征职业技术学院的钟燕、李婷婷担任主编，包训艳、贺骥和苏敏担任副主编。本书共三个模块十一个项目，其中钟燕编写模块一，李婷婷编写模块二，包训艳编写项目九，苏敏编写项目十，贺骥编写项目十一。浙江凯斯特新材料股份有限公司的吴炯为本书编写提供了大量素材和建议。

编者在编写本书过程中得到了许多专家和学者的支持与帮助，也参考了大量文献，在此谨向相关作者以及专家学者表示衷心的感谢！

由于编者水平有限，对相关问题的认识和研究有待进一步深入，因此书中难免存在不足之处，希望广大读者、专家学者提出宝贵意见，以便进一步修改完善。

编者

目　录

| MU LU |

模块一

商品管理

项目一

走进商品实务

学习目标

◎ **知识目标**

（1）理解商品学的概念。

（2）了解商品的特征和基本属性。

（3）了解商品学的形成与发展。

（4）熟悉商品学的研究对象、研究内容和研究方法。

◎ **能力目标**

（1）能分析商品学的形成和经济发展的关系。

（2）初步运用商品学的基本理论指导企业商品生产与商品经营管理。

◎ **素养目标**

（1）培养脚踏实地、认真细致的学习态度。

（2）掌握严谨细致、一丝不苟的分析、探究精神。

（3）体会中华民族商品学文化的源远流长，增强民族自信心。

内容结构

- 走进商品实务
  - 了解商品学的形成与发展
    - 国外商品学的形成与发展
    - 国内商品学的形成与发展
    - 商品学界的主要学派及其主张
  - 认识商品学研究的基本内容
    - 商品的概念和特征
    - 商品学的研究对象
    - 商品学的研究内容
    - 商品学的研究任务
  - 学习商品学的研究方法
    - 商品学的研究方法
    - 学习商品学的作用与意义

案例导入

陆羽与《茶经》

《茶经》是唐代陆羽所著，是中国乃至世界上现存第一部茶叶专著，被誉为“茶学百科全书”。《茶经》是一部关于茶叶生产的历史、源流、现状、生产技术以及饮茶技艺、茶道原理的综合性专著。

陆羽，字鸿渐，自称桑纻翁，又号东冈子，复州竟陵（今湖北天门）人；性诙谐，闭门著书，不愿为官；以嗜茶著名，并对茶道有精深研究，撰有《茶经》，被尊为“茶圣”。

《茶经》分三卷十篇。卷上：一之源，讲茶的起源、形状、功用、名称、品质；二之具，谈采茶制茶的用具；三之造，论述茶的种类和采制方法。卷中：四之器，叙述煮茶、饮茶的器皿，即24种饮茶用具。卷下：五之煮，讲烹茶的方法和各地水质的品第；六之饮，讲饮茶的风俗；七之事，叙述古今有关茶的故事、产地和药效等；八之出，讲唐代全国茶区的分布，并谈各地所产茶叶的优劣；九之略，分析采茶、制茶用具可依当时环境，省略某些用具；十之图，教人用绢书写《茶经》，便于悬挂，以广为流传。《茶经》系统地总结了当时的茶叶采制和饮用经验，全面论述了有关茶叶起源、生产、饮用等各方面的问题，传播了茶业科学知识，促进了茶叶生产的发展，开创了中国茶道的先河。

◎ **分析：**

《茶经》一书系统地总结了当时的茶叶采制和饮用经验，论述了茶叶科学的相关知识，对中国茶叶的生产发展起到了重要作用。

请结合案例，思考：

1.《茶经》是如何形成的？

2.《茶经》的作用有哪些？

任务一　了解商品学的形成与发展

一、国外商品学的形成与发展

走进商品实务

国外在首次开设商品学这门课程以前，有关商品的研究和著述是作为商业的一部分来进行的。据文献记载，现存世界上最早的商业著作，是阿拉伯人阿里·阿德·迪米斯基著的《商业之美》。从1000余年前世界上早期的商业发展来看，识别商品质量优劣、真伪已成为当时经商之人所必备的知识和技能。因此，广泛和深入的商品知识，作为培养与造就精明能干的商人的基础理论，日益扩展到商业研究中来。在此之后，当时欧洲的商业中心——意大利各城市的商人也著述了大量内容近似的作品。

16 世纪中叶，欧洲兴起了许多新的工业部门，如造纸、火药、制糖、棉织、军工和造船等。随着蒸汽机的出现、新技术的应用，自然科学在理论方面也取得了重大突破。社会化大生产和随之而来的新的生产关系极大地促进了商品生产和商品交换。在这种条件下，商品研究和商业研究更密不可分，意大利出现了药剂师普那裴特著的药物商品学著作《生药学》；俄国也出现了首批商品学书，叙述了有关商品及贸易的知识；法国沙瓦利的《完美商人》是一部系统的并享有盛名的商业业务指导书，书中记述了以纤维制品和染料为主的各种商品的产地、销路、包装和贮藏方法等。

18 世纪，德国人约翰·贝克曼教授首先开设了商品学课程，并出版了《商品学导论》一书。他所创立的“商品学”被誉为“贝克曼商品学”。在东方，日本商品学的发展也经历了一个相当长的过程，可追溯到江户时代的物产学、物产志等。日本人户田翠香编著了《日本商品学》，并作为学校的教材。

19 世纪中叶，自然科学和技术飞速发展，不少学者运用物理、化学等方面的研究成果开展了对商品学的研究，研究商品的内在质量、确定质量标准、拟订检验和鉴定方法，成为商品学研究的主要内容，在建立商品学的自然科学体系方面取得了显著成果。

第二次世界大战以后，商品学的研究又有了新的发展，西欧形成了“经济学体系”的商品学，苏联及东欧各国则形成了自然科学和技术科学的学派。此后，美国、日本、意大利等国又形成了“经营商品学”这个新的理论体系。1976 年，在奥地利的萨尔斯堡成立了国际商品学会，以德文缩写“IGWT”为会徽标志，会刊为《商品论坛——科学与实践》，活动中心设在维也纳经济大学。从此，在世界范围内，商品学的地位逐渐稳固。

二、国内商品学的形成与发展

在我国，商品学是一门既古老又年轻的学科。我国是一个具有悠久历史的文明古国，商品经济一度比较发达，这为商品学的诞生奠定了物质基础。春秋时期的《禽经》、唐代的《茶经》、宋代的《荔枝谱》、明代的《本草纲目》和清代的《商贾便览》等，都记载了与商品经营有关的知识。其中，陆羽所著的《茶经》一书，从学术角度看，可以说是商品学的萌芽。该书共三卷十篇，详细论述了各种茶叶的形状、品质、产地、采制方法、烹饮方法及用具，书中还对茶叶的评审、用途及贮藏方法等作了专门介绍。

到了近代，清代末年废除科举之后，学校式的商业教育肇始，一些学校在商业课程上列有商品学。盛在珦著《商品学》、刘冠英著《现代商品学》、方嘉东著《商品研究通论》，这些是我国近代早期商品学研究的著作。

新中国成立后，随着国民经济建设的发展，商品学学科也得到了蓬勃发展。许多高等院校相继开设了商品学课程，各有关商业财经院校与商业部门共同编写了《纺织品商品学》《茶叶商品学》等多种专业商品学书籍。商业部还召开了全国商品学学术讨论会。此后，上海、北京、天津、广州等地的大型商业企业定期出版商品知识刊物，这对我国商品学的研究和发展起到了积极的推动作用。天津、上海、黑龙江、河南等省、自治区、直辖市相继成立了商品学会。1995 年中国商品学会成立，标志着我国商品学已经进入一个崭新的发展时期。

三、商品学界的主要学派及其主张

当今世界商品学界存在三大学派：一是技术学派，主张从自然科学方面研究商品学；二是经济学派，主张从社会科学方面研究商品学；三是融合学派，主张从技术和经济两方面来研究和评价商品的使用价值。

（一）技术学派

技术学派又称自然科学与技术派商品学，简称第一商品学派。它主张从自然科学方面研究商品学，确立以商品检验和鉴定为主体的商品学，运用物理、化学、电子学等方面的研究成果，开展对商品质量的研究，把商品的有形内在质量和质量标准、检验及鉴定方法作为商品学的主要研究内容。进入20世纪，技术学派的理论和体系趋于完善，意大利、奥地利、俄罗斯和东欧其他一些国家，以及日本、中国都开始讲授这一体系的商品学。

（二）经济学派

经济学派又称社会科学与经济派商品学，简称第二商品学派。它主张从社会科学方面研究商品学，主要从市场经济出发，建立以市场价值为中心的商品学，着重研究商品的经营管理、商品销售、商品广告、商品包装、消费者和市场信息等。1804年，德国尼恩贝格大学的劳克斯首次提出了“经济商品学”大纲和体系的设想；1947年，德国的珀施尔创立了“目的论商品学”；1958年，奥地利维也纳经济大学的格伦斯洗特尔创立了“商品经济学”；1961年，德国科隆经济大学的库兹尼格创立了“经济商品学”。

（三）融合学派

融合学派又称第三商品学派。它结合了技术学派和经济学派的主张，倡导从技术和经济两方面来评价商品的使用价值，使商品学不再是一门典型的边缘学科，而是具有较强实践性的应用技术科学。

任务二　认识商品学研究的基本内容

一、商品的概念和特征

（一）商品的定义与起源

商品是指用于交换的劳动产品，它是人类社会经济活动中的基本单位。商品具有以下不同于物品、产品的特点：（1）商品是具有使用价值的劳动产品；（2）商品是供他人消费的劳动产品；（3）商品是必须通过交换才能到达他人手中的劳动产品。

商品的起源可以追溯到人类社会的早期阶段。随着生产力的提高和社会分工的深化，人们开始生产超出自身需要的劳动产品，并通过交换来满足各自的需求。商品的出现，标志着人类社会从自给自足的自然经济向商品经济转变。商品具有多种属性，包括使用价值、交换价值、社会价值等。使用价值是指商品能够满足人们某种需要的属性，是商品的自然属性；交换价值则是指商品在交换过程中所能表现的价值量，是商品的社会属性。根据不同的属性，商品可以被划分为不同的类别，如消费品、生产资料、服务商品等。

课堂训练

农民种植出来的蔬菜，一部分在集市上销售，另一部分自己吃，这些蔬菜都是商品吗？

（二）商品的特征

商品作为用于交换的劳动产品，具有一系列特征，这些特征共同决定了商品的本质和属性。了解这些特征有助于我们更好地理解商品经济的运行规律和特点。

（1）商品是劳动产品：商品是劳动产品，它是通过人类劳动创造出来的。这种劳动既可以是体力劳动，也可以是脑力劳动，但无论如何，商品都代表人类的努力和投入。

（2）商品用于交换：商品不是为了直接消费而生产的，而是为了与他人进行交换。交换性是商品的核心特征。这种交换既可以是有形的（如货币交换），也可以是无形的（如服务交换）。

（3）商品能够满足人类需要：商品具有使用价值，它能够满足人类的某种需要或欲望。这种需要既可以是物质上的（如食物、衣物），也可以是精神上的（如书籍、艺术品）。

（4）商品具有社会属性：商品不仅仅是私人劳动的产品，它也具有社会属性。因为在商品经济中，商品的生产和交换涉及人际关系。

（5）商品具有价值和使用价值二重性：价值是商品的社会属性，体现了商品的社会生产关系；而使用价值是商品的自然属性，是指物品能够满足人们某种需要的属性。商品同时具备价值和使用价值，且二者往往不可分割。

商品作为劳动产品具有多个特征，这些特征共同构成了商品的基本属性和在经济中的角色。了解这些特征有助于我们更好地理解商品经济的运行规律和特点。

二、商品学的研究对象

商品学研究的客体是商品，商品具有二重性，即价值和使用价值。商品学的研究对象是商品的使用价值及其变化规律。

商品的使用价值通常可理解为商品的效用，是由商品本身的自然属性决定的，即商品的使用价值的基础是商品的有用性，而这种有用性不仅源于形成商品的自然的、本质的物质基础，而且受相关的社会属性（如商品的结构、造型、美学特性、经济特性等）的影响。商品学研究商品的使用价值，就是从这些物质基础及其相关因素出发，来研究与商品有关的理论和技术。

商品的质量既是商品使用价值的表征，也是衡量商品使用价值的尺度。商品学在研究商品使用价值时总是紧密地围绕商品的质量进行。商品学的研究对象，其研究的中心内容主要集中在商品的质量上。在商品的经营活动中，经营者要解决的有关商品的问题有很多，其中，商品数量的多与少、商品价格的高与低以及商品质量的好与坏是经营者最为关心的三个主要问题。商品数量的多与少，包括品种结构是否合理、花色品种是否适销对路等。商品的数量不足会导致出现脱销断档影响销售和效益的现象，数量过大会导致商品积压。品种结构问题也同样是当今企业十分关心的问题。商品价格的高与低受众多因素的影响，市场竞争首先表现为价格的竞争。上述问题的解决非常重要，商品的质量问题也同样是各企业必须解决的问题。物美价廉是消费者的期望，优质优价、同价优质是企业广泛采用的基本竞争策略。企业需要全面解决好数量、价格、质量等方面各种各样的问题才能在日趋激烈的市场竞争中生存和发展。商品学研究商品的使用价值、研究商品的质量，目的就是解决商品经营中的质量问题。

课堂训练

假如你是学校超市的经营者，请问你在商品的经营活动中，需要注意商品的哪些问题？请填入表 1-1。

表 1-1　商品经营活动中需要注意的有关商品的问题

项目	经营中可能遇到的问题	解决问题需要的知识和方法

三、商品学的研究内容

从商品学研究的对象和内容来看，商品学与许多学科的理论知识有着密切的联系，这一点也决定了商品学这门学科所涉及的理论知识具有广泛性。

研究商品的成分、结构和性质，要以化学、物理学、植物学和微生物学等学科的基础理论和基本知识以及研究这些学科的基本方法为基础。

研究商品质量评定，离不开商品的质量特征，这就需要掌握计量学、标准化等学科的理论知识。

对评定方法的研究，离不开物理学、分析化学和微生物学等学科基础理论知识。研究影响商品质量的因素，涉及的学科领域更加广泛。

对工业商品生产影响因素的研究，离不开材料学和工艺学等理论知识。

对农产品商品生产影响因素的研究，离不开植物栽培学、动物饲养学等理论知识。

研究商品包装，除研究商品成分、结构和性质外，还要研究商品包装材料的性质、包装容器的结构和特点以及包装的一些防护措施，同时也需要物理学、化学和材料学的理论知识。

研究商品质量的保养和维护，既要研究在外界因素影响下商品质量变化的形式及其规律，又要研究商品成分结构的变化等内在因素，还要研究影响质量变化的各种外界因素，这同样需要物理学、化学、气象学、微生物学、昆虫学等学科的理论知识。

研究商品分类、商品品种类别及其构成，乃至品种发展规律，离不开分类学、统计学等学科的理论知识。

研究商品名称、型号和系列，并对其进行科学规范化，离不开标准化、数学等理论知识。

此外，在研究商品质量和品种的过程中，还离不开市场学、物流学、经济学、管理学、广告学、心理学、美学和地理学的理论知识。

综上所述，研究商品的使用价值不仅需要自然科学理论知识，而且需要社会科学理论知识。所以说，商品学既是一门边缘学科，又是一门综合性较强的应用技术学科。

商品学是由概论商品学和分论商品学两部分构成的，两者既相对独立又密切联系。概论商品学中涉及和阐述的问题是分论商品学的共性问题，对分论商品学的研究有共同的指导意义。概论商品学的研究内容面向所有商品类别，研究各类商品普遍存在的使用价值及质量构成和影响因素。分论商品学是运用商品学的理论和方法研究各类商品的个性问题，表现为针对某一商品类别，从商品的使用价值及质量构成和影响因素出发，研究某类商品的相关问题，如纺织品商品学、日用工业品商品学、食品商品学等。

商品学的研究内容是由商品学的研究对象决定的。根据商品学的研究对象，商品学的研究内容以商品客体为基础，研究商品在整个生命周期中的质量（固有质量、市场附加质量、形象质量）及构成要素（技术、经济、社会、环境要求等）的计量、检测、控制与管理活动。商品学的研究内容主要包括以下方面：

（1）研究商品的自然属性，包括商品的成分、结构、形态、物理性质、化学性质、机械性质、生物学性质等。

（2）研究原材料、生产工艺对商品质量的影响，着重研究以商品固有属性为基础，使用不同工艺方法制作的商品的质量以及各环节中影响商品质量的因素。

（3）研究商品在流通和使用过程中质量的变化及其影响因素。

（4）研究流通领域对商品质量的评价、管理和保护方法，即研究商品分类与编码、商品质量与品种、商品标准及法规、商品质量认证与管理、商品包装装潢、商品运输与养护、商品资源与环境等内容。

（5）从社会和经济角度来研究如何实现商品的使用价值。

（6）研究大类商品知识，如日用百货、纺织品、服装、家电、食品、电子商品等商品知识。

相关阅读

这款“顶流”预制菜太糟心！

近年来，预制菜销售火爆，梅菜扣肉成“顶流”。在2024年的“3·15晚会”上，部分企业用处理不干净的劣质槽头肉，替代五花肉做梅菜扣肉预制菜的不法行为被曝光。

有个别企业用未经严格处理的槽头肉制作梅菜扣肉预制菜。槽头肉，是指猪头与躯干连接部位的肉，由于槽头肉上淋巴较多，在日常生活中也被称为淋巴肉。槽头肉因为含有大量淋巴结、脂肪瘤和甲状腺，属于猪肉中必须严格“整修”的部分，是猪肉中公认品质差、价格低的部位。

不少商户向记者透露，用处理不干净的劣质槽头肉替代五花肉做梅菜扣肉预制菜，早已是公开的秘密。

某食品有限公司的院子里，露天摆放着大量的冷冻槽头肉。有的肉甚至没有外包装，完全在室外暴露。室内，有工人将加工好的劣质槽头肉进行切片，有工人用槽头肉和梅菜进行装碗封装。

这些梅菜扣肉预制菜企业的负责人表示，随着预制菜销售的持续火爆，他们的生意成了香饽饽，产销两旺，一年到头、从早到晚忙不停。

四、商品学的研究任务

商品学是研究商品使用价值及其实现的科学，是一门包括自然科学、技术科学、经济管理科学与人文社会科学的交叉型、应用型的技术经济科学，主要侧重于对流通、消费领域的商品（以生活资料商品为主）的使用价值的研究，是为企业经营者、市场消费者及经济管理者服务的边缘性科学。商品学的研究任务是站在商品流通的角度，通过为商品流通服务，促进工农业生产乃至整个国民经济的发展，指导社会对商品使用价值的消费，具体如下：

（一）阐述商品的有用性和适用性

商品的有用性和适用性是构成商品使用价值的基本条件，离开了有用性和适用性，商品的使用价值就无从谈起。只有对商品有用性和适用性进行全面阐述，才能发现和明确商品的用途和使用方法，从而扩大商品的适用范围。

（二）为评价商品质量奠定基础

商品质量是企业的生命，是消费者最关心的切身利益。对商品成分、结构和性质进行分析，探讨与研究商品质量特性和检验商品质量的方法及方法的选择，可以更好地为制定、修订商品质量标准和商品检验标准提供依据，从而为评价商品质量奠定良好的基础。

（三）分析商品质量变化规律

虽然商品质量是在商品生产过程中形成的，但也会受到各种外界因素的影响，从而发生不同的变化。商品学不仅要研究商品质量变化的类型及其表征，更重要的是分析质量变化的原因，从中找到抑制商品质量劣变的有效办法。

（四）研究商品的科学系统分类

商品经营管理的目的不同，分类体系也不相同。只有通过对商品分类原则和商品分类方法进行研究，提出明确的分类目的，选择适当的分类标志，才能进行科学系统的商品分类，形成适应需要的商品分类体系、商品目录和商品代码。

任务三　学习商品学的研究方法

一、商品学的研究方法

我们要根据具体内容，采用不同的形式来进行商品学研究。商品学的研究方法有很多，在此主要介绍以下五种方法。

（一）科学实验法

科学实验法是指在实验室或一定实验场所内，运用一定的实验仪器和设备对商品的成分、结构和性能等进行理化鉴定。该方法通常能够得出准确可靠的结论，但对设备和人员的素质要求较高，投资较大。人们通常采用该方法测定白酒的成分和质量。

（二）现场实验法

现场实验法是指一些专家或具有代表性的消费者群体，凭人体的感觉器官，对商品的质量等有关方面做出评价。该方法简便易行，但所得结论容易受人的主观因素影响。人们通常采用该方法评定商品的式样和口味等。

（三）技术指标法

技术指标法是指在分析实验的基础上，对一系列同类商品，根据国内或国际生产力发展水平，确定质量技术指标，以供生产者或消费者共同鉴定商品质量。人们通常采用该方法评定保温瓶的保温程度。

（四）社会调查法

社会调查法是指通过直接面谈、调查问卷和定点统计等方式，了解消费者对商品特征的普遍需求或对商品质量的反馈意见等，以供生产者研发和生产适应社会需求的商品。该方法具有双向沟通的作用。

（五）对比分析法

对比分析法是将不同时期、不同地区、不同国家的商品资料收集起来，然后进行对比分析，从而找出提高商品质量、增加花色品种、扩展商品功能的途径的方法。

二、学习商品学的作用与意义

"生活离不开商品"，商品是企业经营的主要对象，更是人们消费中不可或缺的重要资源。对于商品的认知、研究和管理不仅对于企业的经营、发展有重要意义，而且对于普通消费者的消费和生活都有重要的意义。商品是经济的起点，商品学是经济学的基础。商品学是随着商品经济的产生与发展而诞生并发展起来的，它为发展商品经济服务，因而发展商品学教育势必成为商品经济发展的客观需要。

随着商品的日益丰富，商品学显示了旺盛的生命力。商品学主要以商品质量为中心，研究商品的使用价值和使用价值实现规律，培养学生综合运用自然科学、经济、管理等多方面的基础知识及分析和解决流通领域中商品管理和经营问题的能力，为学好专业课及今后从事营销工作，进一步研究和掌握商品质量、进行营销管理奠定扎实的基础。所以商品学虽然是一门传统的课程，但也是商贸类专业一门不可或缺的专业基础必修课。

项目小结

商品是人类社会生产力发展到一定历史阶段的产物，伴随商品发展起来的商品学更与人们的物质生活和社会生产息息相关。因此，学好商品及商品学知识，对于提高商品质量、开发消费市场、开展市场营销、促进企业管理、维护国家和消费者的利益等具有重要的现实意义。

过关检测

一、单选题

1. 商品学起源于哪个国家？（　　）

A. 中国　　B. 美国　　C. 德国　　D. 苏联

2.（　　）被西方称为商品学的创始人。

A. 阿里・阿德・迪米斯基　　B. 约翰・贝克曼

C. 普那裴特　　D. 户田翠香

3. 我国古代（　　）一书，从学术角度看，可以说是商品学的萌芽。

A.《茶经》　　B.《荔枝谱》

C.《禽经》　　D.《本草纲目》

4. 当今世界商品学界存在（　　）大学派。

A. 两　　B. 三　　C. 四　　D. 五

5. 商品学的产生大约在（　　）。

A. 18 世纪　　B. 19 世纪　　C. 300 年前　　D. 500 年前

6. 商品学产生和发展的前提是（　　）。

A. 第一次工业革命　　B. 第二次工业革命

C. 商业的发展，特别是商人的出现　　D. 商业高等教育的发展

二、多选题

1. 商品学的技术学派主张从商品的（　　）研究商品学。

A. 内在质量　　B. 质量标准

C. 检验及鉴定方法　　D. 市场质量

2. 学习商品学主要帮助我们解决下面哪类问题？（　　）

A. 商品数量的多与少问题　　B. 商品价格的高与低问题

C. 商品质量的好与坏问题　　D. 品种结构是否合理、花色品种是否适

三、判断题

1. 商品的自然属性包括商品的成分、结构、外形和化学、物理性质以及经济性等。（　　）

2. 我国商品学主要是从美国引进的。（　　）

3. 我国的商品学属于自然科学与技术派商品学。（　　）

4. 商品学主要研究商品的价格和市场竞争问题。（　　）

四、思考题

1 . 商品学的研究内容主要有哪些？

2 . 商品学的研究任务主要有哪些？

3 . 试分析说明商品学的形成和经济发展的关系。

4 . 试分析论述商品学的基本理论如何指导企业商品生产与商品经营管理。

五、案例分析

为进一步整顿和规范网络销售化妆品市场秩序，严厉打击利用网络销售违法化妆品行为，2021 年 10 月至 2022 年 10 月，深圳市市场监管局在全市范围内组织开展化妆品“线上净网线下清源”专项检查，集中整治网络销售化妆品突出问题，在市场中形成强有力的震慑作用，赢得消费市场广泛好评。

近年来，化妆品制假售假问题时有发生，一些案件涉案金额超过亿元，严重损害了消费者合法权益。为将“线上净网线下清源”专项检查工作做好做实，深圳市市场监管局在 2021 年 5 月召开了药品医疗器械化妆品稽查执法工作推进和研讨会，全面部署化妆品稽查

执法工作要点，为线上线下一体联动执法指明了具体方向。该局印发《2021年深圳市开展打击药品医疗器械化妆品网络销售违法行为“惊雷行动”工作方案》，提出在全市范围内严厉打击“两品一械”网络销售违法违规行为。其中，行动第一阶段重点打击销售非法添加可能危害人体健康物质、假冒侵权、无合法来源、未经注册或备案的化妆品等违法行为。

2021年以来，深圳市市场监管局多次以雷霆手段，查获多起化妆品制假售假行为，引起社会关注。其中，深圳市市场监管局市场稽查局联合海关对深圳罗湖莲塘某仓库进行检查，发现大量SK-Ⅱ、海蓝之谜、雅诗兰黛等品牌进口化妆品及免税清单小票。当事人现场无法提供相关进口报关单及入境检疫证明，涉嫌经营无合法来源进口化妆品。经现场清点，共查获化妆品4 000余盒，涉案货值超过300万元人民币。执法人员依法扣押了当事人，并对案件展开进一步调查，打响了“惊雷行动”第一枪。

深圳市市场稽查局联合公安机关破获的王某团伙网络直播平台销售假冒化妆品案，被列入2021年度深圳市场监管民生领域“铁拳”行动十大典型案例。该局联合公安机关对王某团伙的直播场所、仓库、发货地同时进行突击检查时，王某正通过网络直播平台推介假冒知名品牌隔离霜。执法人员在该团伙仓库内发现大量“兰芝”“欧莱雅”等品牌化妆品，经鉴别均为假冒商标的产品。该团伙已销售假冒化妆品30余万元。执法人员现场查获假冒化妆品货值达157万元，并抓捕6人。

根据消费者反馈，深圳市市场监管局对华强北彩妆市场进行突击检查，对假货水货进行严厉打击，有效震慑了市场经营违法行为。此次突击检查行动在网络上引起了广泛关注。

为规范化妆品市场经营秩序，持续打击化妆品经营违法行为，深圳市市场监管局联合相关部门，建立了沟通协作机制，提前研判，周密部署，在行动中，多次对深圳市化妆品行业违法线索开展摸排调查，对线下实体店经营无合法来源、假冒侵权等化妆品进行集中打击，达到了追溯深挖、打点追库、斩链断根的目的。

分析：

1. 消费者如何鉴别商品质量？

2. 为什么会有如此多的假冒伪劣商品？

任务实训

◆ **任务描述**

全班学生按照所研究的商品类别分成特定的小组，每组自行调研组内选择的几种典型商品，探究“商品学形成和经济发展的关系”“商品学的基本理论如何指导企业商品生产与商品经营管理”两个课题，并做成PPT进行展示。

◆ **任务目标**

（1）加深对各类商品的认知，体会商品学与其他学科的联系。

（2）培养收集信息、整理材料与分析问题的能力。

（3）激发学习本课程的兴趣。

◆ **任务实施**

（1）全班学生分成服装组、食品组、日用品组、家电组、文娱用品组等。

（2）每组学生选择本组内的典型商品，对销售该类商品的超市或生产该类商品的企业进行调研，收集“商品学的基本理论指导企业商品生产与商品经营管理”的实例，并分析商品学的形成和经济发展的关系，分析汇总后做成 3 分钟以内的 PPT 进行汇报展示。

◆ **成绩评定**

评分标准如表 1–2 所示。

表 1–2　评分标准

评价项目	评分标准	得分
PPT 制作情况（30%）	主题突出，内容完整，结构合理，逻辑顺畅	
PPT 汇报情况（30%）	语言流畅，能合理控制时间，解说与 PPT 同步，结合自然，衔接紧密	
答疑情况（20%）	能对同学提出的问题进行完整回答	
小组成员团队协作（20%）	小组成员之间相互合作，协同完成	
总分		

项 目 二

商品分类管理

学习目标

◎ **知识目标**

（1）了解商品分类的概念、作用和原则。

（2）掌握商品分类标志和商品分类的基本方法。

（3）熟悉常见的商品类型。

◎ **能力目标**

能结合市场实际，对商品进行分类。

◎ **素养目标**

（1）培养热爱生活、勤于分类整理的良好生活习惯。

（2）懂得运用因果关系原理和矛盾论思想，建立辩证思维。

内容结构

- **商品分类管理**
  - 认识商品分类
    - 商品分类的概念
    - 商品分类的作用
    - 商品分类的原则
  - 进行商品分类管理
    - 选择商品分类标志的原则
    - 常用的商品分类标志
    - 商品分类的基本方法

案例导入

超市商品分类

某超市电器部的王强接到一个任务，将部分电器进行归类并安排陈列位置，同类商品就近摆放。他决定首先进行分类。

拟分类商品如下：洗衣机、平板电视、血压计、电热水器、空调、足浴盆、冰箱、电动剃须刀、冷柜、吸尘器、消毒柜、煮蛋器、电熨斗、饮水机、取暖电器、加湿器、净化器、电水壶、电风扇、浴霸、车载按摩器、净水设备、开关、插座、燃气灶、吸油烟机、电压力锅、电饼铛、榨汁/搅拌机、家庭音响、豆浆机、咖啡机、微波炉、电烤箱、多用途锅、洗碗机、燃气热水器、面包机、果蔬解毒机、酸奶机、电饭煲、电吹风、按摩器、电动牙刷、剃/脱毛器、电磁炉、汽车内饰品、保温箱、车载吸尘器、充气泵等。

王强看到待分类的商品杂乱无章，不知从何下手。他请教了有经验的同事，同事告诉他，分类要科学合理、要明确分类标志、依据分类的原则，还要考虑分类的其他影响因素，如分类的目的等。

◎ **分析：**

超市商品分类在超市商品经营中起着非常重要的作用。商品科学合理的分类，既给商家带来可观的销售额，也给顾客购物提供了方便，同时，使顾客加倍感受到购物的乐趣。

请结合案例，思考：

1. 对案例中的电器进行分类可以选择哪些分类标志？
2. 对电器进行分类时要考虑哪些因素？

任务一　认识商品分类

一、商品分类的概念

商品分类

商品分类就是根据一定的目的，为满足商品生产、流通、经营管理以及人们生活的需要，选择适当的分类标志或特征，将商品集合总体科学地、系统地逐次划分为大类、中类、小类、品类或类目、品种、细目直至最小单元的过程。商品大类一般根据商品生产和流通领域的行业来划分，既要与生产行业对口，又要与流通领域相适应，如五金类、化工类、食品类、水产类等。商品中类包括具有若干共同性质或特征的商品，如食品类商品又可分为蔬菜和水果、肉和肉制品、乳和乳制品、蛋和蛋制品等。商品小类即对中类进行进一步划分，体现具体的商品名称，如酒类商品分为白酒、啤酒、葡萄酒、果酒等。商品品类是对商品小类的详尽区分，体现具体的原材料、口味、品牌等。

目前零售企业普遍将所经营的商品分为 4 个层次，即大类、中类、小类和单品。为了便于管理，大类往往不超过 10 个，且与企业所属的经营部门相对应，表现为不同的楼层、商场、经营部等，如电器、纺织等。每个大类下的中类不超过 99 个，每个中类下的小类也不超过 99 个。单品是商品分类中不需要进一步细分的、完整独立的商品品项，是分类的最小单元，为同一品种、价格相同的商品。对于品种相同但花色、款式、规格不同的商品，有的商店将其分开，作为不同的单品进行管理；有的商店不加区分而作为同一单品。商品分类的应用实例如表 2–1 所示。

表 2–1　商品分类的应用实例

商品类目名称	应用实例	
大类	食品	日用工业品
中类	食粮	家用化学品
小类	乳和乳制品	洗涤用品
单品	全脂饮用牛奶	茉莉香型香皂

课堂训练

你能填写图 2–1 中的化妆品分类吗？

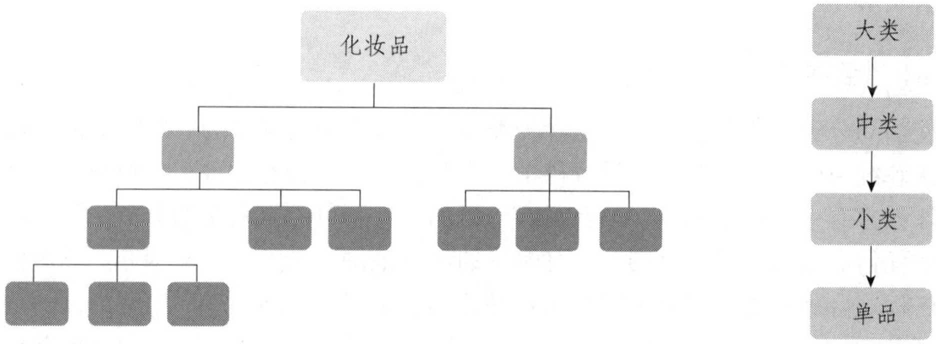

图 2–1　化妆品分类图

二、商品分类的作用

商品分类是将千万种商品在商品生产与交换中实现科学化、系统化管理的重要手段。商品分类必然对发展生产、促进流通、满足消费以及提高现代化管理水平、增加企业效益起到积极作用，具体表现在以下几个方面。

（一）方便消费者查找和购买商品

商品分类将众多商品按照一定的规则和标准进行分类，让消费者更快速地找到自己需要的商品，减少了购物时间和成本。

商品分类可以使商品的销售更有针对性，更精准地满足消费者的需求，从而提高销售效率和效益。

（二）便于企业管理

商品分类可以使企业更好地了解自己的产品线，有针对性地进行产品研发和市场推广，从而提高企业的管理效率和效益。

（三）促进行业标准化发展

商品分类可以促进行业标准化发展，为行业规范化和健康发展提供支持。

（四）便于市场调研和竞争分析

商品分类可以为市场调研和竞争分析提供依据和基础，从而使企业更好地了解市场需求和竞争格局。

三、商品分类的原则

为了实现商品的科学分类，使商品分类能够满足特定的需要，我们在分类时必须遵循以下五条原则。

（一）科学性原则

要使商品分类具有科学性，在建立分类体系时就必须明确目的、确定范围、确定标志划分层次、统一名称。一个分类是否科学，主要在于它是否有：（1）明确的目的性——任何分类体系都有一定的目的性，没有明确的目的，就不可能有科学的分类。（2）范围的确定性——任何商品都有所属范围，没有明确的适用范围，分类也无从谈起。（3）标志的合理性——标志合理才能表明类别间的区别并达到分类目的。（4）层次的适当性——层次太少达不到分类的目的，没有区别就不能采取不同的对策；层次太多，不便于抓共性，易造成管理上的不便。（5）名称的统一性——在同一分类中，一种商品只能用一个名称。

（二）系统性原则

一个分类就是一个系统，除了做到科学性的五个方面，分类时还应做到：上下层次间有相容关系；同一层次并列单元之间有明确的区别；同一层次同一单元内的商品有相同的特性；每种商品在分类体系中只能有一个位置，不能上下交叉或平行交叉。

（三）可延性原则

可延性原则是指建立分类体系时，尽可能考虑到商品种类的发展和扩大，根据一定的分类目的，不但包括现在已有的商品，而且要考虑到将会出现的商品。因此，分类体系中常留有一定的空位或设立其他项。

（四）兼容性原则

兼容性原则是在不同分类体系之间实施的原则，主要包括以下三点：相关的分类体系之间应尽可能地建立对应关系和转换关系，如国家商品分类标准应尽量与国际标准一致，便于信息交换；同一领域，上级的分类与下级的分类相协调，原则是下级的分类不能与上级的分类相矛盾、相违背；建立新的分类体系时应尽可能考虑使用老体系多年所形成的习惯。

（五）稳定性原则

商品分类应该是稳定的，不应该频繁变更或调整，以保持消费者对商品分类的认知和信任。

相关阅读

商品分类

商品分类时应考虑国家政策、规划的要求，同时应充分满足生产、流通及消费的需要。商品分类应尽最大努力结合各部门、各系统、各行业、各企业及消费者的实际，满足各方面的需要。实用性是检验商品分类的实践标准。进行商品分类时要事先设置足够多的收容类目，以保证新产品出现时不打乱已建立的现有的分类体系和结构，同时便于下级部门在本分类体系的基础上进行开拓细分。商品分类体系中的每一个分类层次只能对应一个分类标志，以免逻辑混乱导致子项互不相容。

任务二 进行商品分类管理

一、选择商品分类标志的原则

在进行商品分类时，分类标志的选择非常重要。可供选择的分类标志有很多，为了使商品分类能满足分类的目的和要求，并将分类对象明确区分开来，在选择分类标志时就要坚持如下原则。

（一）目的性

标志的选择应根据分类的目的、要求在一定范围内进行，使选用的标志能满足分类的目的和要求，这是商品分类的关键。

（二）区分性

在选择商品特征时，应选择能突出商品的最本质、最基本的特征的标志，以从本质上把不同类别的商品明确区分开来。

（三）适应性

能划分规定范围内所有的商品，并为不断补充新商品留有余地，保证商品分类的相对稳定性和连贯性。

（四）唯一性

在同一类别范围内只能采用一种分类标志，不能同时采用两种或多种分类标志。

（五）简便性

商品分类在实际运用中必须有易行性，这有利于商品流通，便于数字编码和运用计算机处理事务。

二、常用的商品分类标志

商品分类标志是编制商品分类体系和商品目录的重要依据。可供选择的商品分类标志很多，在商品分类实践中常用的分类标志有以下几种。

（一）按照商品的用途分类

以商品的用途作为分类标志在实际中应用得最普遍，如图 2–2 所示。商品用途是体现商品使用价值的重要标志，也是探讨商品质量和商品品种的重要依据。以商品用途作为分类依据，可以对商品类别、品种进行进一步划分。例如：商品按用途分为生活资料商品和生产资料商品，生活资料商品分为食品、纺织品、日用品、家用电器等；日用品按用途分为洗涤用品类、鞋类、玩具类、化妆品类等；化妆品类按用途分为面部化妆品、发用化妆品、身体化妆品等；面部化妆品按用途分为彩妆类、清洁类、护肤类等。可以照此继续细分下去。

按商品的用途分类的优点是便于消费者理解。按用途分类可以让消费者更容易理解商品的作用和用途，方便消费者选择符合自己需求的商品，提高消费者满意度，同时可以帮助企业更好地管理和控制库存、进行销售和采购等业务，提高企业的运营效率和管理水平。但在实际运营和管理中，按照商品的用途分类需要结合其他分类标志，以确保分类标准的准确性和实用性。同时，按照商品的用途分类时需要遵循清晰明确、稳定不变、易于理解和操作等原则，以确保分类标准的实用性和可操作性。

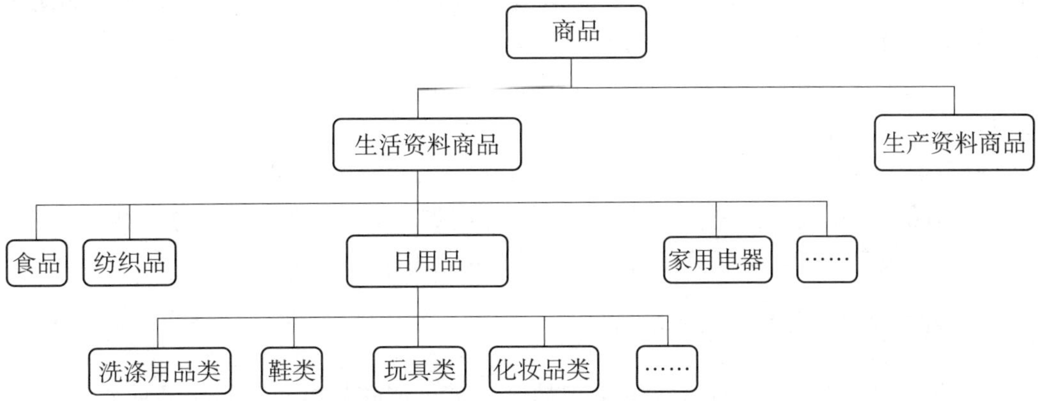

图 2-2　按照商品的用途分类

（二）按照商品的原材料分类

商品的原材料是决定商品质量和引起商品质量变化的重要因素。以商品的原材料作为分类标志在实际应用中也十分广泛。例如：皮鞋按原材料分为牛皮鞋、猪皮鞋、羊皮鞋、人造革皮鞋等；服装面料按原材料分为棉织品、毛织品、麻织品、丝织品、涤纶织品等。此分类方法是从原料的特点上来表示各类商品的区别。

按商品原材料进行分类的优点有很多。首先，它便于消费者选择。按原材料分类可以让消费者更直观地了解商品的材质和质量，有助于他们做出更符合自己需求的选择。其次，按原材料分类更便于商家进行商品管理和市场营销。但是按原材料分类并不适用于所有商品，对于某些商品，按原材料分类可能会让消费者过于关注原材料的种类而忽略了其他因素，如设计、工艺、品牌等，造成了对商品的误解。

（三）按照商品的生产加工方法分类

很多商品即使采用相同的原材料制造，由于生产方法和加工工艺不同，所形成商品的质量水平、性能、特征等都有明显差异，因此，对相同原材料但可选用多种生产加工方法的商品适宜以生产加工方法作为分类标志。例如：酒类按生产加工方法分为蒸馏酒、发酵酒、配制酒等；茶叶按生产加工方法分为全发酵茶（红茶）、半发酵茶（清茶）、不发酵茶（绿茶）和后发酵茶（黑茶）等。

这种分类标志的优点是，生产加工方法、工艺不同，突出了商品的个性，有利于销售和工艺的革新。但对于那些生产加工方法有差别，而商品性能、特征没有实质性区别的商品不宜采用。

（四）按照商品的主要成分或特殊成分分类

商品的性能、质量、用途往往由商品的成分决定，其中尤为重要的是商品的主要成分或特殊成分。在大部分情况下，由于商品的主要成分是决定商品质量、性能、用途、运输条件的主要因素，因此可按商品的主要成分进行分类，如化学肥料分为氮肥、磷肥等。有些商品主要成分虽相同，但因其含有特殊成分而具有不同的性能、用途、风格，此时就可以按商品中的特殊成分进行分类。例如：玻璃的主要成分是二氧化硅，但加入不同的特殊成分就会使其呈现不同的风格，所以玻璃可以按其特殊成分的不同分为钠玻璃、钾玻璃、硼硅玻璃、铅玻璃等。

这种分类方法能反映商品的本质特性，对于深入研究商品的特性、保管和使用方法，以及开发新品种、满足不同消费者的需要等具有重要意义，但对化学成分复杂的商品（如水果、蔬菜、粮食）或化学成分区分不明显的商品（如收音机）则不适用。

（五）按照商品的加工程度分类

商品的加工程度可以体现商品的加工精度，是决定商品质量和商品品种的重要因素。总的来看，可将全部商品分为原料、半成品和成品。许多商品都采用此种分类标志进行分类。例如：大米按加工程度分为糙米和白米；植物油脂按加工程度分为毛油、脱胶油、半精炼油和精炼油。

这种分类方法适用于加工过程对其有明显影响的商品，而在加工过程中对其没有明显影响的商品，一般不宜采用。

（六）按照商品的外观形态分类

商品的外观形态既可以反映许多商品的质量，也是决定商品品种和用途的重要因素。例如：大米依形态可以分为长粒米、圆粒米和中粒米；钢材依形态可分为槽钢、工字钢和角钢等。依商品的外观形态分类，可以反映各类商品在质量、性能和用途等方面的差异。这种分类方法一般适用于商品形态与商品质量、性能、用途等密切相关的商品。

（七）按照商品的生产季节分类

某些农产品和畜产品由于生产季节不同，质量亦有所不同。对于这些商品来说，生产季节可以反映该种商品在质量上的差别。如羊毛按生产季节分为春毛、秋毛和伏毛，茶叶按鲜叶采摘季节分为春茶、夏茶、秋茶。按照商品的生产季节分类，一般只适用于生产季节与质量密切相关的农产品和畜产品，而其他商品，特别是工业产品一般都不适用。

除上述分类标志外，商品的结构、尺寸、颜色、重量、产地等均可作为商品分类的标志。

相关阅读

商品的其他分类方法

商品分类的方法多种多样，从商品营销的角度来区分，有意义的分类大致包括以下几种：

1. 按照商品之间的销售关系分类

商品可分为独立品、互补品、条件品和替代品。独立品是指一种商品的销售状况不受其他商品销售变化的影响。互补品是指一种商品销售的增加必然会引起另一种商品销售的增加，反之亦然。条件品是指一种商品的购买要以另一种商品的前期购买为条件。替代品是指一种商品销售量的增加会使另一种商品的潜在销售量减少，反之亦然。

2. 按照商品耐用性和损耗性分类

商品可分为耐用品、非耐用品。耐用品是指在正常情况下能多次使用的有形物品。非耐用品是指在正常情况下一次或几次使用就被消耗掉的有形物品。

3. 按照消费者的购物习惯分类

商品（这里主要指消费品）可分为日用品、选购品、特殊品和非需品四类。日用品是指消费者购买频繁，希望有需要即可购买，并且只花最少精力和最少时间去比较品牌、价格的消费品。肥皂、糖果和报纸就属于日用品。一般来说，日用品都是非耐用品，而且多为消费者日常生活的必需品。在购买前，消费者因为对日用品的品牌、价格、质量和出售地点等都很熟悉，所以购买大多数日用品时所用时间与精力较少。选购品是指消费者会仔细比较适用性、质量、价格和式样且购买频率较低的消费品。消费者在购买选购品时，一般会花大量的时间和精力收集信息并进行比较。特殊品是指消费者愿意花精力去购买的有特殊性质或品牌识别的消费品，如特殊品牌和型号的汽车、定制西服等。非需品是指那些不是维持基本生活所必需的商品。它们通常是人们在满足基本生活需求之外的额外消费，既可以是物质上的，也可以是精神上的。简单来说，非需品并不是人们生活中必不可少的物品，而是可以根据个人喜好、经济条件和社会环境等因素进行选择性消费的物品。

商品分类方法不止上述几种，还有其他一些分类方法。例如：按照档次划分，商品可分为高档品和低档品；按照在商店销售中的作用划分，商品可分为主力商品、辅助商品和关联性商品。

课堂训练

请根据自己平时的观察填写表2–2，并体会商品分类的标志和作用。

表2–2　超市商品分析

序号	商品	在超市中陈列的位置	关联陈列的商品	分类标志
1	牛奶			
2	毛巾			
3	纸巾			
4	电池			
5	一次性纸杯			

三、商品分类的基本方法

商品分类的基本方法有线分类法和面分类法两种。

（一）线分类法

线分类法又称层级分类法，它是指将拟分类的商品集合总体，按选定的分类标志逐级地分成相应的若干个层级类目，并编制成一个有层级的、逐级展开的分类体系。线分类体系的一般表现形式是大类、中类、小类等，级别不同的类目逐级展开。在线分类体系中，各层级所选用的标志不同，各个类目之间构成并列或隶属关系。由一个类目直接划分出来的下一级各类目之间存在并列关系，但不重复、不交叉。线分类法的结构如图 2-3 所示。

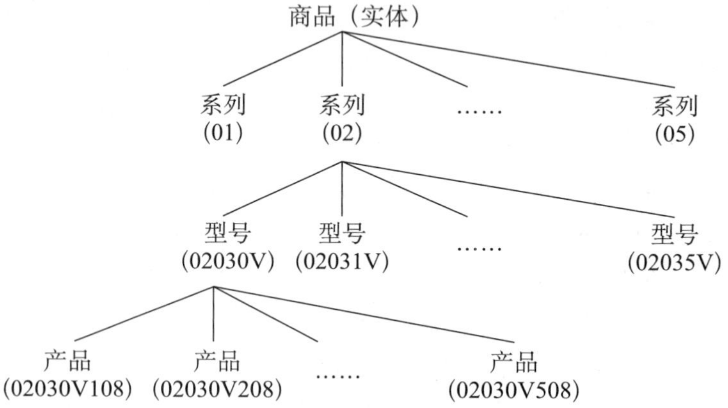

图 2-3 线分类法的结构

在选用线分类方法时，一般应遵循下列基本原则：（1）在线分类中，由某一上位类类目划分出的下位类类目的总范围应与上位类类目的范围相同。（2）当一个上位类类目划分成若干个下位类类目时，应选择一个分类标志。同位类类目之间不交叉、不重复，并只对应一个上位类类目。分类要依次进行，不应有空层或加层。

线分类法的优点是具有好的层次性，能较好地反映类目之间的逻辑关系，使其既符合手工处理信息的传统习惯，又便于计算机对信息的处理。线分类法的缺点是结构弹性差，一旦确定了分类深度和每一层级的类目容量并固定了分类标志后，再想变动某一个分类标志就比较困难。因此，使用线分类法必须考虑后备容量。

（二）面分类法

面分类法也称平行分类法，是指把分类的商品集合总体按不同的分类标志划分成相互之间没有隶属关系的各个分类集合（面），每个分类集合中都包含一组类目。将某个分类集合中的一个类目与另一个分类集合中的一个类目组配在一起，会形成一个新的复合类目。采用面分类法分类时，所选用的标志之间没有隶属关系，每个标志都包含一个类目。例如，服装的分类就是按照面分类法组配的。把服装的式样、材质、款式作为三个互相之间没有隶属关系的“面”，每个“面”又分成若干个独立的类目，使用时将有关类目组配起来，便成为一个复合类目，如男式纯棉衬衫、女式真丝连衣裙、女式纯棉套装、男式纯毛西装等，具体如表 2–3 所示。

表 2–3　服装的面分类法

式样	材质	款式
01 男式 02 女式	01 纯棉 02 真丝 03 纯毛 04 亚麻	01 衬衫 02 连衣裙 03 套装 04 西装

在选用面分类方法时，一般应遵循下列基本原则：（1）根据需要，选择分类对象的本质属性作为分类标志。（2）不同面的类目之间不能相互交叉，也不能重复出现。（3）每个面有严格的固定位置。（4）面的选择以及位置应根据实际需要而定。

面分类法的优点是：具有较好的弹性，适用于计算机按面的信息进行检索。其缺点是：组配结构复杂，不能充分利用容量，对于许多可组配的类目无实用价值；传统上无使用的习惯，难以手工处理信息。

线分类法和面分类法是商品分类的基本方法，在使用时，一般以线分类法为主、面分类法为辅，二者结合起来使用。

相关阅读

国际贸易标准分类

随着科学技术和工农业的迅速发展，国际贸易范围广泛，商品种类不断增加。在实践中，人们需要对商品进行科学的分类。国际贸易商品分类是各个国家制定贸易政策、征收关税、进行贸易管理和贸易统计时所需要的。第二次世界大战前后，为了简化海关手续和标准化、促进国际贸易发展，国际上需要编制一个统一的海关税则商品分类目录，把国际贸易中的所有商品纳入一个系统分类，协调和统一国际贸易商品分类，建立一种国际商品分类信息系统。商品分类是个核心问题，商品分类不仅是贸易的需要，而且对于海关、税务、统计等部门同样是必不可少的。商品分类也是国民经济计划在编制商品目录、价目表等方面的工作基础。

《国际贸易标准分类》（Standard International Trade Classification，SITC）为用于国际贸易商品的统计和对比的标准分类方法。现行《国际贸易标准分类》于 1950 年 7 月 12 日由联合国经济社会理事会正式通过，目前为世界各国政府普遍采纳的商品贸易分类体系。到 2006 年为止，该标准分类经历了 4 次修改，最近的一次修改为第四次修订版。

《国际贸易标准分类》在商品分类方面有独特的优点，主要是按照商品的加工程度由低级到高级编排的，同时也适当考虑了商品的自然属性。它将所有国际贸易商品分为 10 类、63 章、233 组、786 个分组，其中 435 个分组又细分了 1 573 个子目，其余 351 个分组不分子目，合计共有 1 924 个统计基本项目。各国可以根据需要增设子目。

项目小结

随着科学技术的发展，商品信息化网络化发展迅速，商品的数量和种类不断增加，新品种不断涌现，品种构成也不断发生变化。为了更合理地组织商品生产和商品流通、提高社会生产效率、方便消费者购买商品和商业部门组织商品流通，对众多的商品进行科学分类势在必行。掌握商品分类的知识对于对商品进行科学分类具有重要意义。

过关检测

一、单选题

1. 零售企业目前普遍将所经营的商品分为多少个层次？（　　）

A. 2 个　　B. 3 个　　C. 4 个　　D. 5 个

2. 对商品进行分类时，（　　）是至关重要的。

A. 确定分类目的

B. 选择适当的分类标志

C. 明确分类的商品集合总体所包括的范围

D. 科学定义

3. （　　）是商品分类的基本原则之一。

A. 目的性　　B. 唯一性　　C. 系统性　　D. 排他性

4. 商品分类标志是表明商品特征、用以识别商品不同类别的记号，除常用商品的用途、商品的原材料、商品的生产加工方法分类标志外，还可以选择商品的（　　）作为分类标志。

A. 使用方式　　B. 主要成分或特殊成分

C. 营销模式　　D. 价格层次

二、多选题

1. 下列选项中，哪些可用作商品分类的标志？（　　）

A. 商品用途　　B. 商品的原材料　　C. 商品的主要成分　　D. 商品的特殊成分

2. 商品分类的基本原则有（　　）。

A. 可衡量性　　B. 兼容性　　C. 科学性　　D. 系统性

3. 商品分类的基本方法有（　　）。

A. 科学分类法　　B. 线分类法　　C. 面分类法　　D. 整体分类法

三、判断题

1. 很多商品分类体系中有空章空节。（　　）

2. 商品的主要成分可以作为分类标志，而特殊成分不能做分类标志。（　　）

3. 商品分类应遵循兼容性原则，使得分类体系之间能够建立对应关系或转换关系。（　　）

4. 商品分类中不能进一步细分的、完整独立的商品品项称为小类。（　　）

5. 在线分类法中，上位类类目和下位类类目有从属关系。（　　）

6. 在面分类法中，面和面之间具有一定的隶属关系。(　　)

四、思考题

1. 商品分类的基本方法有几种？各有什么特点？

2. 常用的商品分类标志有哪些？

3. 如何选择商品的分类标志？

4. 如何进行科学的商品分类？

五、案例分析

上海一家零售业巨头抢滩安徽某中等城市，开设分店已 3 年多，生意很红火。分店共三层，一层是休息、餐饮区，二、三层设超市。不要小看这三层楼面的经营面积，超市中的商品很齐全，衣食住行用品样样都有。但耐人寻味的地方不在于超市经营的商品品种是否多，而是在入口和出口的设置上：三层楼面营业区只在二层设置多个入口，而三层不设入口，三层与二层共用入口，二、三层又各自拥有出口。三层为什么没有自己的入口呢？答案就在于商品分类。人们日日必需、时时要消费的各种生产必需品，包括日用品、生鲜食品尽在三层，而服装、书籍、玩具、音像、家电类等人们购买频率较低的耐用消费品在二层。人们要上三楼购物，二楼是必经之路，琳琅满目而又陈列有序的商品似乎总是在提醒到三层的顾客："不要脚步匆匆，顺便把我带回去吧！"陪同购物的顾客也大多会在二楼自然分流，或去看书，或去玩具陈列处徜徉流连……

分析：

1. 这个超市的商品分类，对你有何启迪？

2. 你家附近的超市出入口为什么设置成现在这样？你有更好的建议吗？

任务实训

◆ **任务描述**

全班学生按照之前的分组，运用所学的商品分类知识对电商平台——淘宝、京东、拼多多的商品分类进行调研分析，每组撰写一份 500 字以上的调研报告，并制作 PPT 进行展示。

◆ **任务目标**

(1) 巩固商品分类知识。

(2) 培养收集信息、整理材料与分析问题的能力。

(3) 培养学以致用的能力，激发学习兴趣。

(4) 培养团队合作能力。

◆ **任务实施**

每组学生以小组为单位，对淘宝、京东和拼多多经营商品的结构、分类进行调研和比较分析，找出各自的优劣势，并根据劣势提出改进的意见，分析汇总后撰写一份 500 字以上的调研报告，并制作 PPT 进行汇报展示，限时 3 分钟。

◆ **成绩评定**

评分标准如表 2-4 所示。

表 2-4　评分标准

评价项目	评分标准	得分
语言逻辑（40%）	语言流畅、精练，条理清晰，逻辑性强	
基本材料（20%）	数据真实、准确，材料具体、可靠	
个人观点（30%）	观点鲜明，有理有据	
个人态度（10%）	态度端正，认真积极	
总分		

项 目 三

商品代码操作

学习目标

◎ **知识目标**

（1）了解商品代码的概念。

（2）掌握商品代码的类型和编码方法。

（3）熟悉主要商品分类体系和常见的商品目录。

◎ **能力目标**

（1）能基于商品分类，对商品进行编码。

（2）能识读商品目录，并科学制定企业商品目录。

（3）能将商品条码应用于流通领域。

◎ **素养目标**

（1）提高观察生活的敏锐度和洞察力，从而更好地适应和应对现代社会的挑战。

（2）感受科技进步所带来的变革，致力于为社会进步贡献自己的力量。

内容结构

- 商品代码操作
  - 解读商品编码与编码方法
    - 商品代码及其类型
    - 商品编码及其原则
    - 商品编码的方法
  - 熟悉商品条码
    - 商品条码
    - 常见的商品条码
    - 商品条码的编制方法
  - 认识主要商品分类体系和常见的商品目录
    - 商品分类体系简介
    - 主要商品分类体系
    - 常见的商品目录

案例导入

"码"上溯源更放心！狮山全力守护"舌尖上的安全"

一店一码精准溯源，食品安全一扫便知，食品溯源系统已在狮山落地生花！

推动建立重要农产品、食品溯源系统是佛山食品安全监管的创新之举。狮山镇正多维度大力推动溯源系统在辖区落地生根，有效打造菜篮子的"安全链"，让"舌尖安全"唾手可得，助力佛山市建设现代高品质城市。

据了解，食品溯源系统应用范围涵盖肉禽、水产品、蔬菜、湿米粉、烧卤熟食等重点品种。通过追溯系统，市民可以清楚地看到相关食品的流向轨迹，精准掌握食品的来龙去脉。

狮山镇目前正扎实推进相关溯源系统体系建设，对辖区所有农贸（批发）市场、食品集中加工中心、中央厨房、养老机构及食品生产试点企业、食材配送企业实施信息化溯源管理，实现"统一规范、统一标识、统一追溯"。

农批市场、加工中心向下游商户销售产品时，通过食品溯源系统录入完整进销货记录，产品入场经营者及餐饮单位切实履行主体责任，及时将进货销货信息录入相关平台，生成"溯源主体码"，并在经营场所显著位置公示，便于消费者查询。

消费者只需要轻轻一扫溯源主体码，就可以清楚地知道每一件农产品的"前世今生"，如图3-1所示。产品产地、来源信息、快检抽检、合格证明、商户信息、食品科普知识等信息均被可视化，各个环节均透明化与痕迹化，让百姓明明白白消费；实现来源可查、去向可追、责任可究，提速升挡加强对食品安全事故、问题食品召回、消

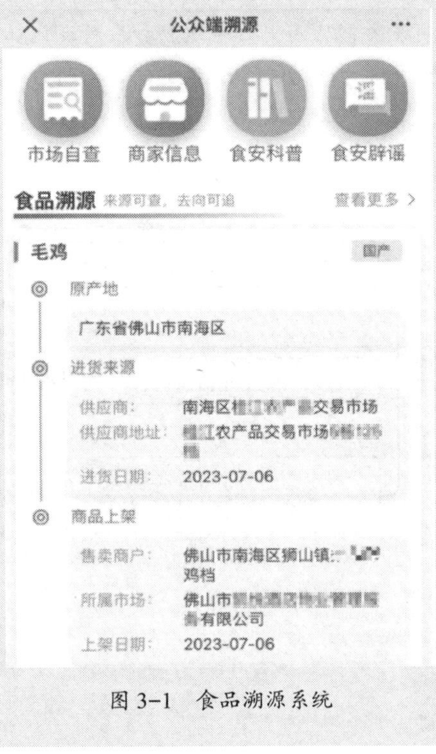

图3-1 食品溯源系统

费者投诉等快速有效处置，打造菜篮子的食品安全链。

目前，狮山镇农贸市场基本实现溯源主体码悬挂，基本实现“一户一档”信息化管理。

◎ **分析：**

在实现信息追溯链条化的过程中，溯源主体码起着至关重要的作用。溯源主体码是一种独特的标识符，用于标识食品的来源和属性。消费者可以通过扫描溯源主体码获取食品的相关信息，从而实现对食品的全程追溯，有助于提高食品安全水平，保障消费者权益，促进食品产业的健康发展。

请结合案例，思考：

1. 随着信息技术的飞速发展，条码技术在众多领域发挥着越来越重要的作用，已成为提高工作效率、降低成本、提高信息管理水平的关键手段。那么，商品条码和商品编码有什么关系？

2. 如何对商品编码进行解读？

任务一　解读商品编码与编码方法

一、商品代码及其类型

（一）商品代码的概念与功能

商品代码是指为了便于识别、输入、存储和处理，用来表示商品一定信息的一个或一组有规律排列的符号。目前，商品代码以全数字符号型商品代码最为普遍。这里所说的一定信息，主要是指分类信息或标识信息。

商品分类信息意在说明某项商品在其分类体系中的位置，也就是表明该商品与其上下层级项目或同层级项目之间的隶属或并列关系，或者说是反映该商品与某一商品群组的归属关系以及各商品群组之间的关系。

商品标识信息是指代码仅起到唯一标识单一商品的作用，不具有任何其他意义（如分类意义），只是反映某一代码与某个单一商品的一一对应关系。

依照代码所表示的信息内容的不同，商品代码可以进一步划分为商品分类代码和商品标识代码两类。例如：我国的《全国主要产品分类与代码 第Ⅰ部分：可运输产品》等主要商品（产品）分类目录，采用的都是商品（产品）分类代码；国际上通用及我国广泛采用的 EAN/UCC-13 代码、EAN/UCC-8 代码等，则都是商品标识代码，其是由国际物品编码协会（EAN）和美国统一代码委员会（UCC）规定的用于标识商品的一组数字。商品代码具有分类、标识和便于信息交换的功能。

（二）商品代码的类型

1. 数字型代码

数字型代码是用一个或若干个阿拉伯数字来表示分类对象信息的商品代码。这种商品代码的特点是结构简单、使用方便、易于推广、便于利用计算机进行处理，是目前国际上普遍采用的一种代码。

2. 字母型代码

字母型代码，是用一个或若干个字母表示分类对象的代码。按字母顺序对商品进行分类编码时，一般用大写字母表示商品大类，用小写字母表示其他类目。字母型代码便于记忆，可提供便于人们识别的信息，但当分类对象数目较多时，往往会出现重复现象。因此，字母型代码在商品分类编码中很少使用。如行业标准代码中林业局标准用“林业”两字的第一个拼音字母“LY”组成该标准的代号，旅游行业标准代码若按此方法确定其代码，则也是“LY”，就会出现重复现象，因此改用“LB”。

3. 混合型代码

混合型代码又称数字 - 字母混合型代码，是由数字和字母混合组成的代码。字母常用于表示商品的产地、性质等特征，可放在数字前边或后边，用于辅助数字代码。如“H1226”代表浙江产的杭罗。

混合型代码兼有数字型代码和字母型代码的优点，结构严密，具有良好的直观性和表达性，同时又符合人们的使用习惯。因此，在商品分类编码中，人们常使用混合型代码。但混合型代码形式复杂，输入计算机时较为不便。

4. 条码

条码是由一组规则排列的条、空组成的符号，可供机器识读，用以表示一定的信息，是数字型代码、字母型代码和混合型代码的另一种表现形式。我们将在下面专门进行详细介绍。

二、商品编码及其原则

（一）商品编码的概念及作用

商品编码

商品编码，是商品分类编码的简称，是选择代码类型、确定编码原则、赋予代码功能的过程。它在商品流通、库存管理、物流追踪等方面发挥着重要作用。商品编码的作用主要体现在以下几个方面：

1. 便于识别和管理

商品编码为每种商品分配一个独特的标识符，使得商品能够被快速识别和管理。这有助于提高库存管理效率，减少错误和混淆。

2. 促进信息交流

商品编码作为一种标准化的标识符，有助于实现商品信息的准确、高效交流。在供应链、物流、销售等环节，商品编码能够简化信息传递过程，降低沟通成本。

3. 支持数据整合

商品编码可以作为数据整合的基础，将不同来源的商品信息进行统一整合。这有助于提高数据分析的准确性和可靠性，为决策提供有力支持。

4. 提高物流效率

商品编码在物流管理中具有重要作用，有助于实现商品的快速定位、追踪和配送。通过商品编码，物流企业可以实时掌握商品状态，提高物流效率。

5. 促进商品溯源

商品编码有助于实现商品的全流程溯源，确保商品质量和安全。在出现问题时，商品编码可以快速定位问题商品，降低潜在风险。

商品编码在商品流通、库存管理、物流追踪等方面发挥着重要作用，有助于提高商品管理的效率和准确性，促进社会资源的合理利用。

（二）商品编码的原则

在科学分类的基础上，商品编码应遵循下列原则。

（1）唯一性原则。唯一性是指被标识的商品应与商品代码一一对应，也就是说，每一个编码对象（商品）只能有一个代码，每一个代码只能标识同一商品。

（2）可扩充性原则。可扩充性是指商品编码结构应留有足够的后备码位（空号），当需要增加新类目时，不需要破坏该商品编码结构重新编码。

（3）简明性原则。商品代码要简明、易记、易校验，码位不宜太长，既便于手工操作，又便于机器处理和储存。

（4）稳定性原则。确定商品代码后，要在一定时期内保持稳定，不能经常或轻易变更，以保证编码系统的稳定性。即使该商品停止生产或停止供应，也不能马上分配给其他商品类目。

（5）层次性。商品代码的层次要清楚，能清晰地反映分类体系内部各商品类目之间固有的逻辑关系。

（6）统一性和协调性。商品编码要与国家商品分类编码标准相一致，与国际通用商品分类编码制度相协调，以利于实现信息交流和信息共享。

课堂训练

请根据自己的体会，总结图书馆是如何对图书进行分类的。我们通过什么样的方法或途径能够快速找到所需要的图书或资料？

三、商品编码的方法

商品数字型代码的编制方法主要有顺序编码法、层次编码法、平行编码法和混合编码法。

（一）顺序编码法

顺序编码法是按商品类目在分类体系中出现的先后次序，依次给予顺序代码的一种编码方法。这种编码方法一般将商品按某种属性特征划分为系列进行编码，其基本原则是每个代码的长度（所含字符数）必须一致。如 1 000 件校服采用顺序编码法的代码分别为 0001、0002、0003……0999、1000。顺序编码法比较简单，适用于容量不大的编码对象。

（二）层次编码法

层次编码法是按商品类目在分类体系中的层级顺序，依次赋予其对应代码的编码方法。这种编码方法主要应用于线分类体系，编码时将代码分成若干层次，并与分类对象的层次相对应。层次编码的结构如图 3-2 所示，“×”表示从左至右的代码，第一位表示第一层级的类目，第二位表示第二层级的类目，以此类推。有时，也用第一、二位表示第一层级，第三、四位表示第二层级。

层次编码法的优点是：逻辑性较强，能明确反映分类编码对象的属性或特征及相互关系，便于汇总、分析。其缺点是：结构弹性较差，为延长其使用寿命，往往要用延长代码长度的办法预先留出相当数量的备用号，导致出现代码的冗余。因此这种编码方法最适用于编码对象变化不大的情况。

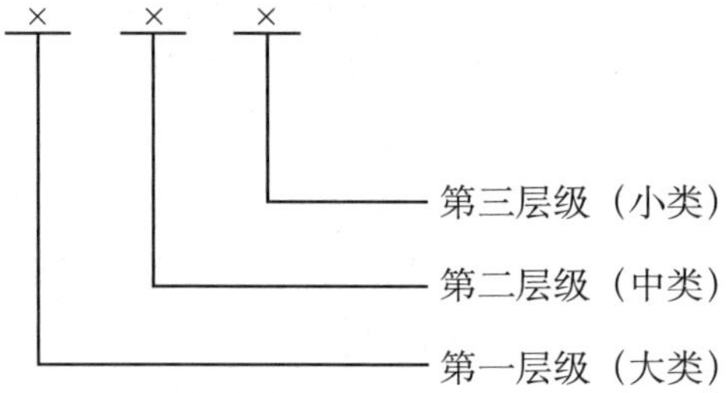

图 3-2　层次编码的结构

（三）平行编码法

平行编码法又称特征组合编码法，是指将编码对象按其属性或特征分为若干个“面”，每一个“面”内的编码对象按其规律分别确定一定位数的数字代码，“面”与“面”之间的代码没有层级关系或者隶属关系，最后根据需要选用各个“面”中的代码，并按预先确定的“面”的排列顺序组合成复合代码的一种编码方法。该编码方法一般适用于面分类体系。例如：男式纯棉衬衫的编码为 010101，女式真丝套装的编码为 020203 等。

平行编码法的优点是：编码结构有较大的弹性，可以比较简单地增加分类编码的面数，必要时还可更换个别的“面”。其缺点是：编码容量利用率低（有些可组配的代码没有实际意义），码位较长。

（四）混合编码法

混合编码法是由层次编码法和平行编码法组合而成的一种编码方法。用这种方法编码时，须先确定分类对象的各种特征，然后将某些特征用层次编码法表示，其余特征用平行编码法表示。例如：我国居民身份证号是将地址码（6 位）、出生日期码（8 位）、顺序码

（3 位）和校验码（1 位）等用平行编码法表示。其中，省级行政区（2 位）、地级行政区（2 位）、县级行政区（2 位）等地址信息用层次编码法来表示。这种编码方法结合了两种编码方法的优点，使用较为广泛。

相关阅读

联合国货物编码

联合国货物编码有两种：一种是对普通货物的编码，即 UNSPSC 编码，由 8 位数字构成；另一种是对危险货物的编码，是以 UN 开头加上 4 位数字。

1. UNSPSC 编码

UNSPSC（The United Nations Standard Products and Services Code）编码是第一个应用于电子商业的产品及服务的分类系统，每一种产品在 UNSPSC 的分类中都有自己独特及唯一的编码。

UNSPSC 编码是由联合国和邓白氏公司在 1998 年共同创立的。这个由 8 位数字组成的分层次分类系统，其实是由联合国的 UNCCS（Common Coding System）及邓白氏的 SPSC（Standard Products and Services Classification）两个分类系统合并而成的。UNSPSC 拥有超过 10 000 个不同产品的编码，而涉及的行业类别则超过 54 种。

UNSPSC 的分类法，包含了 4 个层次的分类，分别是区分（Segment）、系别（Family）、门类（Class）及商品（Commodity），而每一层次包含了 2 个数目，于是 1 个 UNSPSC 编码便拥有 8 个数字，每两个为一组的数字，都代表该产品在不同层次中的属性。

下面以表 3-1 饮料的 UNSPSC 编码为例进行说明。门类，即 F——食品、清洁、服务行业设备及用品；大类，即食品、饮料和烟草，UNSPSC编码为 50000000；中类、小类、品类如表 3-1 所示。

表 3-1　饮料的 UNSPSC 编码

中类	UNSPSC 编码	小类	UNSPSC 编码	品类	UNSPSC 编码
饮料	50200000	咖啡和茶	50201700	咖啡	50201706
				即溶咖啡	50201709
				叶茶	50201710
				方便茶	50201711
				袋茶	50201713
				非乳场生产的乳品饮料	50201714
				水果茶	50201715
				咖啡，绿色	50201717

2. 联合国危险货物编号

联合国危险货物编号是一组4位数字，其可以被用来识别有商业价值的危险物质和货物（如爆炸物或有毒物质）。这种数字架构在国际贸易当中被广泛使用，以便于标注货运容器的内容。

某些化合物有它们自己的联合国危险货物编号，同时某些具有类似属性的化学品或货物的联合国危险货物编号也是相同的。

如果一种化学品在固态和液态下，或者在不同纯度下的危险属性具有相当大的差别，它会因为它的两种属性不同而分别得到一个联合国危险货物编号。例如：乙烷是UN1035，冷冻液态乙烷是UN1961；过氧化氢（含量大于60%）是UN2015，过氧化氢水溶液（含量20%～60%）是UN2014。

任务二　熟悉商品条码

一、商品条码

商品条码

条形码（Bar Code）也称条码，国际上常以BC简称，是用条形符号构成的图形表示分类对象的代码。它是数字型代码、字母型代码和混合型代码的另一种表现形式。条码是商品分类工作效果的典型体现，是应用得最为广泛的商品代码。

任何一种条码，都是按照预先规定的编码规则和条码有关标准，由条和空组合而成的。条码的码制是由它的起始位和终止位的不同编码方式决定的。条码阅读器要解译条码符号，首先需判断此符号的码制，才能正确译码。

在全球范围内，为了促进商品的跨国家和跨地区流通，满足商品现代化管理的需求并提高条码自动识别系统的兼容性，各国、地区和行业都制定了一系列统一的条码标准。这些标准涵盖了条码符号、条码应用以及印刷质量等多个方面。

商品条码（Bar Code for Commodity）是条码的一种应用方式，是由一组规则排列的“条”“空”符号及其对应的数字代码组成的，用以表示一定信息的商品标识，表现为一组宽窄不同、黑白（或彩色）相间的平行条形符号和一组数字组合而成的图形标记，如图3-3所示。商品条码一般印制在商品的销售包装上，有时也印制在商品的运输包装上。条码是计算机输入数据的一种特殊代码，当光电扫描器扫读条码符号时，条码所代表的信息被迅速地输入计算机，并由计算机自动进行存储、分类、排序、统计、打印或显示。

6 920152 461020

包装商品条码

西瓜

单价¥/kg 63.00　净重kg 0.270kg

总价¥ 17.00

2586913684676318

销售日期 2019.8.13　销售时间 12:35:18

散装商品条码

0 690123 400003 0

在仓库或配送中心仓储或配送商品包装上的条码

ISBN 978-751470032-9

9 787514 700329

图书条码

ISSN 2226-6666

9 772226 666001 >

期刊条码

图 3-3　商品条码

相关阅读

商品条码的产生

条码技术最早产生于20世纪20年代，诞生于威斯汀豪斯的实验室里。有位名叫约翰·科芒德的性格古怪的发明家“异想天开”地想对邮政单据实现自动分拣，就像今天的邮政编码。为此科芒德发明了最早的条码标识，其设计非常简单（注：这种方法被称为模块比较法），即一个条表示数字“1”，两个条表示数字“2”，以此类推。然后他又发明了由基本的单元组成的条码识读设备：一个扫描器（能够发射光，并接收光）；一个测定反射信号条和空的物品，即边缘定位线圈；使用测定结果的工具，即译码器。

20世纪40年代，美国的乔·伍德兰德和伯尼·西尔沃两位工程师就开始研究用代码表示食品项目及相应的自动识别设备，并于1949年获得了美国专利。

20年后乔·伍德兰德作为IBM公司的工程师成为北美统一代码UPC码的奠基人。以吉拉德·费伊塞尔为代表的几位发明家于1959年提请了一项专利，描述了数字0~9中每个数字可由7段平行条组成。但是这种码令机器难以识读，人读起来也不方便。不过这一构想的确促进了后来条码的产生与发展。不久，布宁克申请了另一项专利，该专利是将条码标识在有轨电车上。20世纪60年代后期，西尔沃尼亚发明的一个系统被北美铁路系统采纳。这两项发明可以说是条码技术最早期的应用。1970年，美国超级市场Ad Hoc委员会制定出通用商品代码UPC码，许多团体也提出了各种条码符号方案。UPC码首先在杂货零售业中试用，这为以后条码的统一和广泛采用奠定了基础。

次年布莱西公司研制出布莱西码及相应的自动识别系统用以库存验算。这是条码技术第一次在仓库管理系统中的实际应用。1972年蒙那奇·马金等人研制出库德巴（Codebar）码。至此美国的条码技术进入新的发展阶段。

1973年美国统一代码委员会（UCC）建立了UPC条码系统，实现了该码制标准化。食品杂货业把UPC码作为该行业的通用标准码制，为条码技术在商业流通销售领域里的广泛应用起到了积极的推动作用。

1976年在美国和加拿大超级市场上，UPC码的成功应用给人们很大的鼓舞，尤其是欧洲人对此产生了极大兴趣。次年欧洲共同体在UPC-A码基础上制定出欧洲物品编码EAN-13条码和EAN-8条码，签署了《欧洲物品编码协议备忘录》，并正式成立了欧洲物品编码协会（EAN）。到了1981年，由于EAN已经发展成为一个国际性组织，故改名为国际物品编码协会（IAN）。但由于历史原因和习惯，至今仍称为EAN。从20世纪80年代初开始，人们围绕提高条码符号的信息密度开展了多项研究。128码和93码就是其中的研究成果。128码于1981年被推荐使用，而93码于1982年使用。这两种码的优点是条码符号密度比39码高出近30%。随着条码技术的发展，条码码制种类不断增加，因而标准化问题十分突出。为此军用标准1189、交叉25码、39码和库德巴码等被制定。此后，戴维·阿利尔又研制出49码，这是一种非传统的条码符号，它比以往的条码符号具有更高的密度。接着特德·威廉斯推出16K码，这是一种适用于激光系统的码制。到1990年底为止，共有40多种条码码制，相应的自动识别设备和印刷技术也得到了长足的发展。从20世纪80年代中期开始，我国一些高等院校、科研部门及一些出口企业，把条码技术的研究和推广应用逐步提到议事日程。一些行业，如图书、邮电、物资管理部门已开始使用条码技术。1988年，中国物品编码中心成立。1991年4月，中国物品编码中心代表我国加入国际物品编码协会，负责推广国际通用的、开放的、跨行业的全球统一编码标识和供应链管理标准，向社会提供公共服务平台和标准化解决方案。

课堂训练

你在哪些地方见到过条码？这些条码是怎样被使用的？它们发挥了什么样的作用？

二、常见的商品条码

在现代商业环境中，商品条码作为一种广泛使用的标识系统，对于提高商品流通效率和准确度具有重要意义。常见的商品条码主要有以下几种：

（一）EAN条码

EAN条码是国际物品编码协会制定的一种条码，在全世界通用。我国的通用商品条码就是这种类型，其结构与国际物品编码协会推行的 EAN 条码相同。EAN 条码分为标准版和缩短版两种：EAN 标准版的数字代码由 13 位阿拉伯数字组成，简称 EAN-13 条码；EAN 缩短版的数字代码由 8 位阿拉伯数字组成，简称 EAN-8 条码。

1. EAN-13 条码

EAN-13 条码既可用于销售包装，又可用于储运包装，其条形符号由左侧空白区、起始符、左侧数据符、中间分隔符、右侧数据符、校验符、终止符和右侧空白区 8 个部分组成，如图 3–4 所示。

图 3–4　EAN-13 条码结构图

EAN-13 条码的数字代码由前缀码、厂商识别代码、商品项目代码、校验码共 13 位数字组成，通常有两种代码结构，如表 3–2 所示，其中 X_1、X_2、X_3……分别表示从右至左的 13 位数字。

表 3–2　EAN-13 条码的两种数字代码结构

结构类型	前缀码 + 厂商识别代码	商品项目代码	校验码
结构一	$X_{13}X_{12}X_{11}X_{10}X_9X_8X_7$	$X_6X_5X_4X_3X_2$	X_1
结构二	$X_{13}X_{12}X_{11}X_{10}X_9X_8X_7X_6$	$X_5X_4X_3X_2$	X_1

（1）前缀码。前缀码是国际物品编码协会分配给各国（或地区）的物品编码组织的代码，一般用 2 位或 3 位数字表示。一个国家只能有一个编码组织加入国际物品编码协会。

中国被分配的是 690～699 的 3 位数字（港、澳、台地区另有编码）。我国以 690、691 为前缀码的 EAN-13 条码采用结构一，以 692、693 为前缀码的 EAN-13 条码采用结构二。前缀码大多为国家（或地区）的代码，但也有用作其他用途的，如 978、977 是国际物品编码协会分别留给专题出版物（指图书、影视或软件光盘等）和连续出版物（指报纸、杂志等）专用的。

（2）厂商识别代码。厂商识别代码由该国（或地区）物品编码组织分配，用于全球范围内对厂商的唯一标识，由前缀码和企业代码构成。我国《商品条码管理办法》规定，依法取得营业执照和相关合法经营资质证明的生产者、销售者和服务提供者，可以申请注册厂商识别代码。

（3）商品项目代码。商品项目代码一般由厂商根据有关规定自行编制，也可由该国（或地区）物品编码组织负责编制。在编制商品项目代码时，厂商必须遵守商品编码的基本原则，同一商品项目的商品只能编制一个商品项目代码，对不同的商品项目必须编制不同的商品项目代码，以符合商品编码的唯一性原则。

（4）校验码。校验码由 1 位数字组成，是根据 X_{13}～X_2 的 12 位数字按《商品条码 零售商品编码与条码表示》（GB 12904—2008）规定的方法计算得出的，用于计算机自动校验整个代码录入得是否正确。例如：某商品条码的数字代码为 6901424334358，其中 690 代表中国，1424 代表生产公司，33435 是听装饮料的商品项目代码，8 是校验码。

2. EAN-8 条码

EAN-8 条码是 EAN-13 条码的一种补充，如图 3-5 所示。该条码只用于小型商品的销售包装，即当商品条码印刷面积超过商品包装表面面积或者标签可印刷面积四分之一时，可以申请使用缩短版商品 EAN-8 条码。

图 3-5 EAN-8 条码结构图

EAN-8 条码的条形符号构成与 EAN-13 条码相同。其数字代码由商品项目代码和校验码两部分构成，EAN-8 条码无厂商识别代码，只有商品项目代码，因而只有一种结构，如表 3-3 所示。其中，商品项目代码是 EAN 编码组织在 EAN 分配的前缀码（$X_8X_7X_6$）的基础上分配给厂商的特定商品项目的代码。为了保证代码的唯一性，商品项目代码须由国家（或地区）物品编码组织统一分配。EAN-8 条码由国家物品编码管理机构分配，在使用上严格控制。

表 3-3 EAN-8 条码的数字代码结构

商品项目代码	校验码
$X_8X_7X_6X_5X_4X_3X_2$	X_1

课堂训练

请每个小组收集 3 个商品的条码，并说说其数字代码的含义。

（二）店内码

批发或零售企业对没有商品条码或商品条码不能识读的商品，可以自行编码、印制条码，并只限于在自己商店内部使用，通常将这类条码称为店内码，或称店内条码。店内码必须遵循国家标准《商品条码 店内条码》（GB/T 18283—2008）的规定。

店内码一般可分为两类：一类是用于变量消费单元的店内码。例如：鲜肉、水果、蔬菜、乳酪、熟食品等按基本计量单位计价，以随机数量销售的商品，这些商品的编码工作不宜由商品的生产者承担，而是由零售商完成。零售商进货后，对商品进行包装，用专用设备对商品称重并自动编码、制作店内码，然后将店内码粘贴或悬挂在商品外包装上。另一类是用于定量消费单元的店内码。这类商品是按商品件数计价销售的，应由制造商印制商品条码，但因制造商对自己生产的产品未申请使用商品条码或其印制的商品条码不能识读，为便于商店 POS 系统的扫描结算，商店自己制作店内码并将店内码粘贴或悬挂在商品的外包装上。标准版店内码的结构如图 3–6 所示。

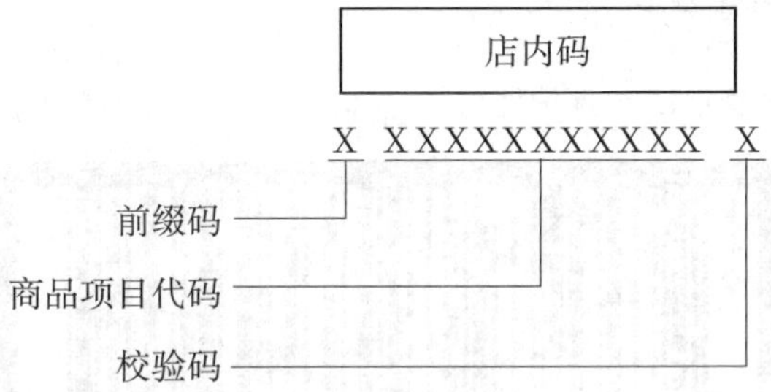

图 3–6　标准版店内码结构图

根据国家对商品条码管理的有关规定，商店应使用商品上的原印码，禁止商店在已有合格商品条码的商品上强制粘贴店内码。

店内码也分为标准版和缩短版两种。标准版店内码的前缀码为“2”，标准版店内码（EAN-13 条码）可以表示商品的价格，因此既适用于变量消费单元，也适用于定量消费单元。缩短版店内码不表示商品的价格，因此一般只适用于定量消费单元，如表 3–4 所示。

前缀码为 0 的缩短版店内码适用于周转率非常快的商品，一般会把小的商品代码分配给那些销售快的商品。

表 3–4　缩短版店内码

前缀码	商品项目代码	校验码
2	XXXXXX	X
0	XXXXXX	X

（三）UPC 条码

UPC 条码是美国统一代码委员会制定的一种代码，主要用于美国和加拿大。常用的 UPC 条码有 UPC-A 和 UPC-E 两种，如图 3–7 所示。

UPC-A　UPC-E

0 89600 12456 9　0 896000 7

图 3–7　UPC 条码

UPC-A 条码，由 12 位数字的字符代码组成，用于商品销售和商品储运，主要由系统码（1 位）、企业代码（5 位）、商品项目代码（5 位）和校验码（1 位）构成。

UPC-E 条码是缩短版的 UPC 条码，用于商品销售包装，由 8 位数字的字符代码组成，分别为系统码（1 位）、消零压缩后的企业代码和商品项目代码（6 位）和校验码（1 位）。

（四）ITF 条码

ITF 条码，如图 3–8 所示，只用于标识非零售的商品，是印刷条件较差，不允许印刷 EAN-13 条码和 UPC-A 条码时选用的一种条码。其长度没有限制，但是数字资料必须为偶数位，允许双向扫描。ITF 条码在物流管理中应用较多，主要用于包装、运输、国际航空系统的机票顺序编号、汽车业及零售业。

图 3–8　ITF 条码

（五）二维码

图 3–9　二维码

二维码又称二维条码，常见的二维码为 QRCode，如图 3–9 所示。QR 全称 Quick Response，是一种编码方式。它比传统的 Bar Code 条码能存更多的信息，也能表示更多的数据类型。

二维码是用某种特定的几何图形，按一定规律在平面（二维方向）上分布的、黑白相间的、记录数据符号信息的图形；在代码编制上巧妙地利用构成计算机内部逻辑基础的“0”“1”比特流的概念，使用若干个与二进制相对应的几何形体来表示文字数值信息，通过图像输入设备或光电扫描设备自动识读以实现信息自动处理。它与条码技术具有一些共性：每种码制有其特定的字符集；每个字符占有一定的宽度；具有一定的校验功能；还具有对不同行的信息自动识别功能及图形旋转变化点处理功能。

二维码作为一种新兴的信息存储和传递方式，在现代社会得到了广泛应用。二维码有如下优点：

首先，二维码具有较高的信息容量。相较于传统的一维条码，二维码在水平和垂直两个方向上都能存储信息，因此能够容纳更多的数据。这使得二维码能够应用于更广泛的场景，如广告、产品溯源和身份识别等。

其次，二维码具有较强的纠错能力。由于采用了特定的编码方式，二维码能够在受损的情况下仍保持较高的识别率。这使得二维码在各种环境下都能够保持较高的稳定性和可靠性。

再次，二维码具有较好的易用性。二维码可以通过手机等移动设备轻松扫描，无需专业设备。这使得二维码在移动支付、电子票务等场景中得到了广泛应用。

最后，二维码具有较高的安全性。通过加密技术，二维码可以有效保护信息的安全。这使得二维码在金融等领域具有较高的应用价值。

二维码具有较高信息容量、较强纠错能力、较好易用性和较高安全性等优点。这些优点使得二维码在现代社会中得到了广泛应用并为信息传递和存储提供了一种高效、便捷的方式。

（六）其他条码

到目前为止，常见的条码码制大概有 20 种，其中广泛使用的码制包括 Code39 码、Code128 码、Code93 码等。不同的码制具有不同的特点，适用于特定的应用领域。

三、商品条码的编制方法

商品条码采用了标准化的编码方式，遵循特定的编码规则。

（一）商品条码的编码规则

（1）唯一性。同种规格同种商品对应同一个商品代码，同种商品不同规格应对应不同的商品代码。商品性质不同，如重量、包装、规格、气味、颜色、形状等，商品代码也不同。

（2）永久性。商品代码一经分配，就不再更改，并且是终身的。当此种商品不再生产时，其对应的商品代码只能搁置起来，不得重复起用，即不能再分配给其他的商品。

（3）无含义。为了保证代码有足够的容量以适应商品频繁更新换代的需要，最好采用无含义的顺序码。

（二）商品条码的编码过程

商品条码的编制，大体上可以划分为如下 4 个环节：

（1）赋予编码对象一个商品代码。赋予的商品代码是条码中的字符代码，这种代码必须符合不同条码结构规则。

（2）将字符代码转换为二进制代码。这里的转换不是数字上的转换，而是人为的硬性规定。条码种类不同，字符代码转换的二进制代码也不同。EAN 条码和 UPC 条码转换为 7 位二进制代码，而 ITF 条码转换为 5 位二进制代码。

（3）将二进制代码转换为条码符号。这种转换是把二进制代码用条和空来表示，不同条码转换条、空规则不同。EAN 条码和 UPC 条码采用模块组配法转换，而 ITF 条码采用宽度表示法转换。

（4）根据条码符号形成不同的码制。不同种类的条码，二进制代码转换的条码符号也不同；不同种类的条码，对起始区和终止区的代码规定不同，则条码符号也不同。这样，可以组合成不同种类的条码。

上述条码编制的基本过程是理论上的，在实际中的应用比较简单，生产企业和经营企业只要把所生产或经营的商品在分好类的基础上，编制出科学的商品代码就基本上完成了编制条码的任务。我国使用的非原地印刷通用商品条码往往不需要人工计算，只要给出条码的字符代码（不含校验码），提出对条码的具体要求，通过现代化条码胶片制作系统的数据处理，便可制成用户要求的条码胶片。我国使用的原地印刷商店内部条码，只要给出5~7位的商品代码就可由供应商根据双方协议设计的专用设备对商品称重，根据单价计算价格并打印出条码。

相关阅读

一维条码、二维条码知多少

一维条码指仅在一个维度方向上表示信息的条码符号。其具有输入速度快、错误率低等优点，但也存在数据容量小、损坏后可读性差等不足。在生活中，一维条码常用作标识零售商品，如我们日常接触最多的商品条码就属于一维条码。在我国，商品条码由中国物品编码中心统一分配，有效期为2年。企业若使用商品条码，可到所在地的中国物品编码中心分支机构进行申请。

在一维条码的基础上，二维条码指在两个维度方向上表示信息的条码符号。由于二维条码实现了在水平和垂直两个方向上储存、表达信息，因此克服了一维条码储存信息量不足的问题，但二维条码因多由个人或商家自己生成，也易发生伪造等问题。中国主导的首个二维码码制国际标准现已发布。

关于一维条码，以生活中常见的商品条码为例：商品条码作为商品在市场流通的“身份证”，是实现商业现代化的基础，更是商品进入市场的入场券。例如：在产品生产过程中，可使用条码进行生产管理；在分销过程中，分销商可采用条码进行运输和仓储；在零售结算时，扫描商品上的条码即可从后台数据库中抓取相应的产品信息，完成商品结算。此外，在门店管理中，销售人员只须将相应产品的货架数量输入门店数据库，生产企业即可根据数据完成对未来销售情况的预测，制订合理的生产计划。

而二维条码则常用于收/付款、加好友、介绍商品特征属性、商品相关网址等。例如：在商品结算环节，可形成收/付款码；在日常交往中，可扫读二维条码，添加好友；在宣传推广中，扫读二维条码，可链接到公众号、网址链接、小程序等，使消费者便捷地浏览相关内容。

综上所述，一维条码和二维条码是领域不同、分工不同的两种条码符号，各自发挥不同的作用，不能相互取代。一维条码（以商品条码的EAN-13条码为例）主要具有对物品的标识的作用。一维条码常用作商品的“身份证”，须向官方申请/备案后，才可使用。而二维条码则侧重对物品的描述，更多作为一个端口，可利用手机等设备扫读以获得信息，能适应不同的场景。

任务三　认识主要商品分类体系和常见的商品目录

一、商品分类体系简介

在一次商品分类中，分类对象按照分类标志逐级划分为包括大类、中类、小类、品类在内的完整的、具有内在联系的类目系统，这个类目系统即商品分类体系。这一体系在商业活动中发挥着重要作用，有助于简化商品管理、提高物流效率以及优化消费者购物体验。

商品分类体系的建立和应用对于我国经济的发展具有重要意义。它既可以帮助企业更好地管理商品库存，提高生产效率，也有助于政府部门对商品市场进行有效的监管和管理。此外，商品分类体系还有助于促进国际贸易，为国内外企业提供更加便捷的贸易渠道。随着我国经济的不断发展，商品分类体系也在不断更新和完善。相关部门会根据市场的变化和需求，对商品分类体系进行调整和优化，使其更加适应我国商品市场的发展需要。

二、主要商品分类体系

目前我国应用比较广泛的商品分类体系主要有基本分类体系和应用分类体系两大体系。

（一）基本分类体系

基本分类体系是以商品的基本使用目的为分类标志，将商品分为生产资料商品（工业生产资料商品、农业生产资料商品）和生活资料商品（供衣、食住、行等的商品）两大类，在此基础上再进行细分而构成的分类体系。如生产资料商品按商品的性质和经营形式的不同，可分为原料类、机电类、木材类、机械类、燃料类等大类，原料类在此基础上又细分为石油、煤炭等中类，以此类推。

（二）应用分类体系

应用分类体系是以实用性为原则，为满足使用者的需要进行分类所形成的分类体系。这种分类体系从方便处理商品的角度出发，没有统一的分类标志，而是根据商品的某些共性加以分类，以适应不同分类目的的需要，是一种实用性很强的分类体系。国际危险货物运输规则就是这种分类体系的代表。

国际危险货物运输规则，是为满足国际运输危险货物的要求，而对危险性商品进行分类所建立的分类体系。国际海事组织制定的《国际海运危险货物规则》，是各国运输危险货物及其包装的国际统一管理规则。我国于 1985 年制定和实施了《海运出口危险货物包装检验管理办法（试行）》。《国际海运危险货物规则》根据危险货物的性质和危险程度，把危险货物划分为 10 类，如表 3–5 所示。每种危险货物均列有品名、CAS 号、分子式、类别、爆炸极限、闪点、特性、标志、包装和储运要求等。

表 3-5　危险货物类目

类别	类目
第一类	爆炸品
第二类	气体
第三类	易燃液体
第四类	易燃固体；易自燃物质；遇水放出易燃气体的物质
第五类	氧化物质和有机过氧化物
第六类	有毒和感染性物质
第七类	放射性物质
第八类	腐蚀性物质
第九类	杂类危险物质和物品（第九类）和环境有害物质
第十类	海洋污染物

（三）国际贸易商品分类体系

国际贸易商品分类体系，是为了方便各国之间的贸易活动以及各国开展海关管理、关税征收等活动而制定的统一的国际贸易分类体系。《海关税则商品分类目录公约》《国际贸易标准分类》《商品名称及编码协调制度》是这种分类体系的代表。

1.《海关税则商品分类目录公约》

《海关税则商品分类目录公约》（Convention on Nomenclature for the Classification of Goods is Customs Tariffs）是 1950 年 12 月 15 日海关合作理事会在布鲁塞尔召开的国际会议上制定的公约，1953 年 9 月 11 日生效。该公约最初被称为《布鲁塞尔税则目录》，于 1975 年正式改名为《海关合作理事会税则商品分类目录》（CCCN）。

《海关合作理事会税则商品分类目录》是一个系统的商品分类体系，它是按系统分类、顺序排列的国际贸易商品分类表。它的分类原则是：按照商品的原料来源，结合加工程度、用途和工业部门划分。其中，前两位数字是税目所属的章号，后两位数字是该税目在这一章内排列的序号。

2.《国际贸易标准分类》

在研究制定《海关税则商品分类目录公约》的同时，为便于联合国统计工作的需要，由联合国秘书处主持，在 1950 年草拟了《国际贸易标准分类》（Standard International Trade Classification，SITC）。SITC 修订 4 共有 67 类、262 组、1 023 个分组、2 970 个基本目。

3.《商品名称及编码协调制度》

《商品名称及编码协调制度》简称《协调制度》，又称 HS（The Harmonized Commodity Description and Coding System），是指在原《海关合作理事会税则商品分类目录》和《国际贸易标准分类》的基础上，协调国际上多种商品分类目录而制定的一部多用途的国际贸易商品分类目录。

《协调制度》是1983年6月海关合作理事会（现名世界海关组织）主持制定的一部供海关、统计、进出口管理及与国际贸易有关各方共同使用的商品分类编码体系。HS编码涵盖了《海关合作理事会税则商品分类目录》（CCCN）和《国际贸易标准分类》（SITC）两大分类编码体系，是系统的、多用途的国际贸易商品分类体系。它除了用于海关税则和贸易统计，在运输商品的计费、统计、计算机数据传递、国际贸易单证简化以及普遍优惠制税号的利用等方面，都提供了一套可使用的国际贸易商品分类体系。

为适应国际贸易的发展，世界海关组织发布了2022年版《商品名称及编码协调制度》修订目录。

中国以世界海关组织发布的《商品名称及编码协调制度》为基础并结合本国进出口的实际情况，编制了《中华人民共和国进出口税则》。其中，《中华人民共和国进出口税则（2024）》目录，如表3-6所示。

表3-6 《中华人民共和国进出口税则（2024）》目录

类别	目录
第一类	活动物；动物产品
第二类	植物产品
第三类	动、植物或微生物油、脂及其分解产品；精制的食用油脂；动、植物蜡
第四类	食品；饮料、酒及醋；烟草、烟草及烟草代用品的制品；非经燃烧吸用的产品，不论是否含有尼古丁；其他供人体摄入尼古丁的含尼古丁的产品
第五类	矿产品
第六类	化学工业及其相关工业的产品
第七类	塑料及其制品；橡胶及其制品
第八类	生皮、皮革、毛皮及其制品；鞍具及挽具；旅行用品、手提包及类似容器；动物肠线（蚕胶丝除外）制品
第九类	木及木制品；木炭；软木及软木制品；稻草、秸秆、针茅或其他编结材料制品；篮筐及柳条编结品
第十类	木浆及其他纤维状纤维素浆；回收（废碎）纸或纸板；纸、纸板及其制品
第十一类	纺织原料及纺织制品
第十二类	鞋、帽、伞、杖、鞭及其零件；已加工的羽毛及其制品；人造花；人发制品
第十三类	石料、石膏、水泥、石棉、云母及类似材料的制品；陶瓷产品；玻璃及其制品
第十四类	天然或养殖珍珠、宝石或半宝石、贵金属、包贵金属及其制品；仿首饰；硬币
第十五类	贱金属及其制品
第十六类	机器、机械器具、电气设备及其零件；录音机及放声机、电视图像、声音的录制和重放设备及其零件、附件
第十七类	车辆、航空器、船舶及有关运输设备
第十八类	光学、照相、电影、计量、检验、医疗或外科用仪器及设备、精密仪器及设备；钟表；乐器；上述物品的零件、附件
第十九类	武器、弹药及其零件、附件
第二十类	杂项制品
第二十一类	艺术品、收藏品及古物

（四）国家标准分类体系

国家标准分类体系，是为保证国内商品流通的正常进行，满足商品在流通过程中所提出的某些要求而进行的分类。

国家标准商品分类体系，是指以国家标准形式对商品、产品及物资进行科学的、系统的分类所建立起来的商品分类体系。国家标准商品分类体系的建立，实现了商品信息的标准化和统一化。这不仅有助于提高商品流通的效率，还有利于政府部门对商品市场的监管。此外，该体系为国内外贸易提供了便利，促进了贸易的发展，便于国民经济计划、统计及各项业务活动的进行，是国民经济统一核算和国家经济信息系统的重要基础，是各部门、各地区进行计划统计、会计等工作时必须遵循的准则和依据，有利于实行商品分类编码标准化，有助于建立统一的、现代化的商品信息系统，是信息交流和资源共享的保证，能够提高经济管理水平。

关于全国主要产品的国家标准主要包括《全国主要产品分类与代码 第 1 部分：可运输产品》（GB/T 7635.1—2002）和《全国主要产品分类与代码 第 2 部分：不可运输产品》（GB/T 7635.2—2002）两部分。其中 GB/T 7635.1—2002 的分类代码表采取层次编码法，包含大部类、部类、大类、中类、小类，如表 3-7 所示。

表 3-7　GB/T 7635.1—2002 的分类代码表

代码	名称	代码	名称
0 大部类	农林（牧）渔业产品；中药	29	天然皮革、再生革和皮革制品及非皮革材料的同类制品；鞋
01	种植业产品	3 大部类	除金属制品、机械和设备外的其他可运输物品
02	活的动物和动物产品	31	木（材）和木制品、软木制品，稻草、麦秆和缏条材料制品
03	森林产品和森林采伐产品	32	纸浆、纸和纸制品；印刷品和相关物品
04	鱼和其他渔业产品	……	……
06	中药	38	家具；其他不另分类的可运输物品
1 大部类	矿和矿物；电力、可燃气和水	39	旧物、废弃物或残渣
11	无烟煤、烟煤和褐煤等煤；泥炭（包括煤加工产品等）	4 大部类	金属制品、机械和设备
12	原油和天然气等	41	主要金属材料
……	……	42	除机械设备外的金属制品
16	其他矿物	……	……
2 大部类	加工食品、饮料和烟草；纺织品、服装和皮革制品	49	交通运输设备
21	肉、水产品、水果、蔬菜、油脂等类加工品		
22	乳制品		
……	……		

三、常见的商品目录

目录原指书籍正文前所载的目次，其作用是导读和索引。商品目录本意也源于此。商品目录又称商品分类目录，是在商品分类和编码的基础上，用表格、文字、数字和字母全面记录和反映商品分类体系的文件形式。

商品目录是商品分类的具体体现，是实现商品科学化、现代化管理的前提。商品目录的种类很多，按适用范围不同，商品目录可分为国际商品目录、国家商品目录、行业（部门）商品目录和企业（单位）商品目录。

（一）国际商品目录

国际商品目录是由国际组织或区域性集团编制的商品目录。

（二）国家商品目录

国家商品目录是指由国家指定专门机构制定的商品目录，是国家各部门、地区必须遵守的全国统一性商品目录。

（三）行业（部门）商品目录

行业（部门）商品目录是指由本行业主管部门编制的商品目录。

（四）企业（单位）商品目录

企业（单位）商品目录是指由本企业（或单位）自己编制的，通常仅适用于本企业生产经营管理需要的商品目录。某零售店的商品目录（部分），如表 3-8 所示。

表 3-8　某零售店的商品目录（部分）

大类	中类	小类	品类	品种	规格	花色式样
针织品	袜子	童袜	尼龙童袜	尼龙丝童袜	8、10、12、14、17cm	每种规格至少 5 种花色
				尼龙加底童袜	12、14、17cm	每种规格至少 5 种花色
			棉质童袜	厚棉质童袜	8、10、12cm	每种规格至少 5 种花色
				薄棉质童袜	8、10、12cm	每种规格至少 5 种花色

国家商品目录要与国际商品目录相协调；行业（部门）及企业（单位）商品目录既要符合国家商品目录的分类原则，又要满足本行业（部门）或本企业（单位）的需要。因此，一般来说，行业（部门）及企业（单位）商品目录通常比国家商品目录包括的商品类型少，但品种的划分更细。

项目小结

商品编码是一种用于标识商品或服务的独特编码系统。它为商品提供了一种标准化的标识，有助于提高供应链管理效率、降低库存成本并简化交易过程。商品编码在贸易、物流、零售等多个领域具有广泛的应用，已成为现代商业运作的重要组成部分。随着科技的不断进步和全球化进程的加速，商品编码将在未来发挥更加重要的作用。因此，了解商品编码的基本原理和应用对于从事相关行业的人员具有重要的现实意义。

过关检测

一、单选题

1. “C8112” 表示涤粘中、长纤维色布，用的是（　　）编码方法。

A. 数字型代码　B. 字母型代码　C. 混合型代码　D. 条码

2. 棉布婴儿服装的代码是“21011007”，用的是（　　）编码方法。

A. 数字型代码　B. 字母型代码　C. 混合型代码　D. 条码

3. EAN-13 条码的最后一位数字是（　　）。

A. 前缀码　B. 企业代码　C. 校验码　D. 类别代码

4. 用于零售过程中变量消费单元的商品条码是（　　）。

A. 店内码　B. 企业代码　C. 校验码　D. 类别代码

5.《协调制度》是下列哪一商品目录的简称？（　　）

A.《商品名称及编码协调制度》　B.《海关合作理事会税则商品分类目录》

C.《国际贸易标准分类》　D.《中华人民共和国进出口税则》

二、多选题

1. 关于《协调制度》的描述，哪些是正确的？（　　）

A. 由总规则、注释、商品码表三部分组成

B. 注释分为类注、章注、子目注

C. 在国际上只有少数国家采用

D. 编码表中有空章空号

2. 商品编码的原则有（　　）。

A. 唯一性　B. 简明性　C. 层次性　D. 复杂性

3. 有关 EAN-13 条码，下列说法哪些是正确的？（　　）

A. 国别代码由国际组织分配

B. 厂商识别代码由国际组织分配

C. 厂商识别代码由国家有关组织分配

D. 商品项目代码由国家有关组织分配

4. 商品代码的种类主要有（　　）。

A. 数字型代码　B. 字母型代码　C. 混合型代码　D. 条码

5. 商品条码由条码符号、字符代码和空白区三部分组成，其中条码符号由下列哪些部分构成？（　　）

A. 安全区　B. 起始符

C. 终止符　D. 信息段和校验符

6. 目前国际上常用的商品条码有下列的哪些种？（　　）

A. EAN 条码　B. UPC 条码　C. ABC 条码　D. ITF 条码

三、判断题

1. 为了使分类体系完整，一个商品可以给予两个代码或两个商品给予一个代码。（　　）

2. 商品分类体系中一个商品只能有一个代码。（　　）

3. 能够识别 EAN-13 条码的 POS 系统就不能够识别 EAN-8 条码了。(　　)

4. EAN 条码都是 13 位数字的编码。(　　)

5. EAN-8 条码也称缩短版条码，当商品包装上没有足够的面积印刷标准版条码时使用。(　　)

6. ITF 条码，又称交叉二五条码，主要用于运输包装。(　　)

四、思考题

1. 什么是商品条码？其结构如何？

2. 常见的商品分类体系有哪些？

3. 简述商品条码的优点。

五、案例分析

医疗机构对于自动识别技术的应用非常广泛，如挂号、门诊、计价、收费、药房、住院及手术等。目前医院对于自动识别技术的需求主要集中在两方面：身份识别和样品识别。身份识别包括病人的身份识别、医生的身份识别；样品识别包括化验品、药品、设备及病历等的识别。将条码作为信息传递载体，实现了对医院日常业务中产生的病历、住院费用、药品药库、器械等物流和信息流的实时跟踪，帮助医院实现从粗放式经营向精细化、规范化管理转型，提高了医院的竞争能力和经济效益。条码技术能够实现以下功能。

1. 病房管理

利用条码打印机为住院病患制作带有条码腕带、条码病床标识的标签。这样可以实现移动查房，让医生可以通过无线终端扫描病人腕带上的条码，方便地调出病人的电子病历，准确、快速掌握病人的全部信息（包括病人的用药记录），有利于医生处理各种情况，将病人当前状况和处理情况暂时记录在无线终端，事后跟计算机联网实现批处理，并传输至信息中心，及时反馈给医生，提高工作效率。

2. 病历管理

病历记录病人的有关信息，通过条码打印机为病历标识条码标签，通过条码标签快速、准确识别病历类型，使信息的采集、传输和管理更加迅速，更加准确。

3. 处方管理

处方由医生开出，通过条码打印机为病历标识条码标签，通过条码标签快速、准确地识别处方的配药情况、用药记录。不同的处方有不同的条码，以区分一人多处方的情况，处方和条码在配药的时候将进行对比。

4. 药品管理和器械管理

药品是医院医疗活动的核心物流体。药房在收到收费处的确认付费信息后，根据药单配选药品，逐一扫描药品架上的条码并跟处方进行核对，防止配错药品，同时减去当前药品库存数量，便于管理人员随时掌握库存变化。在扫描读取病人登记卡的条码信息并确认身份后，将药发给病人。

条码技术能够实现电子处方与诊断结果报告、随身护理、智能设备、药品管理等一系列条码化应用，创造最佳的以病人为中心的医疗保健方式，从而大大提高医疗服务水平，提高医疗机构的效益。

分析：

1. 条码在医疗行业的管理中发挥了哪些作用？

2. 条码在商品管理中发挥了哪些作用？

任务实训

◆ 任务描述

全班学生按照之前的分组完成任务。每组学生运用所学的商品编码知识，对零售商店进行实地考察，并根据调查编写零售商店的商品目录，将其整理成 800 字的书面报告上交，并制作 PPT 进行展示。

◆ 任务目标

（1）培养信息整理和分析能力，以及商品编码应用能力。

（2）培养实地调研能力，并将课堂所学知识应用于实际场景中。

（3）提高书面表达能力，增强对商品编码的理解和掌握。

（4）培养团队协作能力，提高沟通交流水平。

◆ 任务实施

（1）分组和准备：全班学生按照之前的分组，选定一个零售商店作为考察对象，并确定小组的调查计划和时间安排。在出发前，每组学生需要复习所学的商品编码知识，并准备好所需的调研工具和记录本。

（2）实地考察：每组学生前往所选定的零售商店进行实地考察。在考察过程中，学生需要仔细观察零售商店的布局、分类和陈列方式，并记录所考察商品的品种、品牌、价格等信息。

（3）编写商品目录：根据实地考察的结果，学生需要编写零售商店的商品目录。商品目录应该包括商品的名称、品牌、规格、价格等信息，并根据商品编码知识进行分类和整理。商品目录应该按照一定的顺序排列，如按照商品类别或字母顺序排列。

（4）整理书面报告：每组学生将商品目录整理成 800 字的书面报告。报告应该以清晰、准确、简洁的语言描述零售商店的商品信息，并包括对零售商店的总体评价和建议。报告应该按照书面报告的格式要求进行排版，并注意语法、拼写和标点等方面的准确性。

（5）制作PPT展示：每组学生将报告制作成PPT，以便于展示和交流。在制作PPT时，学生需要注意布局、配色、字体等方面的统一性，并尽量避免文字堆砌。在展示过程中，学生需要清晰地阐述报告内容，并回答观众的问题。

◆ 成绩评定

评分标准如表 3–9 所示。

表 3–9　评分标准

评价项目	评分标准	得分
语言逻辑（40%）	语言流畅、精练，条理清晰，逻辑性强	
基本材料（20%）	数据真实、准确，材料具体、可靠	

续表

评价项目	评分标准	得分
个人观点（30%）	观点鲜明，有理有据	
个人态度（10%）	态度端正，认真积极	
总分		

项 目 四

商品质量管理

学习目标

◎ 知识目标

（1）理解现代质量观念。

（2）熟悉常见商品质量的基本要求。

（3）熟悉影响商品质量的因素。

◎ 能力目标

（1）能够对质量特性进行分析，并对商品质量进行综合评价。

（2）能够根据影响商品质量的因素，提出改善商品质量的措施和建议。

◎ 素养目标

（1）培养对商品质量的重视和关注意识，树立正确的商品质量意识。

（2）培养认真负责的工作态度和严谨细致的工作作风。

（3）愿意为实现商品质量的提升和社会监督的加强，尽自己的一份力量。

内容结构

- 商品质量管理
  - 认识质量
    - 质量和商品质量的概念
    - 现代质量观念
  - 掌握商品质量分析与评价
    - 商品质量特性
    - 商品质量的评价
  - 熟悉常见商品质量的基本要求
    - 日用工业品商品质量的基本要求
    - 家用电器商品质量的基本要求
    - 食品商品质量的基本要求
    - 纺织品商品质量的基本要求
  - 熟悉影响商品质量的因素
    - 影响工业品质量的因素
    - 影响农产品质量的因素
    - 流通过程对商品质量的影响

案例导入

劣质商品

每年央视3·15晚会，都引发众多消费者的关注。晚会曝光一些质量不合格产品，目的就是要把握高质量发展这个首要任务，倡导诚信经营、遵纪守法、公平竞争、有序发展的价值信念。

1. 香精勾兑的泰国香米

泰国香米在我国的消费市场还是十分庞大的，有好多消费者都十分喜爱泰国香米这种优质的大米，但殊不知泰国香米消费市场混乱，也许你买到的就是这类被曝光的“香精勾兑的泰国香米”。这种所谓的“泰国香米”，其实跟泰国一点关系都没有，就是在普通大米中添加各种香精。只要往大米里滴几滴香精，大米就会散发出特有的香味。这种“泰国香米”在市场上备受欢迎，销售量十分庞大。类似这样添加香精的“泰国香米”，一年能卖出1 000多吨。

2. 妆字号美容针或致毁容

一批批打着化妆品名义的美容针剂源源不断地流向市场，堂而皇之地出现在各类医美、化妆品展会上，批发给形形色色的美容机构，最终被注射到消费者的脸上。据了解，这类以化妆品名义销售的美容针剂因为价格不透明，利润可以高达10倍，从业者趋之若鹜。不少工厂打着生产化妆品的名义，实则生产脸部注射用的美容针剂。此外，很多工厂都没有生产许可证。

3. 用回收料等劣质材料生产头盔

我们都知道骑行戴安全头盔的重要性，安全头盔关键时刻能救命。有关研究表明，正确佩戴安全头盔还能够将交通事故死亡风险降低60%～70%，对保护生命安全具有重要作用。但一些安全头盔生产厂家为了压缩成本、增加利润，竟然使用回收料等劣质材料进行生产。这样的安全头盔不仅不达标，而且还会影响人的健康。

◎ **分析：**

上述案例揭示了一些企业在追求利润的过程中，忽视了诚信经营的原则，违反了法律法规，损害了消费者的权益。这些质量不合格产品的生产和销售，不仅给消费者带来财产损失、健康隐患甚至生命危险，也破坏了市场秩序和社会信任。为了解决这个问题，政府和企业应该加强对产品质量和安全的管理，提高产品质量和安全水平。同时，消费者也应该增强自我保护意识，选择正规渠道购买产品，关注产品的质量和安全指标。

请结合案例，思考：

1. 我们在购物过程中，哪些产品更让人放心？
2. 哪些产品还存在问题？

任务一　认识质量

一、质量和商品质量的概念

（一）质量

质量是一组固有特性满足要求的程度。术语“质量”可使用形容词来修饰，如差、好或优秀。

在理解“质量”的定义时，要注意以下几个要点。

1. 质量可存在于各个领域或任何事物中

早期的质量概念大多局限于有形产品，后逐渐延伸到服务等无形产品，而如今则扩展到过程、活动、组织乃至它们的组合中。定义中对质量的载体未作界定，而是泛指一切可单独描述和研究的事物。因此，质量概念既可以用来描述产品和活动，也可以用来对过程、人员甚至组织进行描述。这个定义突出反映了质量概念的广泛包容性。

2. “固有特性”的含义

定义中的“固有特性”，“固有”（其对应的是“赋予”）就是指在某事或某物中本来就有的，尤其是那种永久的特性；特性是指“可区分的特征”，它可以是各种类别的特性，如物理的特性（如机械特性、电学特性、光学特性）、感官的特性（如气味、声音、色彩）、行为的特性（如礼貌、诚实、正直）、时间的特性（如准时性）、和功能特性（如洁净度）等。

（1）特性可以是固有的或被赋予的。

“固有的”就是指某事或某物中本来就有的，尤其是那种永久的特性，如产品的形状和大小、螺栓的直径、机器的生产率、接通电话的时间等技术特性。

“被赋予的”，即不是某事物中本来就有的，而是生产后产品因不同的要求而使产品增加的特性，如产品的价格、硬件产品的供货时间和运输要求（如运输方式）、售后服务要求（如保修时间）等特性。

（2）产品的固有特性与被赋予特性是相对的，某些产品的被赋予特性可能是另一些产品的固有特性。例如：供货时间及运输方式对硬件产品而言，属于被赋予特性；但对运输服务而言，就属于固有特性。

（3）特性可以是定性的或定量的。固有特性的要求大多是可测量的，质量的好坏反映为满足要求的程度。被赋予特性并非是产品、体系或组织的固有特性，不反映在质量范畴中。

定义中的“要求”，是指明示的、通常隐含的或必须履行的需求或期望。

1）“明示的”可以理解为规定的要求，如在文件中阐明的要求或顾客明确提出的要求。

2）“通常隐含的”是指组织、顾客和其他相关方的习惯或一般做法，其所考虑的需求或期望是不言而喻的。相关方是指与组织的业绩或成就有利益关系的个人或团体，如顾客、供应商、银行、工会、合作伙伴或社会。一个团体可由一个组织或其一部分或多个组织构成。一般情况下，相关方的文件（如标准）中不会对“通常隐含的”要求给出明确的规定，供方应根据自身产品的用途和特性进行识别，并作出规定。

3）“必须履行的”是指法律法规要求的或有强制性标准要求的内容。

4）需求或期望可由不同的相关方提出，不同的相关方对同一产品的需求或期望可能是不同的。例如：对汽车来说，顾客的需求或期望是美观、舒适、轻便、省油，但社会的需求或期望是对环境不产生污染。组织在确定产品时，应兼顾各相关方的需求或期望。

需求或期望可以是多方面的，当需求或期望特指时，可使用修饰词表示，如产品要求、质量管理要求、顾客要求等。

课堂训练

随着智能手机的普及和技术的快速发展，人们对手机的需求或期望也在不断变化。请大家进行讨论，分享自己对好手机的要求并填入表 4–1 中。

表 4-1　我对好手机的要求

1.
2.
3.
4.
5.
6.
7.
8.

相关阅读

朱兰三部曲

朱兰是世界著名的质量管理专家。他所倡导的质量管理理念和方法始终影响世界以及世界质量管理的发展。他的“质量计划、质量控制和质量改进”被称为“朱兰三部曲”。由朱兰主编的《朱兰质量手册》被称为当今世界质量控制科学的名著，为奠定全面质量的理论基础和基本方法做出了卓越的贡献。

质量计划的定义是：针对特定的产品、项目或合同规定专门的质量措施、资源和活动顺序的文件。质量计划提供了一种途径将某一产品、项目或合同规定的要求与现行的通用质量体系程序联系起来。虽然要增加一些书面程序，但质量计划无须开发超出现行规定的一套综合的程序或作业指导书。一个质量计划可以用于监测和评估贯彻质量要求的情况，但这并不是用作清点符合要求的清单。质量计划也可以用于没有文件化质量体系的情况，在这种情况下，需要编制程序以支持质量计划。质量计划需要回答的是如何通过各种质量相关活动来保证项目达到预期的质量目标。质量计划中的重要输入是质量目标，而质量目标来源于用户需求和商业目标，项目质量计划根据质量目标制订，包括质量保证计划和质量跟踪控制计划。

质量控制是为达到质量要求所采取的作业技术和活动。这就是说，质量控制是为了通过监视质量形成过程，消除质量环上所有阶段引起不合格或不满意效果的因素，以达到质量要求，获取经济效益，而采取的各种质量作业技术和活动。

质量改进是为向本组织及其顾客提供增值效益，在整个组织范围内所采取的提高活动和过程的效果与效率的措施。质量改进是消除系统性的问题，对现有的质量水平在控制的基础上加以提高，使质量达到一个新水平、新高度。质量改进是一个过程，要按照一定的规则进行，否则会影响改进的成效，甚至会徒劳无功。

（二）商品质量

商品质量

商品质量，是指商品所具有的固有特性能够满足消费者需求的程度。商品质量可以通俗地理解为商品具有一定用途，满足一定需求的各种特性的综合。

现实中，人们对商品质量有着狭义和广义两种不同的理解。狭义商品质量是指具体的商品、工程或服务质量，通常由特定的组织或部门，如检验部或质管部，负责审核或检验其是否符合要求。狭义商品质量主要关注的是设计、制造、施工、安装调试、验收等环节的控制，重点是保证商品的性能、耐用性、安全性等达到预期的标准和规范。广义商品质量则更为全面，它不仅包括商品、工程和服务的品质，还扩展到过程、体系和组织的整体质量，包括专业技术、财务效益、经营状况、管理思想与管理水平、行为模式与准则、法律制度与道德规范等因素。广义商品质量不仅关注商品的性能和耐用性，而且关注企业的整体经营能力和持续发展能力。这需要将质量问题上升到企业的经营战略层面，通过制定有效的管理策略和控制机制来提高质量。朱兰将狭义商品质量定义和广义商品质量定义做了比较，结果如表 4–2 所示。

表 4–2　狭义商品质量定义和广义商品质量定义的区别

主题	狭义商品质量定义	广义商品质量定义
商品	制造的有形商品	所有类型的商品，无论是否供销售
过程	与商品制造直接相关的过程	包括制造、支持和业务在内的所有过程
产业	制造业	包括制造、服务和政府机构在内的所有产业，无论是否是营利性的
质量被视为	技术问题	经营问题
顾客	购买商品的主顾	所有受影响的人，无论内外
如何认识质量	基于职能部门的文化	基于具有普遍意义的“三部曲”（质量计划、质量控制、质量改进）
质量目标体现在	工厂目标中	公司经营计划中
不良质量成本	与不良的加工商品有关的成本	若每件事情都能够完善的话，将会消失的那些成本

续表

主题	狭义商品质量定义	广义商品质量定义
质量评价主要基于	与工厂规格、程序和标准的符合性	与顾客需求的对应性
改进针对方向	部门绩效	公司绩效
质量管理培训	集中在质量部门	全公司范围
协调者	质量经理	高层管理者构成的质量管理委员会

相关阅读

卓越绩效模式

"卓越绩效模式"是一种提高商品广义质量的方式方法，它是一种综合性的质量管理框架，包括领导力、战略规划、运营管理、人力资源管理、财务管理、客户关系管理、供应商关系管理、创新管理等多个方面。通过实施卓越绩效模式，企业可以提高整体经营能力和竞争力，实现可持续发展。

二、现代质量观念

（一）保证和提高质量的意义

1. 重视和提高商品质量，是促进国民经济发展的重要动力

商品生产的目的是满足人们不断增长的物质和文化生活的需要。人们生活中的吃、穿、用的商品，如果生产和经营不对路、质量不高，就会造成商品流通不畅，破坏供求比例，得不到社会的承认和欢迎，这样的商品就很难销售出去。对于企业来说，这样的商品占压资金、影响扩大再生产和扩大经营。若不改变这种状况，要发展生产、扩大经营、提高经济效益，是很难办到或是根本不可能的。企业把质量视为生命，保证和提高商品质量有利于发展生产、扩大经营、促进流通，有利于国民经济的发展。

2. 保证和提高商品质量，是创造社会财富、满足消费的重要标志

商品的使用价值在一切社会形态中都是构成社会物质财富的内容。质量是商品具有使用价值的保证。质量高，表现为商品性能更好，使用效率更高，寿命周期更长，相当于花同样多的成本，生产出更多的商品。这样既减少了消耗，又降低了成本，而且减少了消费者在该商品上的支付，为消费者在生产和生活中提供了较好的物质条件；相反，就会造成人力、物力、财力的浪费。因此，保证和提高商品质量有利于国家、企业、消费者，对促进整个社会物质文明和精神文明的发展，有极其重要的作用和意义。

3. 加强和提高商品质量，是促进企业质量管理制度完善的中心环节

企业经营管理水平的提高和经营管理制度的完善，在很大程度上是通过组织本企业或本系统的优质产品的生产过程、销售过程和售后服务等一系列工作过程而逐步建立起来的。企业内部的商品质量管理主要由两个系列的工作组成，即质量保证和质量控制。这两

个系列的工作是伴随生产过程不断进行的。从企业内部来看，质量控制是质量保证的基础。因此，企业内部推进商品质量工作的不断完善，就会推动质量保证和质量控制的不断完善，促进企业规章制度的完善和经营管理水平的不断提高。

相关阅读

一锤头砸出一个世界五百强

海尔创立于1984年，当时是一个亏空147万元的集体小厂。张瑞敏担任厂长后，海尔从德国引进了一条世界顶级冰箱生产线。在生产不久后，张瑞敏便收到用户投诉，投诉冰箱存在质量问题。带着些许的怀疑，张瑞敏带队去工厂仓库把几百台冰箱做了全面的检查，最终发现76台不合格产品。此时有人提出小问题不影响正常使用，便宜处理给员工。张瑞敏最终拒绝了，毅然决然地决定让生产冰箱的员工亲手砸了自己生产的产品，并率先抡起锤头砸出了第一锤。

“我要是允许把这76台冰箱卖了，就等于允许你们明天再生产760台、7 600台次品。”很多员工砸冰箱时流下了眼泪，因为当时一台冰箱的价格有800多元，相当于一名员工两年的收入。这一举动给海尔全体员工思想造成了强烈的震撼。经媒体争相报道后，张瑞敏砸冰箱的故事大街小巷无人不晓，更是向行业向外界传递出了海尔对保证产品质量的决心。

日后，张瑞敏经常讲“我砸掉的不是一台不好的冰箱，砸掉的是这种观念”，因此用一锤子砸出来的不仅是海尔对品质的执着和保障，而且是海尔的创业精神和态度。无论车间里进口生产线多么优质，都不能使产品增值，唯一能使产品增值的就是人。砸冰箱后，员工意识提高了，工作效率更高了，工作态度更严谨了，企业也就增值了。就这样，带着“砸冰箱”的态度和决心，在1987年，海尔第一次在北京西单商场举办“琴岛—利勃海尔”电冰箱展销会，高品质的冰箱吸引了众多消费者排队购买。

就这样，海尔在张瑞敏的带领下茁壮发展了起来。1988年12月，创业仅4年的海尔在全国电冰箱评比中，以最高分获得中国电冰箱史上第一块质量金牌，从此奠定了海尔冰箱在中国电冰箱行业的领军地位。

这把“海尔大锤”虽然不会说话，但是反映了在那个时代中国企业、中国企业家抓质量的历史，为后来的人都树立了典范，是一个划时代的文物。

（二）现代企业应具备的质量观念

质量理念是企业通过控制产品质量，不断提升服务品牌知名度和客户满意度，加强质量文化建设的根本观念和执着追求。科学的质量理念是支撑企业在市场竞争中制胜的基石。随着我国社会经济的发展，企业提出了很多和质量相关的经营理念。

1. 质量是兴国之道

虽然我国很多产品的产量在世界上位列第一，但有些高品质的产品却要依赖进口；由于没有掌握核心技术，有些产品要支付高额的专利费；由于质量不过硬，在对外贸易中，有些产品常常遇到意想不到的困难。面对竞争日趋激烈的国际市场，中国的经济发展靠什么？质量！质量！还是质量！质量水平的高低是一个国家经济、科技、教育和管理水平的综合反映，已成为影响国民经济和对外贸易发展的重要因素之一。质量是兴国之道。质量受到了前所未有的重视。"质量兴市"……一系列质量政策的实施显示了中国以质量振兴经济的决心。如果说改革开放使中国的经济初步完成了"数量"的积累，那么进入新时代的中国正朝着高质量发展进发。

2. 质量是企业的生命

"质量是企业的生命，质量是品牌的基础。"质量不仅是一个国家的兴国之道，更是企业的生命所系，还有什么比生命更重要呢？可以说，质量就是企业的全部。品牌是近年来最流行的关键词之一，而质量则是与品牌密切关联的因素。如果将品牌比作一座大厦，质量就是这座大厦的根基。没有质量这个坚实的根基，企业建立起来的品牌大厦必然经不起市场的风雨洗礼，甚至会在一夜之间轰然倒塌。纵览近年来叱咤市场的知名民族品牌，无疑不是高举着"质量"的大旗。成功的因素各有千秋，但质量是所有走向成功的品牌的共同法宝。我们的企业要像爱护眼睛一样爱护质量，像珍惜生命一样珍惜品牌。

3. 质量是生产出来的

质量是生产出来的，不是检验出来的。威廉·戴明的这句关于质量的名言说明，只有生产过程中的每个环节，都严格按照生产工艺和作业指导书的要求进行，才能保证产品的质量；如果忽略过程控制，只靠检验，是不可能保证产品质量的，因为质量检验，只能剔除次品和废品，并不能提高产品质量。也就是说，质量控制的重点绝不能放在事后把关，而必须放在制造阶段，即生产过程。这个经典的质量理念传入中国，对中国企业也产生了重大影响，质量管理也越来越受到中国企业的重视。

4. 产品质量无小事

在食品安全问题日益被关注的今天，其重要性始终像一把利剑高悬于每一个消费者的心间，无论是大事还是小情，都会让我们的神经紧张起来。俗话说："民以食为天，食以安为先。"质量已经不只是关乎企业的存亡，而是关乎人命的头等大事。产品质量无小事，质量安全大如天。食品安全问题既考验着政府的监管能力，也考验着企业的社会良知。近年来，政府加大了食品安全监管力度，但食品安全问题的复杂性决定了这是一场异常艰辛的攻坚战，不仅要有责任心强、标准高的食品生产加工者，而且要有恪尽职守、认真执法的监督部门通力合作。构筑食品安全网络，任重而道远。

5. 质量是服务的灵魂

质量存在于人类生存的一切地方。对于提供服务的企业来说，服务质量就是服务的灵魂。"提高服务质量"也成为服务企业叫得最响的口号之一。虽然这一理念早已成为人们的共识，但高质量的服务离消费者却还很遥远：售后服务电话屡打不通，退换货不按国家"三包"规定执行……理念不是用来展示的，而是用来指导实践的。能否将服务质量真正视作服务企业的灵魂，关键是看服务意识到底是以人为本还是以企业为尊。如果企业不能在思想意识上以顾客为中心，就必然表现为在服务过程中不能给消费者提供以人为本的服务，那么高质量的服务就更无从谈起，理念再多也是徒劳。

6. 过硬的质量是参与竞争的保证

很长一段时间里，无论是“内战”还是“外战”，中国企业都有一个战无不胜的利器——价格。但是在现代市场中，这一利器越来越失去了锋芒。按照经济发展的趋势，中国企业必须重视质量竞争力。质量已成为现代企业竞争的核心要素，质量竞争力已成为衡量一个国家综合国力的重要标志，不管对企业还是对国家，过硬的质量都是参与竞争的保证。

7. 以质量求生存，以质量求发展，向质量要效益

有人说，产量是“钱”，质量是“命”。如果企业只是一味地追求产量和效益，无异于“要钱不要命”，最终只能是“人财两空”。相反，如果企业重视质量，质量带给企业的一定比付出的多。有了过硬的质量，企业的生存、发展和效益也就水到渠成；企业有了效益，职工的利益也就自然得到了保障。“以质量求生存，以质量求发展，向质量要效益”揭示了质量的辩证法，而这也是放之四海而皆准的真理。

相关阅读

中共中央 国务院印发《质量强国建设纲要》

中共中央、国务院印发了《质量强国建设纲要》，并发出通知，要求各地区各部门结合实际认真贯彻落实。

《质量强国建设纲要》主要内容如下。

建设质量强国是推动高质量发展、促进我国经济由大向强转变的重要举措，是满足人民美好生活需要的重要途径。为统筹推进质量强国建设，全面提高我国质量总体水平，制定本纲要。

一、形势背景

质量是人类生产生活的重要保障。党的十八大以来，在以习近平同志为核心的党中央坚强领导下，我国质量事业实现跨越式发展，质量强国建设取得历史性成效。全民质量意识显著提高，质量管理和品牌发展能力明显增强，产品、工程、服务质量总体水平稳步提升，质量安全更有保障，一批重大技术装备、重大工程、重要消费品、新兴领域高技术产品的质量达到国际先进水平，商贸、旅游、金融、物流等服务质量明显改善；产业和区域质量竞争力持续提升，质量基础设施效能逐步彰显，质量对提高全要素生产率和促进经济发展的贡献更加突出，人民群众质量获得感显著增强。

当今世界正经历百年未有之大变局，新一轮科技革命和产业变革深入发展，引发质量理念、机制、实践的深刻变革。质量作为繁荣国际贸易、促进产业发展、增进民生福祉的关键要素，越来越成为经济、贸易、科技、文化等领域的焦点。当前，我国质量水平的提高仍然滞后于经济社会发展，质量发展基础还不够坚实。

面对新形势新要求，必须把推动发展的立足点转到提高质量和效益上来，培育以技术、标准、品牌、质量、服务等为核心的经济发展新优势，推动中国制造向中国创造转变、中国速度向中国质量转变、中国产品向中国品牌转变，坚定不移推进质量强国建设。

二、总体要求

（一）指导思想

以习近平新时代中国特色社会主义思想为指导，立足新发展阶段，完整、准确、全面贯彻新发展理念，构建新发展格局，统筹发展和安全，以推动高质量发展为主题，以提高供给质量为主攻方向，以改革创新为根本动力，以满足人民日益增长的美好生活需要为根本目的，深入实施质量强国战略，牢固树立质量第一意识，健全质量政策，加强全面质量管理，促进质量变革创新，着力提升产品、工程、服务质量，着力推动品牌建设，着力增强产业质量竞争力，着力提高经济发展质量效益，着力提高全民质量素养，积极对接国际先进技术、规则、标准，全方位建设质量强国，为全面建设社会主义现代化国家、实现中华民族伟大复兴的中国梦提供质量支撑。

（二）主要目标

到2025年，质量整体水平进一步全面提高，中国品牌影响力稳步提升，人民群众质量获得感、满意度明显增强，质量推动经济社会发展的作用更加突出，质量强国建设取得阶段性成效。

——经济发展质量效益明显提升。经济结构更加优化，创新能力显著提升，现代化经济体系建设取得重大进展，单位GDP资源能源消耗不断下降，经济发展新动能和质量新优势显著增强。

——产业质量竞争力持续增强。制约产业发展的质量瓶颈不断突破，产业链供应链整体现代化水平显著提高，一二三产业质量效益稳步提高，农业标准化生产普及率稳步提升，制造业质量竞争力指数达到86，服务业供给有效满足产业转型升级和居民消费升级需要，质量竞争型产业规模显著扩大，建成一批具有引领力的质量卓越产业集群。

——产品、工程、服务质量水平显著提升。质量供给和需求更加适配，农产品质量安全例行监测合格率和食品抽检合格率均达到98%以上，制造业产品质量合格率达到94%，工程质量抽查符合率不断提高，消费品质量合格率有效支撑高品质生活需要，服务质量满意度全面提升。

——品牌建设取得更大进展。品牌培育、发展、壮大的促进机制和支持制度更加健全，品牌建设水平显著提高，企业争创品牌、大众信赖品牌的社会氛围更加浓厚，品质卓越、特色鲜明的品牌领军企业持续涌现，形成一大批质量过硬、优势明显的中国品牌。

——质量基础设施更加现代高效。质量基础设施管理体制机制更加健全、布局更加合理，计量、标准、认证认可、检验检测等实现更高水平协同发展，建成若干国家级质量标准实验室，打造一批高效实用的质量基础设施集成服务基地。

——质量治理体系更加完善。质量政策法规更加健全，质量监管体系更趋完备，重大质量安全风险防控机制更加有效，质量管理水平普遍提高，质量人才队伍持续壮大，质量专业技术人员结构和数量更好适配现代质量管理需要，全民质量素养不断增强，质量发展环境更加优化。

到2035年，质量强国建设基础更加牢固，先进质量文化蔚然成风，质量和品牌综合实力达到更高水平。

任务二 掌握商品质量分析与评价

一、商品质量特性

质量是对顾客需要的反映，而顾客需要的表述常常是感性的。为了使满足顾客需要的质量得以实现，就必须用清晰的、理性的、技术的语言表述出来，这就是质量特性。根据一定的准则，将对商品的需要转化为特性，这些特性就称为商品质量特性。这里所谓的准则就是选择那些与需要关系密切的、主要的、能够检测的特性。有学者称质量特性为质量评价要素。质量特性是商品特性的一部分。商品的综合质量是商品质量特性之和。

商品质量特性

日本的水野相教授把商品质量特性分成六类，具体如表 4–3 所示。

表 4–3 商品质量特性

<table>
<tr><td rowspan="8">内部要素</td><td rowspan="4">A</td><td rowspan="4">性状要素</td><td>尺寸重量</td><td>尺寸、重量、容积</td><td rowspan="6">客观的</td><td rowspan="8">使用质量要素</td><td rowspan="9">广义质量要素</td></tr>
<tr><td>原料成分</td><td>有效成分、含量、辅助成分、填料、杂质水分</td></tr>
<tr><td>形态构造</td><td>品种、密度、结构、装饰、加工方法、镀层厚度</td></tr>
<tr><td>其他性质</td><td>色泽、比重、黏度、折光指数、透明度、凝固点、产地、制法</td></tr>
<tr><td>B</td><td>缺陷要素</td><td colspan="2">各种外观缺陷、包装缺陷</td></tr>
<tr><td>C</td><td>性能要素</td><td colspan="2">强度、延伸率、硬度、弹性、耐久性、功率、传导率、营养率、吸湿性、透气性、色牢度、收缩率、营养率、耐水性、阻燃性、保存性、搬运性</td></tr>
<tr><td>D</td><td>感官要素</td><td colspan="2">色泽、手感、音色、新鲜度、外观</td><td>准客观的</td></tr>
<tr><td>E</td><td>嗜好要素</td><td colspan="2">图案、图样设计、式样、色调、风味、风格、流行性</td><td>主观的</td></tr>
<tr><td>外部要素</td><td>F</td><td>市场适应性要素</td><td colspan="2">包装、商标、标签、广告、产地、价格、保管 / 搬运费用</td><td>客观加主观的</td><td>市场要素</td></tr>
</table>

（1）性状要素：商品的静态特性和形状，是构成商品基本功能的物质基础。

（2）缺陷要素：商品的外观缺陷。

（3）性能要素：商品的动态特性，是在外力或者环境作用下表现的特性。

（4）感官要素：是用人的感觉器官评价的质量特性。

（5）嗜好要素：根据人们的爱好去评价的质量特性。

（6）市场适应性要素：适应市场销售的质量特性。

课堂训练

请同学们选择 2 种自己熟悉的商品，如服装、面包、电脑等，利用表 4–3 中的质量要素对它们进行简单的分析，并列出可以进行评价的质量要素，填入表 4–4 中。

表 4–4　质量要素分析

商品	质量要素

为了更好地认识商品质量特性的特点，我们可以在对商品质量特性作初步分析的基础上认识以下内容。

（一）真实质量特性与代用质量特性

真实质量特性是指能够直接、真实地反映商品有用性、使用价值的质量特性，如煤炭的发热量。代用质量特性是指能够间接反映商品有用性的质量特性，如纸张的裂断强度。评价商品的质量应该尽量采用真实质量特性。但是，真实质量特性往往需要在使用条件下测量，这会限制它的使用。因此，企业在多数情况下，采用代用质量特性测量商品质量。

（二）质量特性的客观程度

商品质量特性有客观、准客观、主观三类。客观的质量特性是指其测量结果不受人的主观因素影响。准客观质量特性是指感官质量特性，这些质量特性本身是客观的，但是其测量方法是主观的，因此，其测量结果往往受主观因素的影响。主观的质量特性的测量结果取决于人们的爱好和习惯。

（三）商品本身的质量特性与商品的附加质量特性

商品本身与商品整体是一个容易混淆的概念。商品本身的质量特性是指表 4–3 中的 A、B、C、D、E 五类特性。商品的附加质量特性是指表 4–3 中的 F 类特性。目前的商品质量标准一般只规定商品本体的质量特性，而在贸易实践中，附加的质量特性已经成为影响质量的重要内容。

（四）使用质量特性与经济质量特性

使用质量特性是指满足特定用途要求的质量特性，包括表 4–3 中的 A、B、C、D、E 五类。经济质量特性是指商品质量与商品价格的比较。当代的质量观念包括经济因素。消费者总是希望花同样的钱能够买到质量更好的商品或者买同样质量的商品花更少的钱。对于消费品，特别是耐用消费品，评价它的经济质量还要考虑服务因素。

商品质量首先要满足顾客的需求，这是最重要的要求之一。企业需要了解顾客的需求，包括对产品的功能、性能、外观等方面的要求。在产品设计阶段，企业应充分考虑顾客的需求，将顾客的意见和反馈纳入产品开发过程中。在产品生产阶段，企业要确保产品质量符合顾客需求，同时要按时交货，提供优质的售后服务。

二、商品质量的评价

（一）商品质量评价常用术语

商品质量的度量与评价

商品质量体现在商品的性能上，企业要确保商品具有良好的性能，以满足顾客的需求。例如：电子产品，如手机、电脑等，需要具备较快的处理速度、高分辨率显示屏等功能；机械设备，如数控机床、挖掘机等，需要具备高精度、高效率、高可靠性等特点。以下是常用的商品质量评价术语：

（1）可用性：商品在规定的条件下完成规定功能的能力。

（2）可靠性：商品在规定的条件下和规定的时间内，完成规定功能的能力。

（3）安全性：商品在制造、储存和使用中，保证人身与环境免遭危害的程度。

（4）维修性：在规定的时间内、按规定的程序和方法进行维修时，商品保持或者恢复到能完成规定功能的能力。

（5）使用寿命：商品在规定的使用条件下完成规定功能的总工作时间。

（6）储存寿命：商品在规定的储存条件下从开始存储到失效的时间。

（7）合格：商品满足规定的要求。

（8）不合格：商品不满足规定的要求。

（9）合格品：满足全部规定要求的商品。

（10）不合格品：不满足规定要求的商品。

（11）缺陷：商品不满足预期的使用要求。

（12）故障：商品不能在预定的性能范围内工作。

（13）失效：商品丧失规定的功能。

此外，对于不同种类和用途的商品，评价的侧重点也会有所不同。例如：对于电子产品，顾客可能更加注重商品的性能、屏幕、处理器、电池寿命等；对于衣物类商品，顾客可能更加注重商品的材质、透气性、保暖性、洗涤方式等。

总之，进行商品质量评价时需要考虑多个方面，并且需要结合商品的具体用途和使用环境来确定重要的评价因素。

（二）商品质量评价方法

商品质量评价的指标体系是指为了全面地评价商品质量，选择有代表性的质量特性，并且规定如何根据这些质量特性的重要程度和达到的程度来评价综合质量的体系。

在评价商品质量时，一般选择以下 5 类有代表性的指标：反映商品功能的主要指标；商品的安全性指标，如电器的抗击穿指标、食品的有害物含量等；商品的经济指标，如成本、价格等；顾客的综合满意程度；商品的市场占有率。这一指标可以根据具体情况灵活调整。

商品质量评价方法是：首先根据评价的目的选择指标，规定权重，然后用加权后求和的方法，计算商品质量的综合指数。一些国家的消费者组织往往采用上述 5 类指标，对市场流通程度不同的厂家的同一种商品作出综合评价并排序，供顾客参考。这种方法适用于商业企业对供应商提供的商品进行评价、比较。

例如，甲、乙、丙 3 个企业都生产一种电器，其 5 类指标的评价以及加权计算后结果如表 4–5 所示。根据电器产品对可靠性、可维修性等要求较高的特性，5 类指标有所改变。

表 4–5　3 种商品 5 类指标的评分

要求	甲	乙	丙	α_i（%）
主要指标	15（75）	16（80）	14（70）	20
适用性	16（80）	18（90）	19（95）	20
可靠性	27（90）	25.5（85）	25.5（85）	30
可维修性	17（85）	19.6（98）	14（70）	20
经济性	9（90）	8.5（85）	9.5（95）	10
Z	84	87.6	82	100

商品质量综合指数的公式如下：

$$Z=\sum_{i=1}^{n}\alpha_i Z_i$$

式中：Z_i——各项指标的水平；

α_i——各项指标的权数；

Z——商品质量综合指数。

在本例中，n=5；i=1，2，3，4，5。

从表 4–5 中的计算结果可见，乙企业商品质量的综合指数为 87.6，高于甲、丙两企业的商品质量，其综合质量最优。

课堂训练

请说出 3 款你熟悉的手机，并且谈谈你最关心手机的哪些质量特性，哪类特性最重要。计算出 3 款手机的质量综合指数。

任务三 熟悉常见商品质量的基本要求

一、日用工业品商品质量的基本要求

日用工业品包括的面很广，有玻璃制品、搪瓷器皿、铝制品、日用塑料制品、皮革制品等。日用工业品是人们生活中不可缺少的生活资料。对日用工业品商品质量的基本要求是：适用性、耐用性、卫生性和安全性、外观美观性、结构合理性等。

（一）适用性

适用性是指日用工业品满足主要用途所必须具备的性能或满足的质量要求。不同商品的适用性各有不同，如保温瓶必须保温、洗涤剂必须能去污、钢笔必须书写流利、雨鞋必须防水、化妆品必须对肌肤无刺激等。即使同一类商品，由于品种不同，因此用途也各不相同。例如：印刷用纸对油墨应有良好的吸湿性，而包装用纸则要求有一定的厚度和机械强度。再如，玻璃制品中的茶杯，耐热性高；镜子要求反映影像逼真；化学仪器要耐酸、碱性好。商品的多用性使商品的适用范围扩大了。因此，适用性既是构成商品使用价值的基本条件，也是评价日用工业品商品质量的重要指标。

（二）耐用性

耐用性是指日用工业品抵抗各种外界因素对其破坏的能力，它反映了日用工业品坚固耐用的程度和一定的使用期限、次数。例如：强度和耐磨耗等指标常被用来评定皮革、橡胶制品和某些纸张的耐用性；电器开关可以开关多少次，手机电池可用多长时间，灯管在标准电压下能工作多少小时等，这些都是通过使用寿命来反映商品的耐用性。提高日用工业品的坚固耐用性，就能延长商品的使用寿命，等于不用额外消耗原料和劳动力，就提高了商品的质量。所以，耐用性是评价绝大多数日用工业品商品质量主要的依据。

（三）卫生性和安全性

卫生性和安全性是指日用工业品在使用时不能影响人体健康和人身安全的质量特性。例如，盛放食物的器皿、化妆品、玩具、肥皂、牙膏及包装材料等商品应具有无毒无害性，玻璃器皿中有毒的重金属元素含量应在一定的安全标准内。在评价日用工业品商品质量时必须重视它们的卫生性和安全性。

（四）外观美观性

日用工业品的外观，主要是指其表面特征。外观一方面包括商品的外观疵点，即影响商品外观或影响质量的表面缺陷，另一方面指商品的表面装饰，如造型、款式、色彩、图案等。对商品外观总的要求是式样大方新颖、造型美观、色彩适宜，具有艺术感和时代风格，并且应无严重影响外观质量的疵点。

（五）结构合理性

日用工业品的结构，主要是指其形状、大小和部件的装配要合理。若结构不合理，不仅影响其外观，而且直接影响其适用性和耐用性。例如：服装、鞋帽结构不当，不仅使人感到不舒服、不美观，而且无法穿戴，丧失了使用价值。对于那些起着美化装饰作用的日用工业品，它们的外观造型结构更具有特殊的意义。

二、家用电器商品质量的基本要求

家用电器种类繁多，用途功能各异，对于这类商品的基本要求有以下几方面。

（一）安全性

大多数家用电器都用交流电源，因此，家用电器必须有良好的电气绝缘性和良好的防护设施，以保证使用时的安全，否则不仅会带来经济损失，而且会造成人身伤害。所以，家用电器的基本要求是安全性。

（二）可靠性

家用电器属于耐用消费品，而且一般价格较高。可靠性意味着家用电器平均无故障时间长，可维修性强、维修方便，有较长的使用寿命；否则，不仅会带来经济损失，而且生活上也会产生诸多不便。因此，家用电器商品要性能可靠。

（三）使用性

使用性是指各种家用电器必须具备其所应具有的各种性能。例如：电冰箱的制冷性能，必须达到各星级的规定值；电视机要灵敏度高，图像清晰、不失真，画面柔和、音质效果好等。

（四）多功能性

家用电器的用途已由单功能发展成为多功能，自动化程度越来越高。人们对家用电器的要求是一物多用，自动控制，使用方便。例如：全自动洗衣机，要有洗涤、漂洗、甩干等多种功能。另外，无论哪种家用电器都要求耗电量尽量小、节约能源。

（五）外观美观性

由于家用电器具有装饰环境和美化生活的作用，因此对外观也有一定要求，如造型美观、结构合理、色调柔和、装饰新颖等。

三、食品商品质量的基本要求

食品作为人们日常生活中的重要商品，是为人体提供热量、营养、维持人体生命的物质，是人们生长发育、保证健康不可缺少的生活资料。因此，对食品商品质量的基本要求是：具有营养价值；有较好的色、香、味、形；符合卫生要求。

（一）食品的营养价值

能给人体提供营养物质，这是一切食品的基本特征。食品是人体维持生命活动的能源，它能使人体保证健康、调节代谢以及延续生命。营养价值是决定食品质量高低的重要依据，是评定食品质量优劣的关键指标。食品的营养价值包括营养成分、可消化率和发热量 3 项指标。

1. 营养成分

它是指食品中所含蛋白质、脂肪、碳水化合物、维生素、矿物质及水分等。由于各成分各自发挥不同的作用，因此人们可以从食品中获得各种营养成分。

2. 可消化率

它是指在食用食品后，人体可能消化吸收的百分率。它反映了食品中营养成分被人体消化吸收的程度。食品中的营养成分只有被人体消化吸收后，才能发挥作用。

3. 发热量

它是指食品的营养成分经人体消化吸收后在人体内产生的热量，它是评价食品营养价值基本的综合性指标。

（二）食品的色、香、味、形

它是指食品的色泽、香气、滋味和外观形状。食品的色、香、味、形不仅能反映食品的新鲜度、成熟度、加工精度、品种风味及变质状况，而且直接影响人体对食品营养成分的消化和吸收。食品的色、香、味、形良好，还可以刺激人们产生旺盛的食欲。许多食品的色、香、味、形还是重要的质量指标。例如：评价茶叶等商品的质量时，主要从色泽、香气、滋味、外观形状等方面进行鉴定。不同的色、香、味、形，决定了食品本身的档次和等级。

（三）食品的卫生性（无毒害性）

食品卫生关系到人们的健康与生命安全，有的还影响子孙后代，所以卫生、无毒无害、无污染是对食品的基本要求。影响食品卫生的因素，主要有以下 5 个方面。

1. 食品自身产生的毒素

食品自身产生的毒素对人体的消化系统、神经系统、血液循环系统都有严重的危害。

2. 生物对食品的污染

生物对食品的污染包括微生物污染，寄生虫及虫卵污染等。

3. 加工中混入的毒素

方便面、罐头、饮料等，因配料不当或超范围使用防腐剂、色素、香精，放置时间久了会引起人们铅、锌中毒；油炸、烧烤食品也会影响人体健康。

4. 保管不善产生的毒素

因保管不善，食品有可能感染微生物导致腐败或霉烂变质。例如：温度过高，海产品发生变质，容易致癌；花生发霉后也会致癌。

5. 环境、化学品造成的污染

它包括工业上“三废”不合理排放，化肥农药使食物受到污染，使用不符合要求的食物添加剂和使用量不合理等。另外，在生产、贮存、运输销售时，食品受到环境、化学品、菌类、重金属的污染，也会产生有毒有害物质。

四、纺织品商品质量的基本要求

纺织品是人们日常生活中不可缺少的生活资料。随着社会的发展，纺织品的款式、品种日趋新颖、丰富，其功能已不再是简单的御寒遮体、维持生活，而是增加了舒适、卫生安全、美观、大方、流行、具有时代性等特征。

（一）材料选择适宜性

纺织品的基本性能及外观特征，主要由其所用的纤维材料决定。不同种类的纤维，如棉麻、涤纶等，其织品的性能也不相同；同种纤维不同品质，其织品也各有特色。因此纺织品用途不同，所选择的纤维的种类和品质也不相同。

（二）组织结构合理性

纺织品组织结构主要包括织物组织、重量和厚度、紧度和密度、幅宽和匹长等。纺织品的组织结构影响织物的外观和机械性能，如纺织品的厚度、紧度等影响其透气性、保暖性、柔软性等。

（三）良好的机械性

纺织品的机械性主要是指各种强度指标，它是衡量纺织品耐用性的重要指标。另外，机械性对织物的尺寸稳定性和手感及成品风格也有影响。

（四）良好的服用性

良好的服用性主要是指纺织品在穿用过程中舒适、美观、大方。纺织品的缩水率、刚挺性、悬垂性要符合规定，具有良好的吸湿性、透气性，不起毛起球，花型、色泽、线条图案应大方、富有特色。

（五）良好的工艺性

它是指纺织品的面料必须方便裁剪缝制，易于洗涤、熨烫、定型，染色牢固等。

任务四　熟悉影响商品质量的因素

一、影响工业品质量的因素

（一）原材料

原材料是构成商品的原始物质，或是形成商品的基本物料。在其他条件相同的情况下，原材料对商品质量起着决定性作用。原材料的质量特性是商品质量特性的基础，原材料质量的优劣直接影响半成品或成品的等级。

（二）商品设计

对于任何一种商品来说，如果设计不好，就会使商品先天不足，其质量就难以保证和提高。企业为保证所生产商品的质量，必须进行全面的市场调查和分析，认真研究该商品的市场需求和基本技术要求，只有这样才能设计出结构合理、式样新颖，既能满足顾客需求，又便于加工、使用和修理的商品。

（三）制造工艺

生产过程是商品质量形成的过程。虽然原材料的质量相同，但若采用不同的生产工艺，商品质量也会出现明显差别。例如：采用同样的原棉，若在纺纱过程中增加精梳工序，纺成的纱的外观和强度就会有明显提高，称为精梳纱，用该种纱织造的织物称为精梳织物。不同生产工艺可以生产不同质量的商品，即使有时原材料质量出现变化，如果预先进行必要的工艺处理、选用适合的生产工艺，也可能不致对商品质量造成影响。例如：不同的原棉，经过科学配棉，采用一定的工艺处理，也可以保持和提高所纺纱线乃至织物的质量。

（四）设备和操作方法

设备水平和质量对商品质量也有重要影响。设备的故障常常是出现不合格品的重要原因。设备的自动化和高速化，又可能使发生故障的概率有所增加，特别是故障一旦发生，将会波及较多商品。因此，加强设备保养和管理，防止故障发生和降低故障率，是保证商品质量的必要前提。

操作方法不同，质量也会不同。特别是一些食品的加工，同样的原材料，之所以有的班次生产的商品质量好，有的班次生产的商品质量差，是因为操作方法不同。为此，一些对操作方法要求严格的商品，企业必须制定操作方法标准，以此为依据进行操作，并加强管理，则可以保证加工产品的质量及其稳定程度。

（五）标准水平和质量检验

商品质量问题也与标准水平有关。在制定商品质量标准时，企业要遵循经济合理的原则，绝对不是迁就落后；相反，应该保证技术先进，这就是说，商品质量标准水平应该适当高一些。企业有了较高水平的质量标准，并真正地加以贯彻，那么就可以从标准上保证商品质量。

质量检验是保证商品质量的重要手段。对生产出的商品进行质检属于事后把关；对生产过程中的原材料、半成品进行质检属于事前控制。把事后把关和事前控制处理好了，商品质量就有了可靠的保证。

课堂训练

服装质量可能受到哪些因素的影响？请你填入表 4-6 中。

表 4-6　影响服装质量的因素

服装	影响质量的因素

二、影响农产品质量的因素

（一）生产环境

农作物的生长发育与环境的关系极为密切。太阳光的照射、气温与地温、土壤以及产地生态环境等不仅影响农作物的收获期和产量，而且影响农作物的质量。近些年塑料大棚技术的研究与应用，使农作物种植发生了巨大的变化。通过建造塑料大棚，使塑料大棚内形成农田小气候，在此小环境内不仅能使农作物得到光照，还能起到升温保温、保持水分的作用。这样一来，农作物可免受外界因素影响而正常生长，使人们在春天甚至冬天都可以吃到过去夏天成熟的新鲜农作物。

近些年塑料地膜技术的研究与应用，使粮食作物和经济作物的生产也发生了巨大的变化。耕种时覆盖塑料地膜，使耕地与地膜之间形成农田小气候，在此小环境内不仅使农作物获得较好的光照，又能使地温升高，并起到保持水分的作用，还能提高产品质量，促使种子早日萌发出土，迅速生长，提早成熟。花生、玉米、水稻、西瓜和香瓜等的生产都应用塑料地膜，特别是经地膜覆盖的花生，不仅产量高，而且籽粒饱满、质量好。

产品产地或产品原料产地的大气、土壤质量及水质量是否符合《绿色食品 产地环境质量》标准已成为评价该产品能否成为绿色食品的重要条件之一。

（二）动植物品种

动植物品种非常重要，它不仅决定动植物产品的产量，而且决定动植物产品的质量。因此，要把种畜、种子和种苗标准化作为重要工作来抓，有计划地培育优良种畜、种子和种苗。近些年，我国在动植物品种研究上取得了很多可喜的成就。科学家袁隆平培育出杂交稻新品种，使水稻产量大幅提高。基因编辑技术可以针对特定的病原体，对植物基因组进行修改，增强其抗病性。一些科学家利用基因编辑技术成功地提高了水稻、小麦和番茄等农作物的抗病性，使得这些农作物更加适应恶劣环境。通过胚胎培养技术，人们可以在短时间内大量繁殖出优质和无病毒害的植物。科学家成功地提取了香蕉、花卉和蔬菜等许多植物的胚胎和细胞组织，大幅提高了它们的繁殖效率和质量。

（三）植物栽培技术

农作物在栽培过程中，存在很多技术问题。只有掌握了各种农作物的生长发育规律，按照农作物特点播种或插秧，依农作物需要施底肥和追肥，及时灌溉，才能高产高质。还有些农作物的栽培，需要一些特殊技术，只有科学剪枝、打尖和接杈，这些农作物才能产量高、质量好。

（四）动物饲养管理

动物的成长和发育也有自己的规律，不同动物的成长和发育又各具特点。为此，人们要根据动物不同以及饲养动物的目的不同，在饲养过程中有针对性地进行科学管理。对种畜、奶畜和肉畜的饲养管理就不一样。例如：对猪的饲养，为了提高其瘦肉率，有些饲养者采取“前促后控”的措施进行管理，取得了良好效果，达到了饲养的目的。

相关阅读

科技创新需要工匠精神——以袁隆平成长历程为例

工匠精神表现为技术工作者在长期的实践中凝结成的精神品质，是以爱国主义为核心的民族精神和以改革创新为核心的时代精神的生动体现，其内涵体现为执着专注地解决技术难题，精益求精的创新能力、一丝不苟的研究态度、追求卓越的终极指向。袁隆平先后3次被评为全国先进科技工作者和全国劳动模范。袁隆平是践行工匠精神的榜样。他不仅在科学研究上展示出色的创新能力，而且在技术应用和产品开发上也表现出极高的专业素养。他的成长历程和成就为当代科技界提供了深远的启示。

● 实践出真知：重视实践，拒绝教条主义

20世纪50年代，中国科技比较落后。当时，苏联的米丘林－李森科微环境遗传学说在生物和育种领域占主导，虽然这一学说与实际效果不符，但仍被广泛接受。袁隆平在大学期间学习了这一学说，并在早期研究中尝试应用它。然而，经过多年实验，他发现这一理论在育种上无效。与此同时，他了解到国外已在分子水平进行遗传学研究，并开始质疑米丘林－李森科学说的科学性。

在这一背景下，袁隆平转向孟德尔－摩尔根的遗传学说，并开始以水稻为研究对象，因为水稻是湖南和南方省份的主要粮食作物。他意识到更换优良种子是提高水稻产量的关键，并决心培育优质水稻种子。经过多年努力，他最终成功地找到了一株优良的水稻，并证实了孟德尔－摩尔根的遗传学说的正确性。袁隆平的科研实践显示了他对实践优先性的重视。他没有盲目接受任何理论，而是通过实践来检验其有效性，并根据实践经验确立了正确的理论基础。这一过程不仅证明了孟德尔－摩尔根学说的科学性，也反映了袁隆平在实践中对教条主义的批判态度。他在实践中证明：重视实际、实践求真，才能取得真知。这一阶段的实践，彰显了袁隆平重视实际经验、不盲从权威、勇于实践求真的工匠精神，这是科技创新的基石。

● 执着专注：持之以恒，解决技术难题

为了让农民吃饱饭，他选择了当时被视为不可能、没有人敢碰的杂交水稻研究。1961 年，经过持续不懈的田间努力，袁隆平终于发现了具有非常强的杂交优势的“鹤立鸡群株”——这株稻谷开创了杂交水稻研究的新纪元。但紧接着，他面临一个巨大的技术难题：如何证明水稻具有广泛的杂交优势？当时国内外专家普遍认为这是不可能完成的任务。但是袁隆平没有就此放弃。科技突破之路注定需要不断地克服困难，袁隆平几十年始终坚持不懈地投身在杂交水稻的研究之中，表现出超乎寻常的坚定意志和锲而不舍的精神。

在杂交水稻的研究初期，一方面，实验条件极为艰苦，农业研究外界环境很不好控制，经常遭遇各种恶劣天气，袁隆平不断地克服各种困难去完成实验；另一方面，面对当时不解的怀疑者，他在不断克服困难的过程中，磨砺了自己的坚强意志。他带领团队终于在 1967 年找到了理想的雄性不育系“野败型”。经过持续的实验和探索，袁隆平团队完成了世界上第一个三系杂交水稻组合，标志着世界性核心技术难题的突破。这一阶段富有耐心的努力，彰显了袁隆平纯粹求真和坚持不懈的专注精神，这是科技工作者必须具备的品质。工匠精神的核心在于专注解决技术难题，这也是科技创新的原动力。

● 勇于超越：开拓进取，追求精益求精

三系杂交水稻获得成功后，袁隆平没有沉浸在喜悦中，他注意到三系法的局限性，勇敢提出要研究两系杂交技术，再次向更高的目标进发。这一构想在当时遭到许多专家的质疑，被认为难以实现。但已年过花甲的袁隆平仍然选择重返田间，与青年人一起忍受辛劳的野外工作。经过持续的大胆探索，他的团队终于在 1994 年成功破解两系杂交水稻的技术难题，展示了他精益求精、持续改进的工匠精神。正如他所说：“科研就像跳高，跳过一个高度，又有新的高度在等你。”

此外，他们还解决了低温敏不育系繁殖产量低的问题，使两系杂交水稻的生产成为现实。袁隆平不仅关注产量，还强调大米的质量。他反驳了“产量和质量是矛盾对立的”这一观点，认为高产和优质并不矛盾。事实上，他的研究成果也证明了这一点。例如，袁隆平培育的籼型两系杂交水稻品种 Y 两优 1 号，在保证高产的同时，各项米质指标也达到了国家标准。

袁隆平的杂交水稻研究展示了持续创新和精益求精的工匠精神。要想做到精益求精和勇于创新，需要的不是简单的重复，而是要在实践中把握和理解规律，并形成有效的知识和技能加以掌握，这种精益求精、勇于超越的心态是科研探索的重要特征。

● 合作传承：开放合作，依靠集体智慧

在科技快速发展的今天，跨学科和跨领域合作成为研究的常态。袁隆平的工作生涯为如何协同研究提供了宝贵的启示。他早在研究早期就开始与国内同行分享天然杂交稻样本，并在后来的研究中建立了广泛的合作网络。在三系法研制过程中，他将样品分发给全国18家科研单位，促成了广泛的合作网络。袁隆平在合作中非常真诚，对科研成果从不视为己有，一旦有了新的突破和发现，就迅速地与同伴分享经验，让这一领域的整个学术共同体快速进步、共同提高。正是依靠集思广益和群策群力，中国的杂交水稻才在短时间内实现了历史性突破。此外，袁隆平与国内同行合作，因地制宜系统性地按照不同地区的特点进行研究，带领“863”项目组共同攻克难题，将申请到的研究经费和课题分配到全国不同的地区和单位，因地制宜地分别指导工作，将个人成就无私地奉献给全国科研队伍，并培养了新人和团队。晚年的袁隆平仍然活跃在鼓励青年科研人员的第一线。他说：“科技创新不是一个人的事，需要同舟共济，即使梦想实现不了，也要把它传承给年轻人。”

这种乐于分享、务实进取的开放精神，也是中国科技事业取得伟大成就的重要基因。最后，袁隆平将合作扩展至国际，将自己多年的研究成果赠送给其他国家的科学家，以帮助他们发展杂交水稻，为解决全世界人民的粮食问题作出贡献。毫无疑问，当下中国科研的工匠精神不仅强调了个人的精益求精，更需要大家合作和传承。

袁隆平的一生是对工匠精神和科技创新完美融合的生动诠释。他不仅在基础科学研究上展现了出色的创新能力，而且在技术应用和产品开发上表现出极高的专业素养。他的工匠精神不仅体现在对技术细节的精益求精，更体现在对社会和人类福祉的深刻关注。袁隆平的工匠精神并不仅仅是一种个人品质，更是一种集体文化和社会价值观的体现。他的成功体现了科技创新不仅需要科学精神的驱动，更需要工匠精神的精细打磨。在高度复杂和不断变化的现代社会，科技创新更加需要对工匠精神的追求，以及对社会责任的担当。

课堂训练

鸡蛋的质量可能受到哪些因素的影响？请你填入表4–7中。

表4–7　影响鸡蛋质量的因素

鸡蛋	影响质量的因素

三、流通过程对商品质量的影响

流通过程是指商品离开生产过程进入消费过程前的整个区间。由于商品在流通过程中，都要经过时间和空间的转移，因此储存和运输是不可避免的。流通过程对商品质量的影响主要体现在运输、储存、分装和销售等方面。

（一）运输对商品质量的影响

由于从生产地向消费地转移的过程中，商品在空间上处于运动状态，运输工具、运输条件等都对商品质量有直接影响，因此工作人员必须选择和控制好运输条件。

商品运输工具种类很多，包括火车、轮船、汽车、飞机和管道等。运输工具的选择，必须充分考虑商品的性质。只有运输工具符合商品性质的要求，商品在运输过程中才能避免或减少受到外界因素的影响，确保质量。运输条件，是指温度、湿度、运输工具的清洁状况等。如果运输时温度、湿度不符合商品要求，运输工具清洁状况差，运输时与有影响的物质接触，必然引起商品质量变化。只有将上述运输条件控制好，才能确保商品质量。

（二）储存对商品质量的影响

商品储存是解决商品生产和商品消费时间的矛盾，促进商品流通正常进行的必要保证。商品储存场所、储存条件、储存放置方法和储存期限等都可能对商品质量产生影响，因此必须选择和控制好。

商品储存场所是指商品储存的具体地点。工作人员选择普通仓库、专业仓库还是特种仓库必须依据商品性质要求，以减少外界因素影响，避免或减少商品损失或损耗。

商品储存条件是指对温度、湿度的具体要求。如果温度、湿度符合商品性质要求，商品质量的变化就可避免或减缓。

商品储存放置方法主要指对商品储存放置方法的要求，如堆码等。如果商品堆码的形式符合商品种类、性质和质量变化的要求，商品质量就可得到保证。商品苫垫是指商品的苫盖和铺垫，苫盖铺垫得当，可以防止或减少阳光、风雨对商品质量的影响。

商品储存期限是指商品储存时间的长短。工作人员一定要严格按保存期和保质期保存商品，贯彻先进先出原则，使商品质量得到保证。

（三）分装对商品质量的影响

分装是指将商品由运输大包装装入销售的小包装中，从而便于销售和使用。分装所用的包装材料和容器必须符合商品性质，否则将使商品的质量发生变化。包装能避免商品在生产、流通和销售过程中受到损坏或污染。包装材料的质量和设计要有保证，以确保在运输和储存过程中，商品不会受到损坏或变质。

（四）销售对商品质量的影响

商品销售条件和销售服务等也会对商品质量产生影响。只有销售条件好、销售服务到位，商品质量才能得到保证，商品使用价值才能得到充分发挥。同时，售后服务是销售环节的重要组成部分，售后服务质量也是商品质量中的一部分。对于商品的质量问题，售后服务的质量和效率会直接影响商品质量，从而影响消费者的购买决策。

课堂训练

一件商品要经过生产环节到流通环节再进入消费领域，在这一过程中，商品质量是在生产过程中形成的。但不同的主体，由于观察和分析的出发点和基本分析思路不同，因此所得出的观点和结论也可能各不相同。比如，一个具有现代市场经济知识和竞争意识的企业管理者可能认为：质量的源头在于消费者的需求。从他观察和思考的角度出发，这种看法是有道理的。因为随着企业管理理论的推广应用日益广泛，企业（即质量的供给者）对质量形成原因的基本观点，完成了从“检验出质量”“生产制造过程出质量”“设计出质量”到“消费者需求出质量”的跨越。“质量的源头在于消费者的需求”的回答，所反映的正是适应现代市场经济体制要求的一种先进理念。

1. 你如何看待上面的观点？你认为质量的源头在哪里？

2. 在影响质量的各环节中，你如何看待生产、流通、消费三者之间的关系？

项目小结

随着市场竞争的加剧，商品质量问题越来越受到广泛关注。商品质量不仅关系到企业的生存和发展，还直接影响消费者的健康和安全，商品质量管理是保证消费者权益的重要一环，它对提升企业品牌形象和信誉至关重要。因此，我们需要了解商品质量管理的各个方面，对商品质量进行全面、系统的管理，从理论到实践提高企业的商品质量水平和管理能力。

过关检测

一、单选题

1. 能够直接、真实地反映商品有用性、使用价值的质量特性被称为（　　）。
   A. 真实质量特性　　B. 代用质量特性
   C. 附加质量特性　　D. 适用质量特性

2. 商品在规定的条件下完成规定功能的能力被称为商品的（　　）。
   A. 可靠性　　B. 可用性　　C. 安全性　　D. 合格性

3. 商品在制造、储存和使用中，保证人身与环境免遭危害的程度为商品的（　　）。
   A. 可靠性　　B. 可用性　　C. 安全性　　D. 寿命

4. 下面不属于面包质量因素的是（　　）。
   A. 具有营养价值　　B. 符合卫生要求
   C. 具有较好的色、香、味、形　　D. 具有良好的服用性

二、多选题

1. 人们对商品质量的基本要求有（　　）。
   A. 使用性　　B. 安全性　　C. 可靠性　　D. 寿命

2. 下列哪些因素可能影响工业品质量？（　　）

A. 原材料　　B. 商品设计　　C. 标准水平　　D. 设备水平

3. 下列哪些因素可能影响农产品的质量？（　　）

A. 生态环境　　B. 动植物品种　　C. 植物栽培技术　　D. 动物饲养管理

4. 哪些是在流通环节影响商品质量的因素？（　　）

A. 运输　　B. 储存　　C. 分装　　D. 销售

三、判断题

1. 质量可以从狭义和广义两方面来理解。(　　)
2. 术语“质量”不可使用形容词如好、差或优秀来修饰。(　　)
3. 质量作为一个重要的概念只能用于描述产品的好坏。(　　)
4. 国际标准中质量定义中所指的“要求”必须是明确的。(　　)
5. 产品的固有特性和被赋予特性是相对的。(　　)
6. 商品质量特性有真实质量特性与代用质量特性之分。(　　)
7. 商品质量是生产出来的，和商品流通及销售环节无关。(　　)

四、思考题

1. 如何理解质量的概念？
2. 列举 3 种以上常见的商品，并说明其质量特性以及质量的基本要求。
3. 影响商品质量的因素有哪些？

五、案例分析

王女士在网络平台发文称，自己在一家综合超市网购了某汽水，收到后将其放冰箱时，汽水突然爆炸，自己右眼被炸伤。

据图文内容显示，爆炸物是玻璃瓶装的某汽水，照片中除 2 颗洋葱外，还有一个已经碎裂的瓶身。其中一张疑为诊断证明的图片显示，患者右眼眼球破裂，病情重，须急诊住院进行右眼眼球破裂修补术，需要多次手术，术后感染、出血风险高等。

据当事人王女士介绍，她打算做午饭，在网上一家超市买了菜以及 5 瓶某汽水，“骑手 11 点半就给我送家来了，从开门拿进厨房，一点时间都没有耽误，放在地上打开袋子，准备先把饮料拿出来放冰箱里，拿了一半时，嘣的一声其中一瓶就炸了。然后我赶紧打车去医院，12 点 19 分正式接诊，当天就做了五个多小时的手术”。王女士称，事发后第二天，自己报警后，该汽水在当地的经销商就找到她了解情况，说会反馈到公司总部。

据悉，王女士网络发文后，该汽水公司已经关注到此事，称会尽快核实了解具体情况，如果是公司产品的问题，肯定会作出正式的道歉及回应。后来，该汽水公司人员称已有当地的同事陪王女士进行手术并给予人道主义援助，将与患者及其家属保持沟通。

该汽水爆炸不是偶发事件。某音乐餐吧后厨一玻璃瓶装的汽水突然爆炸，致使服务员小马的右手背被割伤。一饭店老板称放置在货架上的某汽水突然自爆。此外，一位女士在搬饮料时，两瓶汽水突然爆炸，导致其手掌受伤严重缝了 4 针，14 天之后才拆线。郭先生表示，妻子被炸伤，如今过去一个月手部仍然有不适的感觉，伤口愈合也不完全，时而发麻发痛。郭先生联系厂商，厂商表示愿赔偿 4 000 元。

质量是产品的生命。该汽水品牌自创立以来，旗下打造了多个产品，深受消费者信任和喜爱。该汽水品牌依托自身的基础研发，在技术、原料、配方、生产等各个环节，从源头到终端对产品质量进行把控。

看似该汽水对产品质量很重视，不知为何却没能挡住频发的汽水爆炸？伴随着该汽水的迅速走红，爆炸事件频发，是质量把关不严还是瓶子设计问题？

根据该汽水公司官方公众号发布的2022年消费者调研报告我们可以看到，在众多饮品中，玻璃瓶产品系列最受消费者青睐。大瓶汽水是该汽水的一大特色。在240ml的传统产品规格下，该汽水采用大容量玻璃瓶，酷似啤酒瓶的外形也使其产品与其他产品形成了差异化。

有业内人士表示，玻璃瓶不会在运输中变形，对产品的保质期长，但是，玻璃瓶碳酸饮料对瓶子的质量要求很高，因为瓶内压力增大或者温度过高或温度剧烈变化时，二氧化碳挥发使得瓶子里面的压强变大，玻璃瓶就会有爆炸的风险。

快速布局的该汽水公司，在扩产的同时，更应该把好质量关。面对频发的汽水爆炸事件，还希望公司查找原因，加强质量，避免爆炸事件再次上演。

分析：

1. 该汽水爆炸事件中，主要的原因是什么？该汽水公司可以采取哪些措施来解决爆炸问题？

2. 阐述该汽水爆炸事件对企业形象的影响及其原因。该汽水公司应如何重建消费者信任？

任务实训

◆ **任务描述**

全班学生按照之前的分组，对商品质量问题进行调查收集，并运用所学的商品质量知识进行分析，每组学生撰写一份500字以上的调研报告，并做成PPT进行展示。

◆ **任务目标**

（1）检查对商品质量与质量管理知识的理解情况。

（2）培养收集信息与整理材料的能力。

（3）激发学习兴趣。

（4）培养了解、适应社会以及理论联系实际的能力。

◆ **任务实施**

以小组为单位，搜集3个以上有质量问题商品的案例，利用所学商品质量知识，对案例中所涉及商品进行分析，分析汇总后撰写一份500字以上的“问题商品报告”，并做成3分钟以内的PPT进行汇报展示。

◆ **成绩评定**

评分标准如表4-8所示。

表 4-8　评分标准

评价项目	评分标准	得分
语言逻辑（40%）	语言流畅、精练，条理清晰，逻辑性强	
基本材料（20%）	数据真实、准确，材料具体、可靠	
个人观点（30%）	观点鲜明，有理有据	
个人态度（10%）	态度端正，认真积极	
总分		

模块二

商品质量监督

项 目 五

监督的依据——商品标准

学习目标

◎ **知识目标**

（1）理解商品标准的概念。

（2）掌握商品标准的级别。

（3）掌握商品标准的主要内容。

（4）掌握标准化的作用。

◎ **能力目标**

（1）能识别我国标准代号。

（2）能应用标准分析、衡量商品质量。

◎ **素养目标**

（1）培养质量意识。

（2）建立标准化管理工作的思维。

（3）培养创新、研发意识。

（4）培养责任强国意识。

内容结构

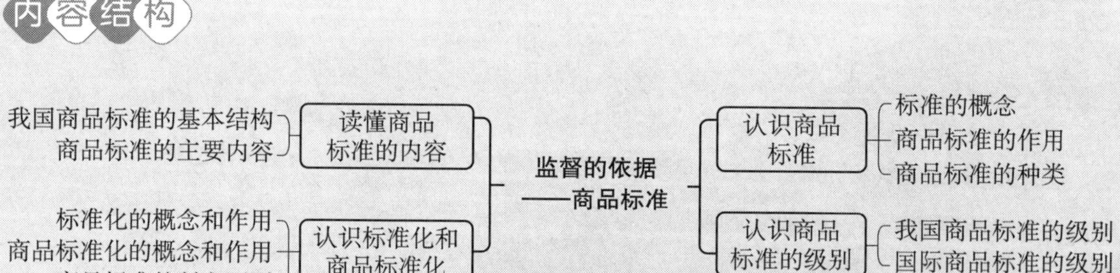

案例导入

格力"大战"奥克斯，倒逼空调能效标准新进程

一纸举报信引发了市场关注，格力电器发布《关于奥克斯空调股份有限公司生产销售不合格空调产品的举报信》(以下简称举报信)，实名向国家市场监督管理总局举报奥克斯空调股份有限公司（以下简称奥克斯空调）生产销售不合格空调产品的问题。实际上，过去几年，白电行业之间的明枪暗战从未停歇，空调行业则更甚，格力、美的、奥克斯轮流成为各种官司的"主角"。

举报信显示，众多消费者此前曾向格力电器反馈奥克斯空调价格便宜但耗电量很大的意见。"经我司实验室（获得 CNAS 认可，具备检测资质）实测，奥克斯空调生产的某些型号空调产品与其宣传、标称的能效值差距较大。经我司委托有专业资质的第三方机构检测验证，检测结论与我司检测结论一致，能效比和制冷消耗功率的检测结论均为不合格。"

在举报信中，格力电器指出，以 KFR-25GW/ZC+2 为例，标称能效比 3.59，第三方实测值仅为 2.68，远达不到国家二级能效标准，不排除其他在售型号也存在类似问题。

奥克斯则回应表示，奥克斯愿意接受广大消费者和国家相关部门监督检查。

◎ **分析：**

标准是行业发展、产品升级的重要牵引。企业间的相互监督有利于市场良性发展，推动产品不断迭代升级。

请结合案例，思考：

1. 空调的能效标准是什么？
2. 空调的能效标准有什么作用？

任务一　认识商品标准

一、标准的概念

商品标准

我国国家标准《标准化工作指南 第 1 部分：标准化和相关活动的通用术语》中对标准描述为：通过标准化活动，按照规定的程序经协商一致制定，为各种活动或其结果提供规则、指南或特性，供共同使用和重复使用的文件。

商品标准是对商品质量以及与质量有关的各个方面（如商品的品名、规格、性能、用途、使用方法、检验方法、包装、运输、储存等）所作的统一技术规定，是评定、监督和维护商品质量的准则和依据。

商品标准是技术标准的一种，主要是对商品的品质规格及检验方法所作的技术规定。标准中明确规定了商品的结构、化学组成、规格、质量、等级、检验、包装、储存、运输、使用以及生产技术等。它是在一定时期和一定范围内具有约束力的产品技术准则，是商品生产、检验、验收、监督、使用、维护和贸易洽谈的技术依据，对于保证和提高商品质量，提高生产和使用的经济效益，具有重要意义。

案例分析：“中国芯”提速！

二、商品标准的作用

商品标准，是科学技术发展成果的总结，是实践先进经验的总结，是社会发展对商品的要求，是社会生产力发展的产物，也是社会生产力发展水平的标志；同时，它也是推动和组织社会生产的重要手段，在商品的生产、流通、资源配置和对外贸易中发挥着重要的作用。

（一）商品标准在生产中的作用

1. 商品标准是组织专业化生产的前提

商品有了标准，并在一定范围内加以实践，即实现了商品的标准化，可以促进商品生产的专业化，提高商品的生产效率。商品标准化后，有了统一的技术标准，就可以扩大零部件的使用范围，提高通用互换程度。生产部门可以采用高效率的专业设备，进行生产专业化，从而大幅度地提高劳动生产率，促进生产力的发展。

2. 商品标准是提高商品质量的技术保证

商品标准，其核心内容是商品质量的要求，商品标准是生产过程中控制质量、评定质量好坏的技术依据。商品生产的原材料、半成品及成品按照标准进行检验，符合标准的产品由检验部门填发合格证，从而促进商品质量不断提高。由于标准具有法规的严肃性和强制性，因此可以保证和促进商品质量的不断提高。

（二）商品标准在流通中的作用

1. 商品标准是商品按质论价的必要条件

商品必然要进入流通领域，通过交换到达消费者手中。在商品的交换过程中，就要体现优质优价、劣质劣价的价格政策，而商品标准就是这样一种衡量商品质量优劣的技术法规，通过鉴定，对照商品标准规定，就可以确定商品品级，并按品级确定商品的价格。

2. 商品标准是商品质量监督的技术依据

商品进入流通领域，必然受到国家和社会的质量监督，质量监督的技术依据就是商品标准。商品标准为维护国家和消费者利益，打击并消除假冒伪劣商品，促进市场的繁荣与发展提供了有力的法律武器。

（三）商品标准在资源配置中的作用

在生产和交换实践活动中，商品标准可以把资源或产品按照性能、特征、品级，科学分析，明确使用范围和使用价值，进行合理配置。

（四）商品标准在对外贸易中的作用

1. 促进国内商品流通企业参与国际贸易活动

对外贸易中的商品标准可促进出口商品质量的提高，从而有利于提高我国商品的国际市场声誉和促进对外贸易的发展；商品标准亦可作为业务双方签订合同时在商品品质等方面的依据。此外，当合同中有关条款不够明确时，出口商品标准可作为鉴定的依据。

2. 对顺利完成进出口任务也有重要作用

每个国家由于自然资源、气候、使用条件、生产水平和人民生活水平、习惯的不同，因此对商品标准中品质条件的规定也不完全相同。对外贸易工作者熟悉本国的商品标准，才能向买方确切地介绍自己的商品，以争取买方按本国商品标准的品质条件订货，这有利于本国的生产。对外贸易工作者熟悉外国的商品标准，也对制定本国出口商品标准具有重要的参考作用。完成进口业务时，对外贸易工作者熟悉各国的商品标准，即可根据国内订货的要求，对各国的产品进行对照比较，正确选购订货，保证进口符合要求的商品。

案例分析：“标准进市场”推动小商品质量提升

三、商品标准的种类

商品标准分类目的不同，采用的分类标志也不同，常见的分类标志主要有发生作用的范围、表达形式、约束程度等。

（一）按发生作用的范围不同分类

1. 国际标准

国际标准是由国际上权威的专业组织制定，并为世界上多数国家承认和通用的产品质量标准。

2. 国家标准

国家标准是由国务院有关主管部门提出，由国家标准化管理委员会主管、发布，在全国范围内实施的标准。国家标准的代号为“GB”（强制性标准）或“GB/T”（推荐性标准）加两组数字，第一组数字表示标准的顺序编号，第二组数字表示标准批准或重新修订的年份。

3. 行业标准

行业标准是对没有国家标准而又需要在全国某个行业范围内统一的技术要求所制定的标准，是国务院有关行政主管部门（以下简称行业主管部门）组织制定的公益类标准。不同行业的主管机构所颁布的标准按标准规定的范围实施。行业标准编号由行业标准代号、标准顺序号和发布的年号组成。行业标准代号由国务院标准化行政主管部门规定，如农业部颁布的农业标准代号，NY 为强制性标准，NY/T 为推荐性标准。

4. 地方标准

为满足地方自然条件、风俗习惯等特殊技术要求，省级标准化行政主管部门和经其批准的设区的市级标准化行政主管部门可以在农业、工业、服务业以及社会事业等领域制定地方标准。地方标准为推荐性标准。地方标准的编号，由地方标准代号、顺序号和年号三部分组成。省级地方标准代号，由汉语拼音字母“DB”加上其行政区划代码前两位数字组成。市级地方标准代号，由汉语拼音字母“DB”加上其行政区划代码前四位数字组成。

5. 企业标准

企业标准是企业对企业范围内需要协调、统一的技术要求、管理要求和工作要求所制定的标准。企业标准代号为“Q”，企业代号可以用汉语拼音字母或者阿拉伯数字或者两者相结合的方式表示。

（二）按商品标准的表达形式分类

1. 文件标准

文件标准是以文字（包括表格、图形等）的形式对商品质量作的统一规定。绝大多数商品标准都是文件标准。文件标准在其开本、封面、格式、字体、字号等方面都有明确的规定，相关部门制定标准时应符合有关规定。

2. 实物标准

实物标准是指对某些难以用文字准确表达的质量要求（如色泽、气味、手感等），由标准化行政主管部门或指定部门用实物做成与文件标准规定的质量要求完全或部分相同的标准样品，作为文件标准的补充，该样品同样是生产、检验等有关方面共同遵守的技术依据。例如：粮食、茶叶、羊毛等产品，都有分等级的实物标准。实物标准是文件标准的补充，实物标准要经常更新。

（三）按商品标准的约束程度分类

1. 强制性标准

强制性标准又称法规性标准，即一经批准发布，在其规定的范围内，有关方面都必须严格贯彻执行。国家对强制性标准的实施情况依法进行有效的监督。

2. 推荐性标准

推荐性标准又称自愿性标准，即国家制定的标准由各企业自愿采用、自愿认证，国家利用经济杠杆鼓励企业采用。实行市场经济的国家大多数实行推荐性标准。

3. 指导性技术文件（标准）

指导性技术文件（标准）中对标准化工作的原则和一些具体做法作统一规定，如商品型号编制规则、各类标准编制导则等。指导性技术文件不具有强制性。符合下列情况之一的项目，可制定指导性技术文件（标准）：技术尚在发展中，需要有相应的标准文件引导其发展或具有标准化价值，尚不能制定为标准的项目；采用国际标准化组织、国际电工委员会及其他国际组织（包括区域性国际组织）的技术报告的项目。

任务二　认识商品标准的级别

一、我国商品标准的级别

（一）国家标准

凡涉及国计民生的重要工农业商品，有关人民安全健康、环境保护的商品和基本原料、材料、燃料通用的零件、部件、配件、工具、量具以及通用的试验和试验方法标准，一般都采用国家标准。对农业、工业、服务业以及社会事业等领域需要在全国范围内统一的技术要求，可以制定国家标准（含国家标准样品），包括下列内容：

（1）通用的技术术语、符号、分类、代号（含代码）、文件格式、制图方法等通用技术语言要求和互换配合要求；

（2）资源、能源、环境的通用技术要求；

（3）通用基础件，基础原材料、重要产品和系统的技术要求；

（4）通用的试验、检验方法；

（5）社会管理、服务，以及生产和流通的管理等通用技术要求；

（6）工程建设的勘察、规划、设计、施工及验收的通用技术要求；

（7）对各有关行业起引领作用的技术要求；

（8）国家需要规范的其他技术要求。

对保障人身健康和生命财产安全、国家安全、生态环境安全以及满足经济社会管理基本需要的技术要求，应当制定强制性国家标准。

国务院有关行政主管部门依据职责负责强制性国家标准的项目提出、组织起草、征求意见和技术审查。国务院标准化行政主管部门负责强制性国家标准的立项、编号和对外通报。国务院标准化行政主管部门应当对拟制定的强制性国家标准是否符合前款规定进行立项审查，对符合前款规定的予以立项。强制性国家标准由国务院批准发布或者授权批准发布。法律、行政法规和国务院决定对强制性标准的制定另有规定的，从其规定。推荐性国家标准由国务院标准化行政主管部门制定。

国家标准的编号，由国家标准代号、国家标准顺序号和国家标准发布年号构成。国家标准代号由大写汉语拼音字母构成，强制性国家标准代号为“GB”，推荐性国家标准代号为“GB/T”；国家标准顺序号是发布国家标准的顺序排号；国家标准发布年号为发布该国家标准年号的四位数字（由于“千年虫”计算机病毒对计算机的影响，标准的年号改为四位）。国家标准顺序号和年号之间加杠分开，其组成如图 5-1 所示。

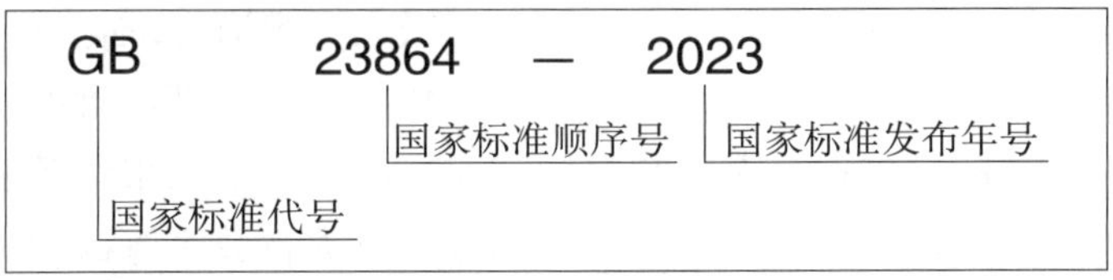

图 5-1　我国国家标准编号的构成

（二）行业标准

一般来说，对没有国家标准又要在某行业范围内统一技术要求的，可以制定行业标准。凡有关行业范围内的主要产品，通用零部件、配件、设备、工具和通用的技术语言、规则、方法，都可订立行业标准。行业标准的制定不得与国家标准相抵触，国家标准公布实施后，相应的行业标准即行废止。

行业标准重点围绕本行业领域重要产品、工程技术、服务和行业管理等需求制定。有下列情形之一的，不应当制定行业标准：

（1）已有推荐性国家标准的；

（2）一般性产品和服务的技术要求；

（3）跨部门、跨行业的技术要求；

（4）用于约束行政主管部门系统内部的工作要求、管理规范等。

行业标准代号由国务院有关行政主管部门制定，如图 5-2 所示。

AQ 安全生产	BB 包装	CB 船舶	CH 测绘
CJ 城镇建设	CY 新闻出版	DA 档案	DB 地震
DL 电力	DZ 地质矿产	EJ 核工业	FZ 纺织
GA 公共安全	GH 供销合作	GM 国密	GY 广播电影电视
HB 航空	HG 化工	HJ 环境保护	HS 海关
HY 海洋	JB 机械	JC 建材	JG 建筑工程
JR 金融	JT 交通	JY 教育	LB 旅游
LD 劳动和劳动安全	LS 粮食	LY 林业	MH 民用航空
MT 煤炭	MZ 民政	NB 能源	NY 农业
QB 轻工	QC 汽车	QJ 航天	QX 气象
RB 认证认可	SB 国内贸易	SC 水产	SH 石油化工
SF 司法	SJ 电子	SL 水利	SN 出入境检验检疫
SW 税务	SY 石油天然气	TB 铁路运输	TD 土地管理
TY 体育	WB 物资管理	WH 文化	WJ 兵工民品
WM 外经贸	WS 卫生	WW 文物保护	XB 稀土
YB 黑色冶金	YC 烟草	YD 通信	YS 有色金属
YY 医药	YZ 邮政	ZY 中医药	

图 5-2　我国行业标准代号

（三）地方标准

为满足地方自然条件、风俗习惯等特殊技术要求，可以制定地方标准。地方标准由省级人民政府标准化行政主管部门制定；设区的市级人民政府标准化行政主管部门根据本行政区域的特殊需要，经所在地省级人民政府标准化行政主管部门批准，可以制定本行政区域的地方标准。地方标准由省级人民政府标准化行政主管部门报国务院标准化行政主管部门备案，由国务院标准化行政主管部门通报国务院有关行政主管部门。地方标准为推荐性标准。地方标准的编号，由地方标准代号、顺序号和年号三部分组成。省级地方标准代号，由汉语拼音字母“DB”加上其行政区划代码前两位数字组成。市级地方标准代号，由汉语拼音字母“DB”加上其行政区划代码前四位数字组成。我国部分省、自治区、直辖市、特别行政区代码如表 5–1 所示。

表 5–1　省、自治区、直辖市、特别行政区代码表

名称	罗马字母拼写	数字码	字母码
北京市	Beijing Shi	110000	BJ
天津市	Tianjin Shi	120000	TJ
河北省	Hebei Sheng	130000	HE
山西省	Shanxi Sheng	140000	SX
内蒙古自治区	Nei Mongol Zizhiqu	150000	NM
辽宁省	Liaoning Sheng	210000	LN
吉林省	Jilin Sheng	220000	JL
黑龙江省	Heilongjiang Sheng	230000	HL
上海市	Shanghai Shi	310000	SH
江苏省	Jiangsu Sheng	320000	JS
浙江省	Zhejiang Sheng	330000	ZJ
安徽省	Anhui Sheng	340000	AH
福建省	Fujian Sheng	350000	FJ
江西省	Jiangxi Sheng	360000	JX
山东省	Shandong Sheng	370000	SD
河南省	Henan Sheng	410000	HA
湖北省	Hubei Sheng	420000	HB
湖南省	Hunan Sheng	430000	HN
广东省	Guangdong Sheng	440000	GD
广西壮族自治区	Guangxi Zhuangzu Zizhiqu	450000	GX
海南省	Hainan Sheng	460000	HI
重庆市	Chongqing Shi	500000	CQ
四川省	Sichuan Sheng	510000	SC
贵州省	Guizhou Sheng	520000	GZ
云南省	Yunnan Sheng	530000	YN
西藏自治区	Xizang Zizhiqu	540000	XZ
陕西省	Shaanxi Sheng	610000	SN
甘肃省	Gansu Sheng	620000	GS
青海省	Qinghai Sheng	630000	QH
宁夏回族自治区	Ningxia Huizu Zizhiqu	640000	NX
新疆维吾尔自治区	Xinjiang Uygur Zizhiqu	650000	XJ
台湾省	Taiwan Sheng	710000	TW
香港特别行政区	Hongkong Tebiexingzhengqu	810000	HK
澳门特别行政区	MacauTebiexingzhengqu	820000	MO

（四）企业标准

企业标准是对在企业范围内需要协调、统一的技术要求、管理要求和工作要求所制定的标准，是企业组织生产、经营活动的依据。国家鼓励企业自行制定严于国家标准或者行业标准的企业标准。企业标准由企业制定，由企业法人代表或法人代表授权的主管领导批准、发布。企业标准一般以“Q”开头。

企业标准主要包括以下几种：

（1）企业生产的商品，没有国家标准、行业标准和地方标准的，制定企业商品标准。

（2）为提高商品质量和技术进步，制定的严于国家标准、行业标准或地方标准的企业产品标准。

（3）对国家标准、行业标准的选择或补充的标准。

（4）工艺、工装、半成品和方法标准。

（5）生产、经营活动中的管理标准和工作标准。

二、国际商品标准的级别

（一）国际标准

国际标准主要是指国际标准化组织（ISO）、国际电工委员会（IEC）和国际电信联盟（ITU）制定的标准，以及国际标准化组织确认并公布的其他国际组织制定的标准。国际标准在世界范围内统一使用。

国际标准采用国际标准代号、编号（标准顺序号加发布年号）、标准名称来表示，如图 5–3 所示。

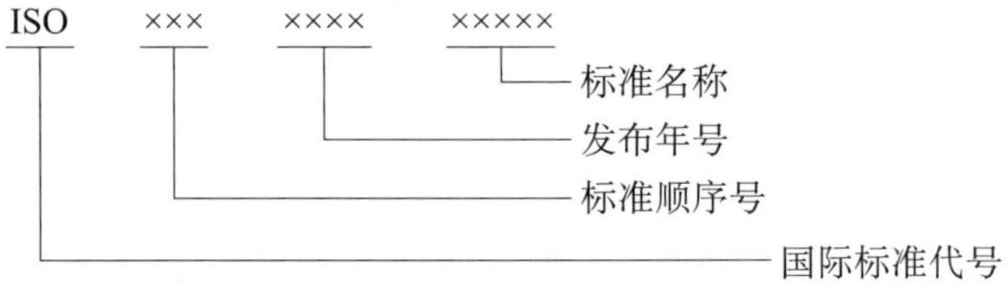

图 5–3　国际标准编号方法示意图

（二）区域标准

区域标准是指由世界区域性集团的标准化组织制定和发布的标准。制定区域标准的主要目的在于促进区域性集团成员之间的贸易，便于该地区的技术交流与合作，协调该地区与国际标准化组织的关系。

区域标准主要在本区域内通行。国际上比较重要的区域标准有：欧洲标准化委员会（CEN）制定的欧洲标准（EN）、非洲地区标准化组织（ARSO）制定的标准以及阿拉伯标准化与计量组织（ASMO）制定的标准等。

以下是一些典型的区域标准组织。

1. 欧洲标准化委员会

欧洲标准化委员会（European Committee for Standardization，CEN）是欧洲各国标准化机构的联合组织，致力于制定与欧洲市场相关的标准。它的成员包括欧洲各国的国家标准化机构。

2. 欧洲电信标准协会

欧洲电信标准协会（European Telecommunications Standards Institute，ETSI）是欧洲电信领域的标准化组织，负责制定与电信和信息技术相关的标准。它的成员包括欧洲各国的电信运营商、制造商、研究机构等。

3. 亚太经合组织标准与合格评定分委会

亚太经合组织（Asia-Pacific Economic Cooperation，APEC）标准与合格评定分委会（Sub-Committee on Standards and Conformance，SCSC）是亚太经合组织的标准化合作机构，旨在促进亚太地区的贸易和经济合作。它的成员包括亚太地区的经济体和标准化机构。

4. 泛美技术标准委员会

泛美技术标准委员会（COPANT）是中美洲和拉丁美洲区域性标准化机构，成立于1947年，旨在制定美洲统一使用的标准，以促进中南美洲国家经济和贸易的发展，协调拉丁美洲国家标准化机构的活动；受拉丁美洲自由贸易协会委托制定各项产品标准、标准试验方法、术语等，以促进拉丁美洲国家之间的贸易，巩固拉丁美洲共同市场。

5. 非洲地区标准化组织

1977年1月，非洲17个国家在加纳首都阿克拉召开会议，决定成立非洲地区标准化组织。这是一个政府间组织，其主要目的是促进非洲的标准化、质量管理和产品合格认证工作的发展；制定非洲地区标准ARS；协调成员国参加国际标准化活动，在本地区建立标准及与标准有关活动的文献和情报系统。ARS标准包括：通用标准、农产品和食品标准、建筑工程标准、机械工程和冶金、化学和化学工程、电子标准、通信、环保及人口控制标准。对于已有ARS标准的产品，拟订和协调非洲地区的认证标志计划，进行相互承认或多边承认的认证工作。

这些区域标准化组织在各自的地区发挥着重要的作用，促进标准化的发展和应用，推动贸易便利化和技术合作。它们致力于制定适应地区需求的标准，并促进标准之间的协调和互认，以促进跨国贸易和经济一体化。

相关阅读

绿色发展标准化

绿色发展标准化更加高效，有力支撑反对餐饮浪费、限制过度包装等热点工作。11部门联合印发《碳达峰碳中和标准体系建设指南》，建立双碳标准体系建设施工图，服务国家双碳战略。发布二氧化碳捕集、能耗限额、取水定额、海洋生态修复、小微湿地保护等相关国家标准11项，推进钢铁、建材等重点行业企业碳排放核算与报告标准制定，构筑绿色发展标准化屏障。发布《餐饮业反食品浪费管理通则》等5项国家标准，推动旅游自助餐、会展等3项国家标准立项。发布《限制商品过度包装要求 生鲜食用农产品》强制性国家标准，下达《限制快递过度包装要求》强制性国家标准计划，加快制定限制茶叶过度包装标准修改单。中国循环经济协会、中国粮油学会等40余家食品、餐饮行业相关社会团体公布了《“领跑者”标准评价要求 餐饮业餐厨废弃物处理与利用设备》《大米适度加工技术规范》等60余项节粮减损和防止餐饮浪费的团体标准。

资料来源：中国标准化发展年度报告（2023）

任务三　读懂商品标准的内容

一、我国商品标准的基本结构

我国商品标准的基本结构如图 5–4 所示。

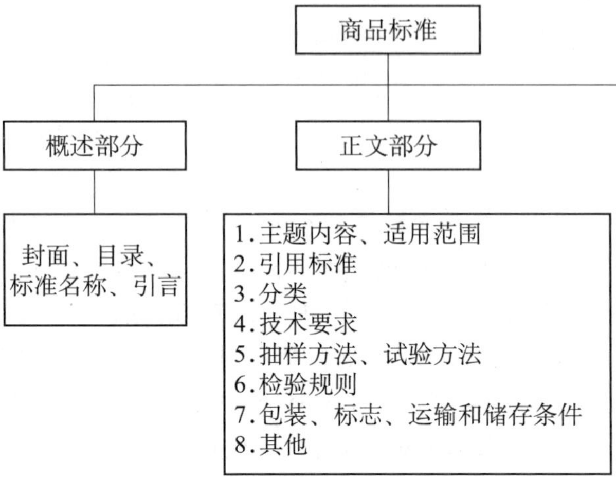

图 5–4　我国商品标准的基本结构

（一）概述部分

商品标准的概述部分，概括地说明了标准的对象、技术特征和适用范围，其主要内容包括封面、目录、标准名称和引言。

（二）正文部分

商品标准的正文部分介绍了商品标准的实质性内容。其包括主题内容、适用范围，引用标准，分类，技术要求，抽样方法、试验方法，检验规则，包装、标志、运输和储存条件，其他。

（三）补充部分

补充部分是对标准条文所作的必要的补充说明和提供使用的参考资料，包括附录和附加说明两项内容。

二、商品标准的主要内容

（一）主题内容

主题内容是标准对术语、产品分类、技术要求、抽样方法、试验方法、检验规则、包装、标志、运输和储存等的规定。

（二）适用范围

适用范围是对本标准适用对象的规定。

（三）引用标准

引用标准列出了本标准所引用的所有其他标准的代号、编号和名称。

（四）分类

分类是商品标准技术内容的重要组成部分，一般是指商品分类原则与分类表示方法。分类的目的在于合理规定商品品种、型号和规格，以便用户选择和组织生产和经营。

（五）技术要求

商品的技术要求是商品标准的中心内容，包括理化指标、感官指标、使用性能、表面质量和内在质量、质量等级、稳定性、可靠性、能耗指标、材料要求、工艺要求、环境条件以及有关质量保证、卫生、安全和环境保护方面的要求等。

课堂训练

我们如何利用空调的相关标准选购空调？

（六）抽样方法、试验方法及检验规则

抽样方法的内容包括：商品抽样规则，抽样的具体方法，抽样的用具、样品在检验前的处理和保存方法等。

试验方法是评定商品质量的具体做法，是对商品质量是否符合标准而进行检测的方法、程序和手段。试验方法一般包括试验项目，各项质量指标的含义，试验原理和方法，试验用仪器设备、试样和试剂的设备，试验的环境条件，试验程序和操作方法，试验结果的计算与评定等内容。

检验规则包括检验分类、检验项目、商品组批与抽样检验规则和复验规则等。

（七）包装、标志、运输和储存条件

包装、标志、运输和储存条件是为使商品从出厂到交付使用的过程中不致受到损失所作的规定。

1. 包装

对需要包装的商品，在商品标准中都规定了包装的要求。包装要求一般包括包装材料，包装技术与方法，每件包装中商品的数量、质量或体积以及包装试验方法等内容。

2. 标志

商品标准一般都有对商品标志的规定，特别是对消费品和涉及卫生、安全和环境保护

的商品，要求更加严格。标志内容一般包括标志在商品及其包装上的位置、制作标志的方法、标志的内容和质量要求等。

3. 运输

对运输中有特殊要求的商品，商品标准规定了运输要求，内容主要包括运输方式、运输条件和运输的注意事项等。

4. 储存条件

商品标准根据商品的特点，规定了商品的储存场所、储存条件、储存要求以及储存期限等。

课堂训练

请搜集相关商品标准，填入表 5-2 内。

表 5-2　常见的商品标准

维度	大米（范例）	自选商品 1	自选商品 2
标准名称（编号）			
主题内容			
分类			
技术要求			
试验方法			
包装、标志			
运输和储存条件			

任务四　认识标准化和商品标准化

一、标准化的概念和作用

（一）标准化的概念

《标准化工作指南 第 1 部分：标准化和相关活动的通用术语》对“标准化”的定义是：为了在既定范围内获得最佳秩序，促进共同效益，对现实问题或潜在问题确立共同使用和重复使用的条款以及编制、发布和应用文件的活动。（注 1：标准化活动确立的条款，可形成标准化文件，包括标准和其他标准化文件。注 2：标准化的主要效益在于为了产品、过程或服务的预期目的改进它们的适用性，促进贸易、交流以及技术合作。）

我们可从下面 3 个方面理解标准化的含义：一是标准化实质是一种制定、发布、实施和修改标准的活动过程，标准是标准化活动的中心；二是标准化涉及的问题范围非常宽广，除了生产、流通、消费等经济活动，还包括科学、技术、管理等多种活动；三是标准化的目的是通过其活动使其研究对象达到统一，并最终获得最佳秩序。所谓“最佳”是通盘考虑了目前与长远、生产与消费等各方面因素后所能取得的综合的最佳效益。

标准化是衡量一个国家生产技术水平和管理水平的尺度，是现代化的一个重要标志。现代化水平越高，就越需要标准化。

（二）标准化的作用

（1）标准化是组织现代化商品生产和发展专业化协作生产的前提条件。

（2）标准化是实现现代化科学管理和全面质量管理的基础。

（3）标准化是提高商品质量和合理发展商品品种的技术保证。

（4）标准化是合理利用国家资源、保护环境和提高社会经济效益的有效手段。

（5）标准化是推广应用新技术，促进技术进步的桥梁。

（6）标准化是国际经济、技术交流的纽带和国际贸易的调节工具。

二、商品标准化的概念和作用

（一）商品标准化的概念

商品标准化是指在商品生产和流通的各个环节中制定、发布以及实施商品标准的活动。推行商品标准化的最终目的是达到统一，从而获得最佳市场秩序和社会效益。商品标准化的内容包括：名词术语统一化，商品质量标准化，商品零部件通用化，商品品种规格系列化，商品质量管理与质量保证标准化，商品检验与评价方法标准化，商品分类编码标准化，商品包装、储运、养护标准化等。

（二）商品标准化的作用

商品标准化水平是衡量一个国家或地区生产技术和管理水平的尺度，是现代化的一个重要标志，现代化水平越高就越需要商品标准化。商品标准化的作用主要体现在以下 5 个方面。

1. 促进贸易

商品标准化有助于消除贸易壁垒，提高商品的相互操作性和兼容性。通过制定统一的技术规范和质量要求，商品标准化促进了国际贸易的顺畅进行，降低了贸易摩擦和消除了技术壁垒。

2. 提高商品质量

商品标准化有助于确保商品的一致性和质量可靠性。标准规定了商品的技术要求、性能参数、测试方法等，使消费者能够信任和比较不同品牌和供应商的商品。商品标准化有助于提高商品质量，减少商品缺陷和质量问题。

3. 保护消费者权益

商品标准化确保商品的安全性、可靠性和符合法律、行政法规的要求。标准规定了商品的安全要求、使用说明、警示标识等，保护消费者免受不安全或欺诈性商品的伤害。标准化还有助于消费者做出明智的购买决策，降低购买风险。

4. 促进技术创新和进步

商品标准化推动了技术的创新和进步。标准化组织通过与行业和科研机构的合作，制定新技术的标准，推广先进的工艺和方法。标准化还促进了技术和经验的交流，帮助企业在技术创新和市场竞争中保持竞争力。

5. 降低成本

商品标准化有助于降低生产和交易成本。通过统一的商品规范和测试方法，企业可以减少重复性的测试和认证工作。标准化还促进了供应链的协调和优化，降低了物流成本和交易成本。

总的来说，商品标准化在促进贸易、提高商品质量、保护消费者权益、促动技术创新和进步、降低成本等方面发挥着重要的作用。标准化是现代经济活动的基础，为经济发展和社会进步提供了有力支持。

三、商品标准的制定原则与程序

（一）商品标准的制定原则

1. 充分考虑使用要求

商品标准是为保证商品的适用性而对商品的质量特性应达到的要求所作的规定，它是商品设计、生产和检验的技术依据。因此，在制定商品标准时，首先要从社会需要出发，广泛听取生产者、用户、消费者等的意见，充分考虑用户和消费者的使用要求及实现这些要求的可能性，千方百计地满足用户和消费者的需求。

2. 技术先进、经济合理

技术先进，是指在商品标准中规定的各种质量指标和要求，商品适应现代技术、经济发展的先进水平，力求反映现代科学技术的先进成果；经济合理，是指在制定标准时要把提高标准水平、商品质量和取得较好的效益统一起来。

3. 提高综合效益

在制定商品标准时，必须从全局利益出发，在充分考虑整个国家的经济、社会情况及经济技术发展等需要的同时，兼顾企业及广大人民群众的切身利益，以取得最佳的社会效益。

4. 合理利用资源

在制定商品标准时，要密切结合我国的资源状况，努力提高资源的利用率，充分节约原材料，不断开发新材料，尽可能采用替代品，积极回收利用废旧物资。在开发利用资源时，还必须考虑资源保护及生态环境等问题。

5. 协调一致、完整配套

所谓协调一致、完整配套就是要求一项商品标准的制定要和我国现行的法律、行政法规协调一致，与颁布的相关原材料、零部件、包装、生产工艺等标准和相应的基础标准协调一致。同时，商品标准内部的各项技术内容和参数，与其他商品标准应该相互衔接协调，这样才能保证商品生产的顺利进行及商品标准的贯彻执行。

6. 积极借鉴和采用国际标准、国外先进标准

采用国际标准和国外先进标准，是当前世界各国技术经济发展的普遍趋势。目前，我国采用国际标准主要有等同采用、等效采用、参照采用 3 种方式。

7. 适时制定和修订

适时地制定商品标准，能够促进商品生产和科学技术的发展。过早地制定商品标准，有可能由于缺乏可靠的科学依据而脱离实际，甚至妨碍技术的发展；过晚地制定标准，商品规格、型号等就会“百花齐放”，这时再制定商品标准统一相关内容时就会阻力重重，重新生产商品也会浪费大量资金和人力。商品标准一般宜在定型、准备正式投产前制定出来。

商品标准制定后，应保持相对稳定。但随着科学技术的进步和经济建设的发展，商品标准要及时进行重审、修订，否则将失去促进商品生产技术发展的作用，甚至阻碍生产技术的进步和发展。

（二）商品标准的制定程序

制定商品标准的一般程序如图 5-5 所示。

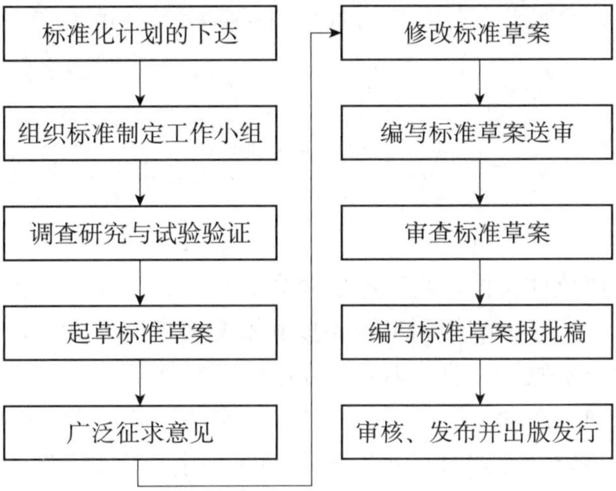

图 5-5　制定商品标准的一般程序

相关阅读

6 项婴童用品国家标准发布

为贯彻落实《“十四五”推动高质量发展的国家标准体系建设规划》及《国家标准化发展纲要》关于强化婴童用品标准化建设工作精神，优化婴童养育及发展环境，在 2023 年“六一”国际儿童节到来之际，国家市场监督管理总局、国家标准化管理委员

会发布了与婴童成长息息相关的6项国家标准，进一步健全了婴童用品国家标准体系，以高标准陪伴婴童健康成长，如表5–3所示。

表5–3 发布标准清单

序号	标准编号	标准名称
1	GB/T 42801—2023	婴童用品 日常运动防护器具通用技术要求
2	GB/T 42802—2023	婴童用品 洗浴器具通用技术要求
3	GB/T 42803—2023	婴童用品 母婴室配套用品通用技术要求
4	GB/T 42804—2023	婴童用品 承载式安抚器具通用技术要求
5	GB/T 42805—2023	婴童用品 居家防护用品通用技术要求
6	GB/T 42806—2023	婴童用品 餐具与喂食器具通用技术要求

6项婴童用品国家标准的发布和实施，进一步完善了我国婴童用品标准体系。标准技术内容与国际先进婴童用品标准体系接轨，有利于促进我国婴童用品商品质量的提升，对生产企业规范生产、制造优质商品提供了参考依据，有助于提高产业技术水平，同时为执法机构的质量监管和检测机构的商品检测提供了重要的技术依据，切实保障婴童健康成长。

项目小结

商品标准是一种规范性文件，它规定了商品的质量、安全、性能、规格、包装、标志和检验等方面的要求。商品标准的制定需要参考相关法律和行政法规、国家标准和国际标准，以及市场需求和技术发展趋势等因素。商品标准在外贸活动中进行技术保护从而保护国家利益、衡量科技与生产的发展水平、合理配置市场资源、指导消费者消费、保障消费者合法权益、评价商品质量等方面都有非常显著的作用。商品标准对商品质量及与质量有关的各方面也都作了统一规定，消费者可以商品标准为依据，进行商品的监督。

过关检测

一、单选题

1. 标准的对象是（　　）。

A. 需要协调统一的重复性事物和概念

B. 商品

C. 质量

D. 质量管理体系

2. 为保障人体健康，人身、财产安全的标准和法律、行政法规规定强制执行的标准属于（　　）。

A. 管理标准　　B. 技术标准　　C. 强制性标准　　D. 推荐性标准

3. 用特定格式的文件，通过文字、表格、图样等形式，全面地或部分地表述商品规格、质量、检验等有关方面技术内容的统一规定的标准属于（　　）。

A. 文件标准　　B. 实物标准　　C. 管理标准　　D. 强制标准

4. GB/T 17392—2008 可能是一个（　　）。

A. 国家标准　　B. 国际标准　　C. 行业标准　　D. 企业标准

5. NY/T 4244—2022 可能是一个（　　）。

A. 国家标准　　B. 国际标准　　C. 行业标准　　D. 企业标准

6. 食品法典委员会制定的标准属于（　　）。

A. 国家标准　　B. 国际标准　　C. 行业标准　　D. 企业标准

二、多选题

1. 标准按照表达形式分为哪几种？（　　）

A. 文件标准　　B. 实物标准　　C. 管理标准　　D.ISO9000 标准

2. 商品标准按照约束程度可分为哪几种？（　　）

A. 管理标准　　B. 技术标准　　C. 强制性标准　　D. 推荐性标准

3. 商品标准的正文部分可能包括哪些内容？（　　）

A. 主题内容　　B. 适用范围

C. 引用标准　　D. 术语、符号、代号等

4. 下列哪些是我国已经公布实施的与质量有关的法律、行政法规？（　　）

A.《中华人民共和国产品质量法》

B.《中华人民共和国消费者权益保护法》

C.《中华人民共和国标准化法》

D.《中华人民共和国工业产品生产许可证管理条例》

5. 商品标准包含的内容很多，一般由哪三个部分组成？（　　）

A. 概述部分　　B. 法规介绍部分　　C. 正文部分　　D. 补充部分

6. 下列关于标准的说法哪些是不正确的？（　　）

A. 有强制性与推荐性之分　　B. 标准就是法律

C. 所有标准都是国际通用的　　D. 标准一经制定就不能修改了

三、判断题

1. 质量标准有强制性的也有推荐性的。（　　）

2. 国家标准、行业标准对质量的要求一定要高于企业标准。（　　）

3. 有关商品安全、卫生要求的标准多为强制性的。（　　）

4. 标准是对商品质量要求的规定，只能用来指导商品生产过程。（　　）

5. 标准是权威机构制定的，因此不需要经过充分的协商。（　　）

四、思考题

1. 商品标准的作用有哪些？

2. 我国商品的标准有哪几个级别?

3. 商品标准的主要内容有哪些?

4. 试说明制定商品标准的程序。

五、案例分析

儿童足部功能发育尚不成熟但又活泼好动，对外界的认知能力有限但又充满好奇，他们的健康和安全易受到伤害。因而，儿童的健康成长与儿童鞋的质量密切相关。

为了规范儿童鞋市场，保护儿童的健康安全，2014年《儿童鞋安全技术规范》(GB 30585—2014)发布，并于2016年1月1日正式实施。该标准是继《布面童胶鞋》(GB 25036—2010)实施之后又一个儿童鞋类的强制性标准。该标准对除童胶鞋外的各种材料制作的、供14周岁及以下儿童(鞋号不大于250mm)日常穿用的鞋类建立了物理机械安全性能、异味和限量物质等方面的强制监管，目的是预防和减少儿童鞋类产品中潜在不安全因素对儿童的伤害。

不同年龄段儿童的生理和心理特征具有较明显的差别，因而标准对不同年龄段的儿童鞋区别要求，分为3周岁及以下的婴幼儿鞋和3周岁以上至14周岁的儿童鞋。

该强制性标准的实施会对相关企业产生较大的影响。标准通过对儿童鞋设计和原辅材料的规范，促进我国儿童鞋技术的进步和市场的发展，从而营造儿童鞋产品安全的氛围，保护儿童的健康成长。

近年来，异味成为不合格产品高频发生区域。《儿童鞋安全技术规范》(GB 30585—2014)规定:"异味等级≤2级"。按照标准，鞋子的异味等级主要分为5个等级，分别为"1级——没有气味""2级——稍有气味，但不引人注意""3级——明显气味，但不令人讨厌""4级——强烈的、讨厌的气味""5级——非常强烈的讨厌气味"。从历年检测数据中分析得知，进口童鞋的不合格异味等级往往处于3级水平。这些不合格产品的产生往往是因为生产鞋子的过程中在原材料中添加了一定浓度的香料类化学物质，而这些化学物质会向外界环境缓慢释放特定气味，导致最终产品被判定为不合格。虽然从实际使用出发，这些不合格产品释放的气味通常是各种闻起来会让小朋友感到舒缓的香气，但是从安全性的专业角度出发分析，这些香气中可能含有危害儿童呼吸系统及神经系统的有害化学物质。

鞋类安全专家提醒消费者，应通过正规渠道购买儿童鞋；对于异味等级这个不合格项目高频发生区域，可先自行通过嗅觉简单判定儿童鞋是否会释放高浓度气味；购买前应重点检查鞋盒等包装标签内容是否齐全，鞋盒上所标示的标准是否包含《儿童鞋安全技术规范》(GB 30585—2014)等信息。消费者切勿盲目迷信进口产品，应根据产地并考虑自身购买能力酌情选购儿童鞋。

分析:

1. 儿童鞋标准的作用包括哪些?

2. 举例说明如何利用儿童鞋标准选购合适的商品。

任务实训

◆ 任务描述

各小组通过网络等渠道自行调研现有的某种商品的标准，并查找利用该标准解决商品质量、消费纠纷等问题的案例，探究“商品标准如何成为商品质量及质量监督的依据”，并做成 PPT 进行汇报演示。

◆ 任务目标

（1）加深对商品标准的认识。

（2）培养收集信息、解决问题的能力。

（3）强化商品质量意识。

◆ 任务实施

（1）全班学生分成服装组、食品组、日用品组、家电组、文娱用品组等。

（2）每组学生选择本组内的典型商品，对典型商品的标准出台情况进行调研，收集该商品已发布的标准及典型案例，分析汇总后做成 3 分钟以内的 PPT 进行汇报展示。

◆ 成绩评定

评分标准如表 5–4 所示。

表 5–4　评分标准

小组	PPT 制作情况（30%）	PPT 汇报情况（30%）	答疑情况（20%）	小组成员团队协作（20%）	总分

项目六

监督的方法——商品检验

学习目标

◎ **知识目标**

（1）理解商品检验的概念。

（2）掌握商品检验的内容及程序。

（3）掌握商品质量的检验方法。

（4）掌握商品品级划分的方法。

◎ **能力目标**

（1）能选用合适的方法规范地完成商品的检验。

（2）能根据商品检验的结果进行商品品级的划分。

◎ **素养目标**

（1）加强质量意识。

（2）建立商品质量检验的意识。

（3）培养科学、严谨意识。

（4）培养质量强国意识。

内容结构

- **监督的方法——商品检验**
  - 认识商品检验
    - 商品检验的概念
    - 商品检验的产生与发展
    - 商品检验的目的与任务
    - 商品检验的类型
  - 掌握商品检验的内容及程序
    - 商品检验的依据
    - 商品检验的内容
    - 商品检验的程序
  - 理解商品检验的方法
    - 商品抽样检验
    - 商品质量的检验方法
    - 我国进出口商品检验
  - 学会商品品级划分
    - 商品品级划分的概念
    - 商品品级
    - 商品品级划分的方法

案例导入

深圳海关公布进出口商品检验监管发现不合格典型案例，
有效防范化解质量安全风险

深圳海关发挥进出口商品质量安全风险预警和快速反应监管体系风险防控作用，强化进出口商品质量安全的科学精准高效监管，有效防范化解质量安全风险，对查处进出口质量安全不合格商品，分别采取技术整改、退运、销毁或不予出口等措施进行有效处置。

1. 进口音箱检出不合格

深圳海关所属布吉海关在对一批产自芬兰的某品牌音箱检查中发现，该批货物属中国强制性产品认证（以下简称CCC）目录内商品，但未加贴CCC标志，设备电源插头不符合《家用和类似用途单相插头插座 型式、基本参数和尺寸》的要求，与CCC认证技术规范不符。经综合判定，上述货物为未获CCC强制性产品认证，入境验证不合格，该关依法对该批货物实施退运处置。

风险分析：CCC是为了保护国家安全、保护人体健康或者安全、保护动植物生命或者健康、保护环境等目的而设立的市场准入制度。列入CCC目录内的产品，必须经过认证，并标注认证标志后，方可出厂、进口或者在其他经营活动中使用。

2. 进口塑料餐具检出己内酰胺迁移量超标

深圳海关所属梅沙海关对一批进口某品牌塑料餐具套装实施检查时发现，抽样检测结果显示己内酰胺迁移量为23.03mg/kg，不符合要求。海关依法对上述不合格产品实施监督销毁处置，并对企业宣贯了相关法律、行政法规。

风险分析：己内酰胺可能通过餐具迁移至食物进而进入人体，危害人体健康。

◎ **分析：**

商品检验是商品质量监督的有效手段，是保证商品质量、提高商业经营管理水平的一项重要内容。

请结合案例，思考：

1. 海关对进出口商品检验监管的作用是什么？
2. 海关对进口音箱的CCC认证的检验方法是什么？
3. 海关对进口塑料餐具的检验方法是什么？

任务一　认识商品检验

一、商品检验的概念

商品检验是指商品的生产方、买方或者第三方在一定条件下，借助某种手段和方法，按照合同、标准或国内外有关法律、行政法规、惯例，对商品的质量、规格、重量、数量、包装、安全及卫生等方面进行检查，并做出合格与否或通过验收与否的判定或为维护买卖双方合法权益，避免或解决各种风险损失和责任划分的争议，便于商品交接结算而出具各种相关证书的业务活动。

商品检验的目的是运用科学的检验技术和方法，正确地评定商品质量。商品检验的内容是从商品的用途和使用条件出发，分析和研究商品的成分、结构、性质及其对商品质量的影响，确定商品的使用价值；拟订商品质量指标和检验方法，运用各种科学的检测手段评定商品质量，并确定是否符合规定标准的要求；研究商品检验的科学方法和条件，不断提高商品检验的科学性、精确性、可靠性，使商品检验工作更科学化、现代化；探讨提高商品质量的途径和方向，促进商品质量的提高，并为选择适宜的包装、保管和运输方法提供依据。

二、商品检验的产生与发展

商品检验是伴随着商品经济的产生与发展而逐渐形成的一门应用技术学科。但商品检验正式成为一门科学，正式成立商品检验机构，则是在商品经济高度发达的现代社会。我国的对外贸易活动有悠久的历史，但是，现代化的贸易方式直至 19 世纪才逐渐发展起来，我国沿海开放口岸和城市首先出现了从事国际贸易活动的洋行、轮船公司、银行等专门机构，此后一些专门检验机构也陆续产生。

1901 年，上海成立了棉花检验所，专门检验我国出口的棉花，后来天津、宁波相继成立棉花检验机构，上海成立出口肉类检查所、万国生丝检验所等。

1928 年，《商品出口检验暂行规则》颁布，1929 年上海、汉口、广州、青岛、天津 5 个商品检验局成立，自此，我国开始有了国家设置的检验机构。

1932 年，《商品检验法》颁布，进出口商品检验工作有了一定的发展，1949 年 10 月中央贸易部成立，全国商检工作归其统一领导。

1952 年，贸易部分为商业部、对外贸易部、粮食部，在外贸部内设立商品检验总局，统一领导管理全国进出口商品检验工作。

1984 年，国务院颁布了《中华人民共和国进出口商品检验条例》。

1989 年 2 月，《中华人民共和国进出口商品检验法》公布。

1992 年 10 月，《中华人民共和国进出口商品检验法实施条例》施行，它是现今最重要的关于我国进出口商品检验工作的原则性法律文件之一。

相关阅读

近代茶叶检验

近代茶叶检验是指 1840 年至 1949 年间的茶叶检验。检验手段以感官审评为主，并利用简单的仪器，进行水分、灰分及色素等的检测，主要对象是出口茶。清末民初，中国茶叶出口量大增，而作伪者也蜂起牟利，其手段主要有着色、掺杂等，严重影响中国茶之声誉，有关进口国均制定法律以堵其弊。1914年张謇曾撰《拟具整理茶叶办法检查条例》，历陈伪劣茶之危害，并建议设立检验机构。1915年，浙江省温州地区自发成立“永嘉茶叶检验处”，1926年由瓯海茶叶公会接办，伪劣茶在局部地区略有收敛。1929年，实业部在上海、汉口两地成立商品检验局，并于1930年委任吴觉农筹办出口茶检验。1931年，实业部宣布对出口茶实施检验，同年7月和12月，上海商检局、汉口商检局分别开始实施检验工作，与此同时，两商检局与中央农业实验所于1932年在祁门合办茶叶改良场，试图从根本上提高茶叶品质。1937年1月，实业部成立茶叶属地检验监理处。1937年3月，《着色茶叶取缔办法》公布。1938年，各有关省成立茶叶管理机构。1941年，因太平洋战争爆发，茶叶外销受阻而出口检验也告停顿。1946年，经济部先后恢复上海、汉口、广州等地的商品检验局，并恢复出口茶检验。

资料来源：《中国茶叶大辞典》

三、商品检验的目的与任务

商品检验的目的是确保商品符合相关标准、规范和要求，以保证其质量、安全性和符合性。商品检验的任务包括以下几个方面：

（一）确认质量

商品检验的主要任务之一是确认商品的质量。通过检验，工作人员可以评估商品的结构、材料、工艺和性能等方面，以确保其符合质量标准和要求。这有助于防止次品和缺陷商品进入市场，保护消费者的权益。

（二）检测安全性

商品检验包括对商品的安全性进行检测。这涉及对商品是否存在潜在的危险、有害物质或安全隐患进行评估。例如：电子产品的安全性检验涉及电气安全、防火性能等方面的测试，食品产品的安全性检验涉及食品添加剂、残留农药等的检测。

（三）评估符合性

商品检验还用于评估商品是否符合特定的标准、规范。这包括对商品的尺寸、形状、颜色、材料等进行检测和测量，以确保其符合相关的标准和规范。例如：建筑材料的符合性评估涉及强度、耐久性、防水性等。

（四）鉴定真伪

商品检验还用于鉴定商品的真伪和来源。这通常在奢侈品、珠宝、艺术品等高价值商品领域具有重要意义。通过技术手段和鉴定专家的评估，可以确定商品的真实性、原产地和真伪程度。

（五）进行供应链管理

商品检验也可以用于供应链管理，确保供应链环节中的商品质量和合规性。通过在不同环节进行检验，可以确保原材料、生产过程、成品等各个环节的商品符合标准要求，保证商品质量和供应链的可追溯性。

综上所述，商品检验的目的是确保商品的质量、安全性和符合性，而商品检验的任务包括确认质量、检测安全性、评估符合性、鉴定真伪和进行供应链管理。这些任务有助于保护消费者权益、维护市场秩序和提高商品质量水平。

四、商品检验的类型

商品检验的类型可从以下多个角度进行划分。

（一）按检验目的划分

1. 生产检验

生产检验又称第一方检验、卖方检验。生产检验是由生产企业或其主管部门自行设立的检验机构，对所属企业原材料、半成品和成品进行的自检活动。生产检验的目的是及时发现不合格商品，保证质量，维护企业信誉。经检验合格的商品应有“检验合格证”标志。

2. 验收检验

验收检验又称第二方检验、买方检验。验收检验是商品的买方为了维护自身及消费者利益，保证所购商品符合标准或合同要求所进行的检验活动。验收检验的目的是及时发现问题，反馈质量信息，促使卖方纠正或改进商品质量。在实践中，商业或外贸企业还常派“驻厂员”，对商品质量形成的全过程进行监控，若发现的问题，及时要求生产企业解决。

3. 第三方检验

第三方检验又称公正检验、法定检验。第三方检验是由处于买卖利益之外的第三方（如专职监督检验机构），以公正、权威的非当事人身份，根据有关法律、标准或合同所进行的商品检验活动，如公证鉴定、仲裁检验、国家质量监督检验等。第三方检验的目的是维护各方面合法权益和国家权益，协调矛盾，促使商品交换活动的正常进行。

（二）按接受检验商品的数量划分

1. 全数检验

全数检验又称全额检验、百分之百检验，是对整批商品逐个（件）地进行检验。其特点是能提供较多的质量信息；缺点是由于检验量大，因此费用高，易造成检验人员疲劳而导致漏检或错检。

2. 抽样检验

抽样检验是按照已确定的抽样方案，从整批商品中随机抽取少量商品用作逐一测试的样品，并依据测试结果推断整批商品质量合格与否的检验。它具有占用人力、物力和时间少的优点，具有一定的科学性和准确性，是比较经济的检验方式。但检验结果相对于整批商品实际质量水平，会存在一定误差。

3. 免于检验

免于检验即对于生产技术水平高和检验条件好、质量管理严格、成品质量长期稳定的企业生产出来的商品，在企业自检合格后，商业和外贸部门可以直接收货，不用检验。例如：工厂签证、商业免检的形式，即工厂生产出来的商品，经工厂检验部门检验签证后，销售企业可以直接进货，免于检验。该形式多适用于生产技术条件好、工厂检测手段完善、产品质量管理制度健全的生产企业。

（三）按商品内、外销售情况划分

按商品内、外销售情况划分，商品检验可分为内销商品检验和进出口商品检验。我国商品流通主要包括内销和外销两个方向，内销商品和进出口商品的检验有不同的依据，并由不同的机构负责完成。

（四）按检验是否具有破损性划分

1. 破损性检验

破损性检验是指为了对商品各项技术指标进行测定、试验，商品会遭受破损，甚至无法再使用，如加工食品罐头、饮料以及茶叶等的检验。

2. 非破损性检验

非破损性检验是指经过检验的商品仍能发挥其正常使用性能，如对电器类、纺织品类商品的检验。

课堂训练

食品安全日益成为关注的焦点，那么食品检验的指标包括哪些？如何提高食品检验的准确性？

任务二　掌握商品检验的内容及程序

一、商品检验的依据

检验结果应具有公正性和权威性。商品检验的依据应具有法律效力，一般包括商品质量法规、商品标准和商品购销合同等。

（一）商品质量法规

商品质量法规是调整商品质量管理方面的法律、规定、条例等的总称，具有权威性、法制性和科学性，是各部门共同行动的准则，也是商品检验活动的重要依据。商品质量法规包括《中华人民共和国产品质量法》《中华人民共和国消费者权益保护法》等。

（二）商品标准

商品标准是对商品质量以及与质量有关的各个方面（如商品的品名、规格、性能、用途、使用方法、检验方法、包装、运输、储存等）所作的统一技术规定，是评定、监督和维护商品质量的准则和依据，是生产、检验、验收、使用、洽谈贸易的技术规范，也是商品检验的主要依据，它对保证检验结果的科学性和准确性，具有重要意义。

（三）商品购销合同

商品购销合同中对商品质量等方面作了明确要求，需要供需双方共同遵守，一旦发生质量纠纷，购销合同的质量要求即为仲裁、检验的法律依据，因此，购销合同中相关条款也成为商品检验的依据之一。

课堂训练

某公司要完成一批茶叶的检验，其检验的依据包括哪些？

二、商品检验的内容

商品检验内容涉及多个方面，不同的商品也会存在差异，但一般包括质量检验、重量和数量检验、包装检验、卫生检验、安全性能检验五大方面。

（一）质量检验

质量检验是指运用各种检验手段，包括感官检验、化学检验、仪器分析、物理测试、微生物检验等，对商品的品质、规格、等级等进行检验，确定其是否符合贸易合同（包括成交样品）、标准等的规定。

质量检验的范围很广，主要包括外观质量检验与内在质量检验两个方面。外观质量检验主要是对商品的外形、结构、花样、颜色、气味、触感、表面加工质量、表面缺陷等的检验；内在质量检验一般指对有效成分的种类、含量、有害物质的限量、化学成分、物理性能、机械性能、工艺质量等的检验。商品的外观与内在均会对商品的价值及使用价值产生重要影响。例如：对茶叶质量的检验，既包括对茶叶外观质量，即茶叶的颜色、外形特征、气味、触感、茶叶加工工艺等方面的检验，也包括对茶叶内在成分，如农药残留等方面的检验。高品质的茶叶既要有好的色香味形，也要有好的内在成分。

（二）重量和数量检验

重量检验是根据合同规定的计量方式，计量出不同的商品准确的重量。数量检验是按照发票、装箱单等单据，对整批商品进行逐一清点，盘查其实际到货的数量。商品重量和数量的多少，与其质量的优劣一样，直接关系到买卖双方的经济利益。重量和数量的检验依据往往是购销合同。

（三）包装检验

包装检验是根据购销合同、商品标准和其他相关规定，对商品的外包装和内包装以及包装标志进行检验。

包装检验的内容主要包括：

（1）包装材料及方法是否合乎国家、省市、行业主管部门的有关规定，以及双方合同规定。

（2）销售包装是否标明了国家、省市、行业主管部门规定必须标明的内容，以及双方合同规定的内容。国家对食品、家用电器、儿童玩具、户外用品等商品的销售包装应该标注的内容都进行了规定；进口商品在国内销售时需要有中文标注。

（3）包装是否完好无损，包装材料、包装方式和内填充材料等是否符合合同规定要求，对外包装破损的商品，要另外进行检验，查明货损责任方以及货损程度，并按规定处理。

（4）对出口商品的包装检验，除包装材料和包装方法必须符合外贸合同、标准规定外，还应检验商品内外包装是否牢固、完整、干燥、清洁，是否适于长途运输，能否确保商品质量、数量。

（四）卫生检验

卫生检验主要是根据《中华人民共和国食品安全法》《化妆品卫生监督条例》《中华人民共和国药品管理法》等法规，对食品、药品、食品包装材料、化妆品、玩具、纺织品、日用器皿等进行卫生检验，检验其是否符合卫生条件，以保障人民健康和维护国家信誉。

案例分析：海口海关发布2022年度进口食品安全和商品检验检出不合格典型案例

（五）安全性能检验

安全性能检验是根据国家规定和外贸合同、标准以及进口国的法令等要求，对商品有关安全性能方面的项目进行的检验，以保证生产使用和生命财产的安全。

课堂训练

你是否有过对消费购买的商品进行检验的经历？你是从哪些方面进行检验的？学习了本任务，你觉得还可以从哪些方面来检验购买的商品？

三、商品检验的程序

（一）商品检验的一般程序

商品质量检验程序一般由定标、抽样、检验、判定、处理五大步骤组成（见图 6-1）。

（1）定标。它是指检验前根据合同或标准明确技术要求，掌握检验手段和方法，拟订商品检验计划。

（2）抽样。它是指按合同或标准规定的抽样方案抽取样品。样品应具有充分的代表性。

（3）检验。它是指在规定要求的环境下，使用一定的检验设备，采用测量、测试、试验等检验方法，检验样品的质量特性。

（4）判定。它是指通过将检测的结果与合同及标准要求的指标进行对照，根据合格判定原则，对被检商品合格与否做出判定。

（5）处理。它是指对检验结果出具检验报告，反馈质量信息，对不合格商品做出处理。

图 6-1　商品检验的一般程序

（二）进口货物检验的程序

我国进口商品检验，一般包括商检机构受理报验、抽样、检验、签发证书 4 个环节。

1. 商检机构受理报验

报验人填写“出口检验申请书”，并提供有关的单证和资料，如外贸合同、信用证、厂检结果单证本等；商检机构在审查上述单证并认定符合要求后，受理该批商品的报验；如发现不合要求者，可要求申请人补充或修改有关条款。

2. 抽样

抽样由商检机构派人员主持进行，根据不同的货物形态，采取随机取样方式抽取样品。报验人员应提供存货地点情况，并配合商检人员做好抽样工作。

3. 检验

检验部门可以使用从感官检验到化学分析、仪器分析等各种方法，对出口商品进行检验。检验的形式有商检自验、共同检验、驻厂检验和产地检验。

4. 签发证书

商检机构对检验合格的商品签发检验证书，或在“出口货物报关单”上加盖放行章。

出口企业在取得检验证书或放行通知单后，在规定的有效期内报运出口。

任务三　理解商品检验的方法

商品检验作为确保产品质量和保障消费者权益的重要环节，其过程严谨而细致。商品检验通常有普查和抽样检验两种。普查是对所有商品进行逐一检验，以确保每件商品都符合相关标准和要求。这种方法的优点在于能够全面保障消费者权益，但相应地，也需要投入更多的检验资源和时间。对于重要商品或者涉及消费者生命安全的商品，普查通常被视为更为稳妥的选择。但是对于大多数商品来说，抽样检验是更为高效、便捷的选择。

一、商品抽样检验

（一）商品抽样及抽样检验的概念

商品抽样也称取样、采样、拣样，是指从被检验的商品中按照一定的方法采集样品的过程。抽样检验是按照事先规定的抽样方案，从被检批中抽取少量样品，组成样本，再对样品逐一进行测试，将测试结果与标准或合同进行比较，最后由样本质量状况统计推断受检商品整体质量合格与否。

（二）商品抽样检验的优缺点

1. 商品抽样检验的优点

（1）检查的商品数量少，省时、省力，比较经济划算。

（2）检查人员能集中精力仔细检查，便于发现问题。

（3）生产方或卖方必须保证自己的产品质量，否则会出现整批商品拒收的情况，给生产方或卖方造成经济损失。

（4）适用于破坏性测试，通过少数商品的破坏检查，正确判断整批商品的质量。

（5）在抽样检查中，搬运损失少。

（6）对商品的生产部门和检查部门的组织管理工作具有促进作用，及时发现问题，采取措施加以改进，能起到某种预防检查的作用。

2. 商品抽样检验的缺点

由于有时会将优质批误判为不合格批，或将劣质批误判为合格批，因此存在接受劣质批和拒收优质批的风险。由于抽样样本较少，因此反映整批商品质量状况的信息一般不如全部检验那样多，会存在片面性。

（三）商品抽样检验的原则

（1）鉴定结果要能成为决定大量商品质量检验的主要依据，即抽样的质量能够代表整批商品的质量。

（2）抽样要能发现某种情况对商品质量造成的重大影响，如食品的变质、污染。

（3）针对组分、含量、性能、质量等会随时间或容易随时间的推移而发生变化的商品，要及时地抽样并进行鉴定，如新鲜果蔬中各类维生素含量的鉴定及各类农副产品中农药或杀虫剂残留量的鉴定等。

（四）商品抽样检验的要求

（1）应当依据抽样对象的形态、形状，合理选用抽样工具与样品容器。抽样工具与样品容器必须清洁；供微生物鉴定的样品应无菌操作，以避免外部环境对鉴定结果产生影响。

（2）外地调入的商品，抽样前应检查有关证件，如商标、运货单、质量鉴定证明等，然后检查外表，包括检查包装以及起运日期、整批数量、产地厂家等情况。

（3）按各类商品的抽样要求抽样，注意抽样部位分布均匀，每个抽样部位的抽样数量保持一致。

（4）抽样的同时应做好记录，内容包括：抽样单位、地址、仓位、车间号、日期、样品名称、样品批号、样品数量、抽样者姓名等。

（5）抽取的样品应妥善保存，保持样品原有的品质特点，抽样后应及时鉴定。

（五）抽样检验的方法

由于抽样的目的是通过尽可能少的样本所反映出的质量状况来统计推断整批商品的质量水平，因此如何抽取对该批商品具有代表性的样品，对准确评价整批商品的质量具有十分重要的意义。使用抽样检验时，应正确地选择抽样方法，控制抽样误差，以获取较为准确的检验结果。为减少人为的干扰，根据商品性能的特点，相应的商品标准也对抽样方法进行了具体的规定。

为了使抽取的样品能准确反映检查批的总体质量，提倡采用符合概率论与数理统计理论的抽样方法，被广泛采用的是随机抽样法，即被检验整批商品中的每一件商品都有同等机会被抽取。由于被抽取机会不受任何主观意志的影响，抽样者按照随机的原则、完全偶然的方法抽取样品，因此此方法比较客观，适用于各种商品、各种批量的抽样。

常用的抽样方法有简单随机抽样法、分层随机抽样法和系统随机抽样法。

1. 简单随机抽样法

简单随机抽样法又称单纯随机抽样法，即整批同类商品不经过任何分组、划类、排序，直接从中按照随机原则抽取检验样品。简单随机抽样法通常用于批量不大商品的抽样，通常是将整批中各单位商品编号，抽签或用随机表抽样。

每个商品被抽中的概率相等，抽样的每个商品入样的可能性均为 n/N（n 为样本的数量，N 为总体的数量），作为样本的每个商品完全独立，彼此间无一定的关联性和排斥性。

简单随机抽样法是其他抽样方法的基础，因为它在理论上最容易处理，而且当总体商品数量 N 不太大时，实施起来并不困难。但在实际中，若 N 相当大时，简单随机抽样就不是很容易办到了。首先，它要求有一个包含全部 N 个单位的抽样框；其次，用这种抽样法得到的样本商品单位较为分散，调查不容易实施的；最后，当样本商品容量较小时，可能发生偏向，影响样本商品的代表性。因此，在实际中直接采用简单随机抽样法的并不多。

2. 分层随机抽样法

分层随机抽样法又称分组随机抽样法、分类随机抽样法。它是将整批同类商品按主要标志分成若干个组，然后从每组中随机抽取若干样品，最后将各组抽取的样品放在一起作为整批商品的检验样品。

分层随机抽样方法适用于批量较大的商品检验，尤其是当批中商品质量波动较大时，如不同设备、不同时间、不同生产者生产的商品组成的被检批。它抽取的样本有很好的代表性，是使用最多、最广的一种抽样方法。

3. 系统随机抽样法

系统随机抽样法又称等距随机抽样法、规律性随机抽样法。它是先将整批同类商品按顺序编号，并随机决定某一个数为抽样的基准号码，然后按已确定的“距离”机械地抽取样品的方法。例如：要从 100 件商品中抽取 10 件组成样本，首先将 100 件商品按某一标志排序，顺序编号为 1～100；然后用抽签或查随机数表的方法确定 1～10 号中入选样本商品的编号（假定为 4 号）；然后按等距原则依次确定入选样本的商品编号为 14、24、34、44、54、64、74、84、94；最后由编号为 4、14、24、34、44、54、64、74、84、94 的 10 件商品组成样本。

系统随机抽样法省时省力，样本的代表性也比简单随机抽样法好。但系统随机抽样法的最大缺点就是容易遇到周期性误差，即所选的单位在排列上和顺序上存在偏差。例如：要研究某商品的特征，当生产的商品具有明显的周期性时，可能抽到的商品都是同一个周期下的商品，这样的样本就缺乏代表性。

二、商品质量的检验方法

商品质量的检验方法是指获取商品质量检验结果所采取的检验器具、检验原理和检验条件的总称。商品质量的检验方法有很多，可将检验方法划分为感官检验法、理化检验法和生物学检验法三大类。

（一）感官检验法

感官检验法是指商品检验人员根据经验，借助人体各种感觉器官的不同功能和一定的器具，检验和鉴定商品。根据感官的类别，感官检验可分为视觉检验、听觉检验、味觉检验、嗅觉检验和触觉检验。

1. 视觉检验

视觉检验是通过视觉来检查商品的外形、结构、颜色、光泽以及表面状态、疵点等质量特性，并据此评定商品的质量特性。视觉检验工业品时主要检验商品的美学特点及表面状态；检验食品时主要检验商品的新鲜度、加工程度和成熟度；检验化妆品等化学品时主要检验商品的包装标注及包装完好程度等。

由于外界条件，如光线的强弱、照射方向、背景对比以及检验人员的生理、心理和专业能力，会影响视觉检验效果，因此，在进行视觉检验时应注意以下几点。

（1）应制定商品实物标准，为检验人员对商品外观评定提供依据。

（2）检验人员应熟悉各等级的条件、特征和界限，以准确地评定商品等级。

（3）鉴定场所的光线强弱会直接影响鉴定结果，因此鉴定场所光线强度应适中。

2. 听觉检验

听觉检验是凭借听觉来检查商品质量，如评价以声音为重要质量评价指标的乐器、音响装置等商品以及对噪声有确定标准要求的电器类商品；利用声音来判断食品的成熟度和新鲜程度；利用声音来评价金属制品等的纯度等。听觉检验需要检验人员具有丰富的经验才能做出科学的判断，如经验丰富的评茶师也会利用抓取茶叶发出的声响来评价茶叶质量的好坏。

3. 味觉检验

味觉检验是利用人的味觉来检查有一定滋味要求的商品，如食品、药品。通过品尝食品的滋味和风味来检验食品质量的好坏。味觉检验一方面要求检验人员具有辨别基本味觉特征的能力，检验对象应具有与对照样品相似的条件，否则容易产生不同的结果，如不同的温度下对味觉的体验不同；另一方面要求检验人员采用正确的方法。例如，评茶师利用味觉检验西湖龙井，称之为“品味醇”。正确的方法如下：首次冲泡饮至三分之一，再续水饮至一半，真龙井的口感“香郁”而“醇厚”，兰花豆香里掺杂几许蜜糖的感觉，而且味蕾有一种龙井茶农所说的“滑溜溜”的独特质感，味蕾的分量、质感要“重”一些，同时那“醇厚”感觉更细腻；接下来，咽几下口水“回味”，清雅甜味明明白白弥润咽喉，七八分钟后品啜之，甜味犹存。假西湖龙井则没有香甜回味和醇厚质感，检验人员通过味觉检验很容易就分别出来。

4. 嗅觉检验

嗅觉检验是通过嗅觉检查商品的气味，进而评价商品质量，其广泛用于食品、药品、化妆品、日用化学制品等商品质量检验。嗅觉检验也是一种常用的检验方法，但检验人员在检验过程中应避免长时间与强烈的挥发物质接触，检验的顺序也应从气味淡向浓的方向进行，比如利用手轻轻扇动，让气味进入嗅觉器官。例如，评茶师利用嗅觉检验西湖龙井，称之为“闻香郁”。西湖龙井茶香味浓郁，乡茶农直观、形象地描述为“（油煎）蚕豆瓣香”，也就是兰花豆香。真龙井尤其是特、高级“狮峰龙井”，放杯中先别续水，盖子扣上先闷几分钟，揭盖闻之，兰花豆特有的香气袅袅升起，而且其中又掺几丝蜂蜜的甜味，续水时那香味更是浓烈扑鼻。假龙井的味道则清淡多了，而且味道均非兰花豆香，冲泡时和续水二三次后最易露馅。香气好的茶叶滋味通常较鲜爽，香气差的茶叶则通常有苦涩味或粗青感。

5. 触觉检验

触觉检验是利用人的触觉感受器官对于被检验商品的感受来评价商品质量。触觉是皮肤受到机械刺激而引起的感觉，包括触压觉和触摸觉，是皮肤感觉的一种。皮肤感觉除触觉外，还有痛觉、热觉、冷觉等，它们也参与感官检验。触觉检验主要用于检查纸张、塑料、纺织品和食品的表面特性以及强度、厚度、弹性、紧密程度、软硬等质量特性。

相关阅读

如何选购西服、大衣?

1. 看标注

（1）商品上必须有商标和中文厂名厂址，消费者由此了解该企业商品质量的信誉度和知名度，如商品上有“中国名牌”产品标志和文字，说明该商品的生产企业具有一定的规模和知名度。

（2）商品上必须有服装型号标识，以便消费者选择与自己的体形相适宜的规格尺寸。

（3）商品上必须有明确的纤维含量标识，主要是指服装的面料、里料的纤维含量标识，各种纤维含量的百分比应清晰、正确。这样能使消费者更好地了解服装面料质地，挑选自己喜欢的面料，也有利于其掌握该西服、大衣的基本价位，因为面料质地的好坏，是决定西服、大衣价格的重要因素，如羊绒、羊毛、羊驼毛、兔毛及仿毛型化学纤维，价格相差很大。羊绒含量越高，价格就越高。如果商品名称标注为“羊绒大衣”，消费者就一定要看一下商品上的标识中羊绒的含量比例，再来衡量是否物有所值。

（4）商品上必须有明确的洗涤标识图形符号及说明，明确洗涤和保养的方法要求，如是否可以水洗或干洗等。这些信息对于消费者保养成衣和获得必要的售后服务都很重要。一旦消费者按照商品标识上规定的洗涤方法进行洗涤、保养后出现问题，就可以与销售商或生产企业联系，并能取得相应的赔偿；如果未按照标识规定洗涤、保养，则一切后果由消费者自己承担。

（5）商品上还要有产品合格证、执行标准编号、质量等级及其他标识。消费者查看商品上的标识是否齐全，可以衡量评价产品的生产、质量、销售等方面是否规范，以衡量该件产品的可信度。

2. 看外观

（1）西服、大衣的主要表面部位无明显织疵、条痕（主要表面部位指大衣的外露部位）。

（2）西服、大衣的主要缝接部位无色差（需要在一定的光亮度下看色差情况）。

（3）西服、大衣面料和里料结构是否紧密，如果面料、里料的结构疏松，会使大衣的接缝部位强力达不到标准规定要求而引起织物纰裂。

（4）西服、大衣面料的花型、倒顺毛是否顺向一致。条格面料的服装，主要部位是否对称、对齐。

（5）注意西服、大衣上各种辅料、配料的质地，如扣眼是否毛出等。

（6）有粘合衬的表面部位如领子、驳头、袋盖、门襟处有无脱胶、起泡等现象。

3. 试穿

（1）西服、大衣穿在身上，各部位应平整、自然，如衣领左右对称，肩部平服，袖笼处圆顺，胸部丰满、自然，无裂形，门襟自然下垂成直线，后背领下平服，后背下摆处不起翘等。

（2）西服、大衣穿在身上，整体上应有舒适感和轻松感。例如：两手前后、上下摆动舒畅，颈部及肩胛部无压迫感或负重感，腋下处无不舒服的感觉等。

（3）西服、大衣穿在身上，各主要部位的规格大小应适宜，如衣长、袖长、肩宽、胸围等处宽松度合适。规格尺寸过大、过小都会引起穿着时的不舒服及外观整体不平整。

课堂训练

请大家讨论日常生活中如何利用感官检验商品质量。

（二）理化检验法

理化检验法是在一定的实验室环境条件下，利用各种仪器、器具和试剂，运用物理、化学的方法来测定商品质量的方法。理化检验主要用于对商品的成分、结构、物理性质、化学性质、安全性、卫生性以及对环境污染和破坏性等方面的检验。理化检验法与感官检验法相比，其结果可以用数据定量表示，较为准确客观，但要求有一定的设备和检验条件，同时对检验人员的知识和操作技术也有一定的要求。理化检验法因为能用数字定量地表示测定结果，客观、准确地反映商品质量情况，对于商品质量鉴定具有较强的科学性，较感官检验客观和精确，所以应用越来越广泛。

理化检验法主要包括物理检验法、化学检验法。与感官检验法相比，理化检验法能够更加客观、准确、全面地验证商品的性能、性质、成分和含量等诸多内容。

1. 物理检验法

物理检验法是运用各种物理仪器、量具对商品的各种物理性能和指标进行测试检验，以评价商品质量的方法。根据测试的内容不同，物理检验法大致可以分为以下几种。

（1）机械性能试验法：利用物理力学原理对材料力学和机械性能进行检测。这是金属和非金属材料最常用、最基本的检验方法之一。

（2）度量衡检验法：利用各种度量工具来测量商品的几何形状及尺寸精度、质量、密度、粒度、黏度等。

（3）光学检验法：利用光学原理，采用各种光学仪器检测材料的物理、化学性能及组成。

（4）电性能检验法：利用电工原理，采用电工、电子仪器检测材料的各项电性能和电参数。

（5）无损检测：在不损坏被检材料的前提下，对材料表面或内部的缺陷、性能、状态、结构进行检测，主要有射线、超声波、磁粉、渗透、涡流等探伤方法。

2. 化学检验法

化学检验法是用化学试剂或化学仪器对商品的化学成分及其含量进行测定，进而判断商品是否符合规定质量要求。化学检验法可分为化学分析法和仪器分析法。

（1）化学分析法，是根据一定的、已知的、能定量完成的化学反应进行分析的方法，包括重量分析、容量分析和气体分析等方法。化学分析法适用于食品成分的检验，包括营养素、食品添加剂、有毒有害物质含量检验，以及发酵、酸败、腐烂等食品变质的成分变化指标测定；纺织品与工业品主要有效成分、杂质成分、有害成分的含量，以及耐水、耐酸碱、耐腐蚀等化学稳定性质方面的测定。

（2）仪器分析法，是一类通过检验试样的光学、电学等性能求出待测商品成分、含量的化学方法。由于此类方法要求一定的设备和技术条件，在一般的商品贸易中的应用并不常见，在进出口商品的质量检验中，往往需要应用这些科学的方法准确判断商品的质量。

（三）生物学检验法

生物学检验法是指使用组织学分析法、生物实验法、显微镜观察法等手段检验商品的成分、结构等技术指标。此方法大量运用于食品、药品、化妆品和冷冻品等商品的检验与鉴定中，主要包括微生物学检验法和生理学检验法。

1. 微生物学检验法

微生物学检验法是采用微生物技术手段，检测商品中有害生物的存在与否以及含量多少的方法。微生物学检验主要在食品及其包装物、化妆品、卫生用品等商品中使用，检验是否存在有害微生物，以避免其对使用者健康及安全产生危害，是判定商品卫生质量的重要手段。

2. 生理学检验法

生理学检验法是用于测定食品可消化率、发热量、维生素种类和含量、矿物质含量等指标的检验。生理学检验一般用活体动物进行试验。

以上各种检验方法各有利弊：感官检验法简单、直观，但易受主观因素的影响；理化检验法、生物学检验法检测结果更加科学，但需要借助仪器，检验时间较长。在实际商品检验过程中，影响商品质量的因素很多，商品质量的高低是多重因素综合作用的结果，而各种检验方法均是在特定条件下，对商品某个或某几个因素的检验，因此，为更好地检测商品的质量，需要采用多种检测方法，对商品质量进行综合评价。

三、我国进出口商品检验

（一）法定检验与非法定检验

我国的进出口检验检疫总体上可以分为法定检验和非法定检验。

1. 法定检验

法定检验的目的是为保证我国出口商品的质量、安全、卫生等符合法律、行政法规、标准的规定，符合贸易契约的规定以及国际市场要求，提高经济效益，增强我国商品在国际上的信誉，扩大出口；同时监督管理进口商品的质量，符合我国的法律、行政法规和贸易契约的质量标准，防止次品、劣品及有害的商品进入我国。

法定检验的范围包括：商检部门根据对外贸易法规的需要制定调整公布的商检机构实施检验的进出口商品种类表内的进出口商品，其他法律、行政法规规定的需要经商检机构检验的进出口商品，属于国际性的强制性检验的商品等。法定检验的内容主要有商品的质量、商品的规格、商品的重量和数量、商品的包装、商品的卫生安全项目。

另依据法律、行政法规的规定，对生产出口商品的企业，经过对其商品的检验，并对生产质量体系的考核，证明其出口商品符合进、出口商品免检条件的，商检部门可以给予特准免检。

2. 非法定检验

非法定检验就是进出口商品鉴定业务，以前称为对外贸易的公证鉴定业务，是商检法规定的一种进出口商品检验业务。该业务的性质是根据对外贸易关系人的申请，办理与对外贸易业务有关的鉴定业务。对外贸易关系人是指与对外贸易有关的部门或个人，如买方、卖方、承运人、保险人、装卸部门等。

鉴定的业务包括两大部分：一般的鉴定业务，包括对进出口商品的质量、数量、包装、运载工具等的检验；国家规定必须申请的鉴定业务，主要是国际贸易中对外贸易关系人根据自己的需要申请以外，按照有关国家规定、发布、公告提出的检验项目。我国对有些商品的检验项目的规定是必须申请。

（二）进出口商品的检验项目

我国进出口商品的检验项目包括品质检验、安全卫生检验、重量鉴定、包装检验、进出口商品残损鉴定、集装箱检验、货物衡量、监装监卸、财产鉴定等。

1. 品质检验

根据对外贸易合同、标准和技术条件，采用感观、化学、物理、生物等方法，利用仪器、设备、试剂、药品等对商品的外观、规格、内在质量，包括化学成分、构造、性能、安全卫生条件进行检验，分批测试鉴定。

2. 安全卫生检验

对有关安全卫生项目的进出口商品，检验检疫机构除严格按照对外贸易的合同检验外，还会根据国家的法律、行政法规检验把关，对进口商品根据贸易合同和我国有关卫生、安全的法律、行政法规进行检验。进口食品应当提供输出国（地区）所使用的农药、添加剂、熏蒸剂等有关资料和检验报告。

3. 重量鉴定

重量鉴定是一种对进、出口商品重量的测定。重量鉴定工作有 4 种方式：衡器计重、水测计重、容量计重、流量计重。

4. 包装检验

进出口商品的包装检验包括对销售包装、运输包装的检验，危险品包装则要进行强制性检验。包装主要涉及的安全性能指标有密封性、抗压性等。

5. 进出口商品残损鉴定

在进口商品中发现客观或主观的原因造成货物的残损或短少，需要赔偿的，检验部门要找出原因，出具检验报告。

6. 集装箱检验

这是指对集装箱货物的装载或箱体本身的清洁情况进行检验。

7. 货物衡量

这是指对货物的体积进行衡量和丈量，计算货物在运输当中所占的重量和体积，以便承运人计算运输费用。

8. 监装监卸

这是指对货物的装载和卸载进行监视，即在装卸现场要有专职人员，对重要的商品、问题多的商品进行重点监督。

9. 财产鉴定

这是指根据《中华人民共和国进出口商品检验法实施条例》的规定和有关部门联合下达的规章制度，开展外商投资财产鉴定。

课堂训练

请描述以下商品的检验方法，填入表 6–1 内。

表 6–1　常见商品的检验方法

常见商品	检验方法
西瓜	
纯棉 T 恤	
运动鞋	
智能手机	
饮料	

任务四　学会商品品级划分

一、商品品级划分的概念

商品品级（商品质量等级、商品质量分级）是指对同一品种的商品，按其达到商品质量标准的程度确定的等级。它是表示商品质量高低优劣的标志，也是表示商品在某种条件下用途大小的标志，是商品鉴定的重要内容之一。

商品品级是相对的、有条件的，有时会因不同时期、不同地区、不同使用条件及不同个性而产生不同的质量等级和市场需求。一般来说，工业品分三个等级，而食品特别是农副产品、土特产等多为四个等级，多者可达到六七个等级，如茶叶、棉花等。

商品分级既可以促进生产部门加强管理，提高生产技术水平和质量，也可以限制劣质商品进入流通领域，维护消费者利益，便于消费者选购商品。商品分级也是物价管理和监督的需要，促进了我国商品市场的健康发展。

二、商品品级

（一）优等品

优等品是指商品的质量标准必须达到国际先进水平，且实物质量水平与国外同类产品相比达到近五年内的先进水平。

（二）一等品

一等品是指商品的质量标准必须达到国际一般水平，且实物质量水平达到国际同类产品的一般水平。

（三）合格品

合格品是指按照我国一般水平组织生产，实物质量水平必须达到相应标准的要求。商品质量等级的评定，主要依据商品的标准和实物质量指标的检测结果，由行业归口部门统一负责，各行业归口部门可根据规定，制定本行业的商品质量分等办法并确定分等商品目录，如表 6–2 为葡萄酒感官分级评价描述。

表 6–2　葡萄酒感官分级评价描述

等级	描述
优级品	具有该产品应有的色泽，自然、悦目、澄清（透明）、有光泽；具有纯正、浓郁、优雅、和谐的果香（酒香），诸香协调，口感细腻、舒顺、酒体丰满、完整、回味绵长，具该产品应有的怡人的风格。
优良品	具有该产品的色泽；澄清透明，无明显悬浮物，具有纯正和谐的果香（酒香），口感纯正，较舒顺，较完整，优雅，回味较长，具良好的风格。
合格品	与该产品应有的色泽略有不同，缺少自然感，允许有少量沉淀，具有该产品应有的气味，无异味，口感尚平衡，欠协调、完整，无明显缺陷。
不合格品	与该产品应有的色泽明显不符，严重失光或浑浊，有明显异香、异味，酒体寡淡、不协调，或有其他明显的缺陷（除色泽外，只要有其中一条，则判为不合格品）。
劣质品	不具备应有的特征。

三、商品品级划分的方法

商品品级划分的方法很多，主要有百分法和限定法两种方法。

（一）百分法

百分法是将商品各项质量指标规定为一定的分数，重要指标占高分，次要指标占低分。如果各项指标都符合标准要求，或认为无瑕可挑的，则打满分；某项指标欠缺，则在该项中相应扣分，综合分数也相应降低。满分为 100 分，如总分未达到一定等级，则相应降低等级。表 6-3 为酒的评分，满分为 100 分。

表 6-3　酒的评分

酒类	色泽	香气	滋味	风格	泡沫
白酒	10	25	50	15	—
啤酒	10	20	50	—	20
葡萄酒	20	30	40	10	—
香槟酒	15	20	40	10	15

（二）限定法

限定法是根据商品各种疵点的数量计分，又可分为限定计分法、限定数量和程度法。

1. 限定计分法

限定计分法是指将商品疵点规定为一定的分数，由疵点分数的总和确定商品的等级，疵点分数越高，则商品的等级越低。这种方法一般在日用工业品中采用。例如：棉色织布的品级划分主要取决于其布面疵点，在其品级划分方法中将布面各种疵点分为破损性疵点、油污疵点、边疵点、经向疵点、纬向疵点、整理疵点和其他疵点 7 类疵点，按疵点对布面的影响程度确定各项疵点的分数，总分不大于 10 分的为一等品，不大于 20 分的为二等品。

2. 限定数量和程度法

限定数量和程度法是指限定每个等级的商品的疵点种类、数量和程度。例如：划分全胶鞋品级时，取 13 个感官指标。其中，鞋面起皱或麻点在一级品中规定为“稍有”，在二级品中规定为“有”。此外，限定数量和程度法还有其他疵点限制要求。在全胶鞋的 13 项指标中，如果一级品超过四项不符合要求者，降为二级品；二级品超过六项不符合要求者，降为不合格品。

课堂训练

不同行业和产品都有相应的品级划分标准，商品品级划分可以方便消费者选择和购买商品，同时促进商品质量提升和市场竞争。以下是一些商品品级划分的案例：

（1）食品品级划分：食品品级划分是按照食品的质量、安全、卫生等进行分类的过程。例如：糯米可以根据颗粒大小、纯度等因素划分为优质糯米、一级糯米和二级糯米。

（2）纺织品品级划分：纺织品品级划分是按照纤维材料、质地、工艺等因素进行分类。例如：棉织品可以根据纱支、密度等因素划分为高档、中档、低档。

（3）家电品级划分：家电品级划分是按照家电的功能、性能、能耗等因素进行分类的过程。例如：冰箱可以根据容积、能效等因素划分为一级能效冰箱、二级能效冰箱。

（4）汽车品级划分：汽车品级划分是按照汽车的品牌、级别、配置等因素进行分类。例如：汽车可以根据品牌、车型等因素划分为豪华车、中高档车、经济型车。

请查一查你熟悉的商品的品级划分，并将结果填入表 6–4 中。

表 6–4 常见商品的品级划分

常见商品	描述

项目小结

商品检验是商品监督的重要手段之一，通过对商品的质量、安全、合规性等方面进行检查和评估，确保其符合相关的标准和法律、行政法规要求，保障消费者权益和维护市场秩序。商品检验可以在商品上市前进行，避免不合格商品进入市场；商品监管部门可以随机抽取市场上的商品进行检验，发现不合格商品及时予以处理，遏制假冒伪劣产品的流通，维护市场秩序；商品监管部门可以对生产企业进行检验监管，确保其生产的商品符合相关的标准和法规要求，促进生产企业提高商品质量和安全性；商品监管部门可以通过对商品检验结果的记录和管理，实现对商品的追溯管理，发现并处理不合格商品，保障消费者权益和维护市场秩序。

过关检测

一、单选题

1. 抽样检验中每个商品被抽取的概率都相同的抽样方法是哪种抽样方法？（　　）

A. 简单随机抽样法　B. 分层随机抽样法　C. 组群随机抽样法　D. 系统随机抽样法

2. 按一定的规律从整批商品中抽取样品的方法是（　　）。

A. 简单随机抽样法　B. 分层随机抽样法　C. 组群随机抽样法　D. 系统随机抽样法

3. 将商品的各种疵点（即质量指标不符合质量标准）规定为一定的分数，由疵点分数的总和来确定商品的等级的分级方法是（　　）。

A. 百分法　B. 限定计分法

C. 限定数量和程度法　D. 分类计分法

4. 每个等级商品限定疵点的种类、数量和程度的分级方法是（　　）。

A. 百分法　B. 限定计分法

C. 限定数量和程度法　D. 分类计分法

二、多选题

1. 下列哪些方法是常用的随机抽样方法？（　　）

A. 分层随机抽样法　B. 系统随机抽样法　C. 感官随机抽样法　D. 理化随机抽样法

2. 对于感官检验法与理化检验法的比较，下列说法哪些是正确的？（ ）

A. 感官检验法的成本较低　　B. 理化检验法容易定量化

C. 感官检验法受人的因素影响较大　　D. 理化检验法受人的因素影响较大

3. 按照人的感觉器官的不同，感官检验分为（ ）。

A. 视觉检验　　B. 嗅觉检验

C. 味觉检验　　D. 触觉检验和听觉检验

4. 下列哪些检验方法属于物理检验法？（ ）

A. 力学检验法　　B. 光学检验法　　C. 电性能检验法　　D. 热学检验法

5. 我国的商品品级可以划分为（ ）。

A. 特等品　　B. 优等品　　C. 一等品　　D. 合格品

6. 商业企业对商品包装进行检验验收，应该包含下列哪些内容？（ ）

A. 包装是否合乎国家、地方政府、行业主管部门的有关规定，以及双方合同的规定

B. 销售包装是否标明了国家、地方政府、行业主管部门规定必须检验的内容

C. 包装是否完好无损

D. 包装的数量是否正确

三、判断题

1. 理化检验法的优点是可以定量化。（ ）

2. 商品检验法就是对商品质量的检验。（ ）

3. 感官检验法不可能用仪器来替代。（ ）

4. 进出口商品检验中的法定检验也称强制性检验。（ ）

四、思考题

1. 什么是商品检验？商品检验的类型主要有哪些？

2. 什么是感官检验法？什么是理化检验法？它们各有什么优缺点？

五、案例分析

在装修过程中，甲醛一直是业主们最担心的问题之一。

甲醛是一种常见的有害物质，其危害表现在多个方面。首先，吸入甲醛会对人的呼吸系统造成刺激，导致喉咙痛、咳嗽、胸闷、气喘等症状，严重时甚至会引发肺炎和肺水肿。其次，甲醛具有较强的致敏性，可能会引发皮肤过敏、哮喘等症状。对于眼睛，甲醛也有强烈的刺激作用，可能会引发眼睛疼痛、视力模糊等症状。

另外，长期暴露于甲醛环境中，可能会对神经系统产生影响，导致头痛、失眠、记忆力下降等症状。更为严重的是，甲醛被认为是一种致癌物质。长期接触甲醛可能会增加患某些类型癌症的风险。

地板恰恰是甲醛释放的重要源头。相较于实木地板，强化地板和实木复合地板更容易出现甲醛超标的现象。相关抽检数据显示，在甲醛释放量不合格的地板中，有多批次为强化地板；另外批次不合格商品为实木复合地板。板材中的甲醛不会立即挥发掉，而是因不同的温湿条件缓慢地挥发，挥发时间长达十年。长期居住在甲醛浓度超标的环境中会对人的健康造成明显伤害。

甲醛的检验方法有多种，以下是其中一些常见的方法。

（1）空气质量检测仪器：使用空气质量检测仪器可以快速、准确地检测室内空气中甲醛的浓度。这种仪器既可以直接检测甲醛浓度，也可以通过采集空气样品后进行测量。

（2）甲醛试剂盒：甲醛试剂盒是一种简单易用的检测方法，可以在家中进行。使用方法是将试剂盒中的试纸暴露在空气中一段时间，然后根据试纸上的颜色变化来判断甲醛浓度是否超标。

（3）实验室化学分析：实验室化学分析是一种较为精确的检测方法，需要采集空气样品后送到实验室进行分析。这种方法可以检测出浓度非常低的甲醛，但需要专业的实验室设备和技术支持。

分析：

1. 消费者如何识别地板甲醛超标的问题？

2. 甲醛超标的检验方法有哪些？

任务实训

◆ 任务描述

各小组自选一种商品，通过网络等渠道查找该种商品的品级划分标准，并分别收集高中低 3 个档次商品，对 3 个档次的商品分别进行检验，形成检验报告，并进行汇报演示。

◆ 任务目标

（1）加深对各类商品检验方法的认识。

（2）加深对商品品级划分的理解。

（3）强化收集信息、解决问题的能力。

◆ 任务实施

（1）全班学生分成服装组、食品组、日用品组、家电组、文娱用品组等。

（2）每组学生选择本组内的典型商品，收集该种商品的品级划分情况和高中低 3 个档次的商品。

（3）实训课中教师将商品的外包装去掉，只留裸装商品，分装在容器中，各小组抽签决定鉴定对象，自选检验方法对商品进行检验，判断商品档次。

（4）各小组对本次实训进行总结，并撰写商品检验报告。

◆ 成绩评定

评分标准如表 6-5 所示。

表 6-5　评分标准

小组	报告撰写情况（30%）	报告汇报情况（30%）	答疑情况（20%）	小组成员团队协作（20%）	总分

项 目 七

—监督的形式——商品认证—

学习目标

◎ **知识目标**

(1)理解商品质量监督的概念。

(2)掌握我国商品质量监督的种类及形式。

(3)掌握商品质量认证的分类及形式。

(4)认识常见的认证机构及标志。

◎ **能力目标**

(1)能完成商品质量认证。

(2)能改进商品质量管理体系。

◎ **素养目标**

(1)加强质量监督意识。

(2)建立商品质量认证的思维。

(3)强化创新、研发意识。

(4)强化质量强国意识。

内容结构

- **监督的形式——商品认证**
  - 认识商品质量监督
    - 商品质量监督的概念及作用
    - 我国商品质量监督的种类及形式
  - 认识商品质量认证
    - 商品质量认证的概念及作用
    - 商品质量认证的分类、形式及条件
    - 强制性产品认证制度
    - 质量体系认证及其他认证
    - 常见的认证机构及标志
  - 了解商品质量认证程序
    - 选择认证机构
    - 准备认证需要的文件和资料
    - 进行内审和建立纠正措施
    - 完成认证审核和评估
    - 维护和改进质量管理体系

案例导入

镇江食醋全球飘香

1. 企业概况

镇江香醋，是古城镇江对外交往的“金字招牌”和“城市名片”，中国四大名醋之一。

江苏恒顺醋业股份有限公司为“中华老字号”企业，始创于1840年，是现存镇江最早的香醋生产者。恒顺从19世纪晚期开始行销南北，20世纪30年代出口南洋，恒顺香醋由江南小城走向了世界。江苏恒顺醋业股份有限公司主要生产香醋、保健醋、陈醋等系列产品，产品广销全国和世界多个国家（地区），并供应我国驻外多个国家的200多个使（领）馆。

2. 主要成效

恒顺醋业以弘扬中华传统饮食文化、振兴民族工业为己任，在传承古法酿造技艺的基础上，大胆引进现代高新技术和先进管理经验，公司先后通过ISO9001质量管理体系认证，ISO22000食品安全管理体系认证、HACCP认证以及GAP认证，先进的管理使得恒顺这座传统发酵生产企业历经百年而长盛不衰。面对行业竞争的日益激烈、经营形势的日趋严峻，公司清醒地意识到管理机制亟须转变。2008年开始，公司利用先进的质量管理工具开展了食品卫生量化分级管理、安全性评价、危害分析与关键控制点管理等多项管理活动，通过引入认证认可制度，贯彻先进的管理体系，向管理要效益，为传统产业的腾飞插上了翅膀。

● 持续改进的管理思路推动技术革新

在管理体系运行过程中，公司高度关注质量改进，将审核发现与数据分析紧密结合，查找生产管理过程中的问题，将问题点变为创新点，不仅使产品特色得以保持，工艺也得到了传承与改良，推进了技术改造。

醋槽生产微生物有机肥技术获得国家科技进步二等奖，国家星火计划“酿造槽渣和园艺植物秸秆农用资源化循环利用技术及产业化”项目也顺利通过验收。公司先后成功进行了食醋煎煮的热交换系统和煎醋循环系统的改造，节约了能源消耗，降低了生产成本。食醋煎煮的热交换系统还在行业得以应用推广，为产业发展提供了有益的探索与实践。

● GAP认证完善溯源体系

通过食品链的可追溯管理，公司又将眼光瞄向了食醋产业链的上游，即原辅料管理。公司利用镇江独特的地理种植优势在镇江市周边建立了1 000亩香陈醋专用粮种植基地。为确保食醋从谷物种植、生产管理、采收储藏、包装运输等全过程对卫生安全进行有效的控制，在相关部门的支持和指导下，公司在基地、加工厂全面推行“统一农资供应、统一技术管理、统一收获储存、统一加工销售、统一监督检测、统一使用标识”的“六统一”管理原则，建立了一整套从农田到餐桌的管理体系。

● 精细化管理提升企业竞争力。

在建立完善科学管理体系、溯源体系基础上，公司又开始将目光转向计量控制管理，从能源、资源消耗报表数据的小数点后面盘算着每一天资产的进出方向和空间，不仅降低了市场风险，也降低了企业经营成本。通过计量保证确认体系的建设，计算得出的数据也实实在在地说明了“计量促管理、管理出效益”的道理，增强了企业管理者的信心。与此同时，公司积极酝酿建立实验室认可管理体系，按照标准着手建立国家二级实验室，其目的是通过标准的贯彻，提高实验数据和结果的精确性，进一步提升产品质量控制的能力和水平。

江苏恒顺醋业股份有限公司日益发展，始终坚持走质量诚信发展之路，国内外美誉度节节攀升。镇江恒顺香醋酿制工艺入选首批“国家级非物质文化遗产代表性项目名录”。

◎ **分析：**

质量认证是市场经济条件下加强质量管理、提高市场效率的基础性制度。近年来，我国质量认证制度不断完善，行业机构蓬勃发展，国际交流合作不断深化。同时，还存在认证服务供给不足、认证评价活动亟须规范、社会认知与应用程度不高等问题。

请结合案例，思考：

1. 商品质量认证是什么？

2. 商品质量认证对恒顺醋业的品质提升、质量管理的作用是如何体现的？

任务一　认识商品质量监督

一、商品质量监督的概念及作用

（一）商品质量监督的概念

商品质量监督

商品质量监督，是指由国家指定的商品质量监督专门机构，按照国家的质量法规和商品质量标准的规定，对生产和流通领域的商品质量和质量保证体系进行监督的活动。

对商品质量监督的理解，包含以下几层含义：（1）商品质量监督解决的问题，是企业生产经营的商品是否达到既定法规和标准的要求，并在此基础上对企业的质量保证工作实行监督；（2）商品质量监督的职能部门，是由国家指定的商品质量监督专门机构，是国家授权的法定机构，而不是一般组织；（3）商品质量监督的依据，主要是国家的质量法规和批准发布的正式标准；（4）商品质量监督是一个连续的监视与验证过程，它包括要求商品在符合法规及标准的前提下所做出的连续性评价和促进改善的一系列工作。

（二）商品质量监督的作用

商品质量监督实质上是国家对生产和流通领域商品质量进行宏观调控的一种手段，它在贯彻实施质量法规和商品标准、维护消费者利益、提高商品竞争力、解决商品质量问题、实现国家计划质量目标等方面发挥着积极的作用。

1. 是贯彻实施质量法规和商品标准不可缺少的重要手段

商品质量监督旨在确保商品符合相关的质量法规和标准要求。监督和检测可以避免次品和缺陷商品进入市场，减少消费者因购买低质量商品而遭受损失。

2. 是维护消费者利益，保障人体健康和生命安全的需要

商品质量监督对于保障消费者人体健康和生命安全具有重要意义。一些商品，特别是涉及食品、药品、化妆品、电子产品等领域的商品，如果质量不符合标准，可能对人民的健康和安全产生严重影响。质量监督可以确保这些关键领域的商品质量符合要求，保障公众的生命安全和身体健康。

3. 有利于提高商品竞争力，促进对外贸易的发展

商品质量监督是国际贸易的重要环节。在国际贸易中，商品质量符合标准和要求是进入国际市场的基本条件。质量监督可以提高出口商品的质量和竞争力，促进国际贸易的顺利进行，推动经济的发展和对外开放。

4. 有利于解决商品质量问题，维护市场经济的正常秩序

商品质量监督有助于维护市场秩序，确保公平竞争和健康发展。对商品生产、销售和流通环节的监督可以防止不合格、假冒伪劣商品的出现，维护市场的诚信和公正，促进市场经济的正常运行。

5. 有利于商品质量管理和更好地实现国家计划质量目标

商品质量监督对于提高商品质量水平起着重要作用。对商品的质量检验、抽查和评估可以发现和纠正质量问题，推动生产企业提升生产工艺和质量管理水平，促进商品质量的不断改进和提高。

相关阅读

食品安全监督抽检情况报告

2024 年第一季度，全国市场监管部门坚持以问题为导向，完成食品安全监督抽检 769 478 批次，依据有关食品安全国家标准等进行检验，发现不合格样品 18 129 批次，监督抽检不合格率为 2.36%，较 2023 年同期上升 0.18 个百分点。

从抽样食品品种来看，消费量大的粮食加工品，食用油、油脂及其制品，肉制品，蛋制品，乳制品等 5 大类食品，监督抽检不合格率分别为 0.36%、0.37%、0.69%、0.07%、0.05%，均低于总体抽检不合格率。与上年同期相比，餐饮食品、冷冻饮品等 14 大类食品抽检不合格率有所降低，但特殊膳食食品、调味品等 18 大类食品抽检不合格率有所上升。

从检出的不合格项目类别看，一些不合格项目占抽检不合格样品总量为：农药残留超标 46.45%，超范围超限量使用食品添加剂 16.29%，微生物污染 11.75%，有机物污染问题 8.78%，兽药残留超标 6.35%，质量指标不达标 5.53%，重金属等污染 3.50%。

针对监督抽检发现的不合格样品，市场监管部门已向社会公布监督抽检结果，并督促有关生产经营企业及时下架、召回抽检不合格批次产品，严格控制食品安全风险，按有关规定进行核查处置。

课堂训练

2024年1月，《消费者报道》整理了国家市场监督管理总局及省级市场监督管理局等于2021年至2024年公布的关于葡萄酒的质量抽检情况。

结果显示，监管部门近3年内共抽检发现不合格葡萄酒54批次，其中每年发现的不合格产品数均不分上下，说明市面上流通的葡萄酒偶有瑕疵。不合格原因主要涉及酒精度、超量或超范围使用甜味剂（甜蜜素、三氯蔗糖、糖精钠）或防腐剂（山梨酸及其钾盐、苯甲酸及其钠盐）、二氧化硫残留量超标。其中酒精度不合格次数最多，达35次，占比约6成，其次是甜蜜素，有9次，占比15.5%。

1. 国家市场监督管理总局及省级市场监督管理局对葡萄酒商品的质量监督是如何开展的？

2. 葡萄酒质量监督有什么作用？

二、我国商品质量监督的种类及形式

（一）我国商品质量监督的种类

我国的商品质量监督可分为国家的质量监督、社会的质量监督和消费者的质量监督。

1. 国家的质量监督

国家的质量监督，是指国家授权指定第三方专门机构，以公正的立场对商品进行的质量监督检查。国家的商品质量监督，由国家质量技术监督部门进行规划和组织实施。这种法定的质量监督，是以政府行政的形式，对可能危及人体健康和人身、财产安全的商品，影响国计民生的重要工业产品及用户、消费者组织反映有质量问题的商品，实行定期或经常的监督、抽查和检验，公开公布商品质量抽查检验结果，并根据国家有关法规及时处理质量问题，以维护社会经济生活正常秩序和保护消费者的合法权益。

2. 社会的质量监督

社会的质量监督，是指社会团体、组织和新闻机构根据消费者和用户对商品质量的反映，对流通领域的某些商品质量进行的监督检查。中国质量协会用户委员会、中国消费者协会、中国质量万里行促进会等组织是社会质量监督的组织者和职权的行使者。这种质量监督，是从市场进行抽样，委托第三方检验机构进行质量检验和评价，将检验结果特别是不合格商品的质量状况和生产企业名单予以公布，以造成强大的社会舆论压力，迫使企业改进质量，停止销售不合格商品，对消费者和用户承担质量责任，实行包修、包换、包退、赔偿经济损失的政策。

3. 消费者的质量监督

消费者的质量监督，是指内外贸部门和使用单位为确保所购商品的质量而进行的质量监督。这种质量监督是购买大型成套设备和装置，以及采购生产企业生产的商品时，进驻承制单位和商品生产厂进行质量监督，发现问题有权通知企业改正或停止生产，及时把住质量关，以保证商品质量符合所规定的要求。这种质量监督包括消费者自己派人或委托技术服务部门进驻承制单位实行质量监督，内外贸部门派驻厂人员进行质量监督，以及进货时进行验收检验。

（二）我国商品质量监督的形式

商品质量监督的形式有很多，可以归纳为抽查型质量监督、评价型质量监督和仲裁型质量监督。

1. 抽查型质量监督

抽查型质量监督是指国家质量监督机构通过对从市场或企业抽取的商品样品进行监督检验判定其质量，从而采取强制措施责成企业改进质量，直至达到商品标准要求的一种监督活动。

抽查型质量监督形式，一般只抽检商品的实物质量，不检查企业的质量保证体系。抽查的主要对象是涉及人体健康和人身、财产安全的商品、影响国计民生的重要工业品、重要的生产资料商品和消费者反映有质量问题的商品。

2. 评价型质量监督

评价型质量监督是指国家质量监督机构通过对企业的商品质量和质量保证体系进行检验和检查，考核合格后，以颁发商品质量证书、标志等方法确认和证明商品已经达到某一质量水平，并向社会提供质量评价信息，实行必要的事后监督，以检查商品质量和质量保证体系是否保持或提高的一种质量监督活动。

评价型质量监督是国家干预商品质量、进行宏观管理的一种重要形式。产品质量认证、质量体系认证、环境标志产品认证、评选优质产品、产品质量检验制度和生产许可证发放等都属于这种形式。

3. 仲裁型质量监督

仲裁型质量监督是指质量监督检验机构通过对有质量争议的商品进行检验和质量调查，分清质量责任，做出公正处理，维护经济活动正常秩序的一种质量监督活动。

延伸阅读：西湖龙井的电子身份证

仲裁型质量监督具有较强的法制性，这项任务由质量监督管理部门承担，应选择经省级以上人民政府质量监督管理部门或其授权的部门审查认可的质量监督检验机构作为仲裁检验机构。

任务二 认识商品质量认证

一、商品质量认证的概念及作用

（一）商品质量认证的概念

商品质量认证是对商品符合标准的一种证明活动，是由可以充分信任的第三方证实某一经鉴定的商品或服务符合特定标准或其他技术规范的活动。

对商品质量认证定义的理解，可以从以下4个方面来看：

（1）商品质量认证定义的主体，即商品质量认证是由谁来进行的，这里是指可以充分信任的第三方，而不是生产者或消费者自己。

（2）商品质量认证定义的对象，即商品质量认证是针对什么来进行的，这里是指经鉴定的商品或服务，而不是原材料或过程。

（3）商品质量认证定义的依据，即商品质量认证是根据什么来进行的，这里是指特定标准或其他技术规范，而不是随意或主观的判断。

（4）商品质量认证定义的结果，即商品质量认证是为了得到什么来进行的，这里是指证实或证明的活动，而不是评价或奖励的活动。

（二）商品质量认证的作用

商品质量认证在提供权威认可、增强消费者信心、提升商品竞争力、推动质量改进和促进国际贸易等方面发挥着重要的作用。它有助于确保商品的质量和符合标准要求，为消费者提供可靠的选择，推动企业的质量管理和品牌发展。

1. 提供权威认可

商品质量认证由独立的权威机构进行评估和认证，为消费者提供了权威的认可和保证。认证标志和证书可以作为消费者购买决策的重要参考。消费者可以信任和依赖认证机构对商品质量的评价和认定。

2. 增强消费者信心

商品质量认证可以增强消费者对商品的信心和满意度。认证标志是对商品质量的可见证明，消费者购买认证商品会更加放心，减少疑虑和降低风险。认证机构的评估和监督也为消费者提供了一种可追溯的保障机制，使消费者对商品质量的追求更加有信心。

3. 提升商品竞争力

商品质量认证可以提升商品的竞争力。通过获得质量认证，企业可以证明其商品符合国家或国际标准，具备一定的质量保证。这有助于企业在市场竞争中脱颖而出，提升商品的品牌形象和声誉，增加市场份额和销售机会。

4. 推动质量改进

商品质量认证激励企业进行质量改进和持续提升。为了获得认证，企业需要对商品质量进行全面评估和改进，确保其符合认证标准和要求。认证过程中的审核和监督促使企业建立和改进质量管理体系，推动质量管理的规范化和持续改进。

5. 促进国际贸易

商品质量认证在国际贸易中具有重要作用。国际市场对商品质量的要求较高，认证可以为企业打开国际市场的大门，提供通行证。认证标志和证书是国际市场的重要准入条件，有助于增强企业商品的国际竞争力和市场认可度。

相关阅读

质量认证促进中小企业高质量发展

“我们靠稳定的商品质量，赢得了客户的口碑；靠创新的营销服务模式，使企业在竞争激烈的环境中能够稳定持续发展。”浙江珠江德华钢琴有限公司代表在第十七届中国国际中小企业博览会“质量认证促进中小企业高质量发展高峰论坛浙江分论坛”活动现场，向与会嘉宾及媒体代表们讲述公司在互联网时代下的钢琴质量提升之旅。

质量认证促进中小企业高质量发展高峰论坛是第十七届中国国际中小企业博览会的重要主题活动。该论坛旨在展现认证助力小微企业质量提升成效，扩大小微企业质量管理体系认证提升行动影响力，推动我国小微企业高质量发展。解决小微企业“成长的烦恼”，“浙江方案”十分可行。

浙江省是享誉全国的民营经济大省、制造业大省。但在数量规模持续壮大的背景下，一些小微企业也逐渐地暴露出了“成长中的烦恼”。低效的质量管理、薄弱的品控体系以及相关产量质量标准体系的缺失等问题，往往会使小微企业失去市场先机，断送竞争优势，这成为它们成长发展的“绊脚石”“拦路虎”。

质量认证被称为质量管理的“体检证”、市场经济的“信用证”、国际贸易的“通行证”。如何解决小微企业“成长的烦恼”？质量认证是其中非常重要的一个手段。

“我觉得导入质量管理体系给企业在产品生产管控和在市场销售管控方面带来了质的飞跃。两年下来我们产品质量合格率提升 10% 左右，动销率每年也在以 5% 的速度提升。”湖州男生女生品牌管理有限公司总经理王英认为，质量管理体系在企业运营过程中的帮助非常大。

2021 年，浙江省市场监管局聚焦多个产业多家试点企业，将小微企业质量管理体系认证提升行动列入“三强一制造”，推动经济高质量发展组合拳和小微企业三年成长计划。如充分运用质量认证的手段，率先构建以“区域品牌、先进标准、市场认证、国际认同”为核心的“品字标”认证体系，全力推进认证认可、检验检测综合改革；通过独立公正的第三方对企业及其商品、服务质量作出合格评价，向消费者、企业、政府部门、国际社会传递信任，帮助企业加强质量管理，提高供给质量和市场信誉……

二、商品质量认证的分类、形式及条件

（一）商品质量认证的分类

商品质量认证可以根据认证类型、认证目的等多种因素进行分类。

1. 按认证类型分类

产品认证：针对具体的产品进行认证，验证其符合相关标准和规范要求。例如：电子产品的 FCC 认证。

系统认证：对组织的管理体系进行认证，确认其能够有效运作并满足质量要求。例如：ISO9001 质量管理体系认证等。

过程认证：对特定生产过程进行认证，以确保产品在制造过程中符合质量要求。例如：医疗器械行业的 GMP 认证等。

2. 按认证目的分类

强制认证：根据国家或地区的法律法规要求，强制性地对产品进行认证。例如：中国的 CCC 产品认证等。

自愿认证：由企业自愿进行的认证，旨在证明产品的质量优良，提升市场竞争力。例如：ISO9001 质量管理体系认证等。

3. 按其他因素的分类

国际认证和地区认证：国际认证是具有全球通用性的认证；地区认证则是针对特定地区的认证，如中国的 CCC 产品认证等。

第三方认证和自我认证：第三方认证是由独立的认证机构进行的认证，如 TUV、SGS 等；自我认证则是企业自己对产品或流程进行的认证。

行业认证和领域认证：行业认证是针对特定行业的认证，如医疗器械管理体系 ISO13485 认证；领域认证则是针对特定领域的认证，如环境管理领域的 ISO14001 认证。

（二）商品质量认证的形式

商品质量认证的形式主要有以下 5 种：

1. 第三方认证

由独立的第三方机构进行的认证，这些机构通常具有专业知识和权威性，能够对商品的质量进行客观评估和认证。第三方认证可以提供独立、中立的意见，对于消费者和市场来说具有较高的可信度。

2. 国家标准认证

由国家相关行政机构或标准化组织进行认证，基于国家制定的标准和规范，对商品的质量进行评估和认证。国家标准认证通常具有法律效力，对于确保商品符合国家质量标准具有重要意义。

3. 行业标准认证

根据特定行业组织或协会制定的标准进行的认证，旨在确保该行业内商品的质量符合行业要求。行业标准认证可以提供行业内的统一标准，有助于提升行业竞争力和商品

质量。

4. ISO 认证

国际标准化组织（ISO）制定的认证标准，涵盖各个领域的质量管理体系、环境管理体系、食品安全管理体系等。ISO 认证是国际上广泛认可的质量管理认证，具有全球范围内的认可度和可信度。

5. 认证标志

某些商品可能会使用特定的认证标志，以证明其符合特定的质量标准或认证要求。这些标志既可以是行业内的标准标志，也可以是第三方认证机构颁发的认证标志。

需要注意的是，不同类型的商品可能存在不同的认证形式，具体的认证形式和要求根据商品的性质、行业特点和地区法规而有所不同。在购买商品时，消费者可以参考相关的认证信息，以评估商品的质量和可靠性。

（三）商品质量认证的条件

商品质量认证的条件根据不同的认证标准和要求而有所不同。以下是一般情况下商品质量认证的常见条件。

1. 符合相关标准和行政法规

商品需要符合国家、地区或行业的质量标准和行政法规要求。商品必须经过检测和评估，确保其在各项指标上符合规定的标准。

2. 质量管理体系

企业需要建立有效的质量管理体系。质量管理体系是企业内部的组织结构、流程和程序，用于确保商品质量的一致性和持续改进。认证机构会对企业的质量管理体系进行审核和评估，以确认其有效性和符合要求。

3. 生产过程控制

企业需要建立有效的生产过程控制措施，以确保商品的一致性和可追溯性。这包括原材料采购、生产工艺、质量检测、生产记录等方面的管理。认证机构会对企业的生产过程进行审查，确保其能够稳定地生产出符合质量要求的商品。

4. 质量检测和验证

企业需要进行商品的质量检测和验证，确保商品符合质量标准和要求。这可能包括实验室测试、样品检验、性能评估等方面的操作。认证机构可能要求企业提供相关的检测报告和验证数据，作为认证的依据。

5. 文件和记录管理

企业需要建立完善的文件和记录管理系统，包括商品规格、质量记录、不良品处理记录等。这些文件和记录需要能够证明商品的质量控制和管理过程，并具有可追溯性和证明性。

6. 审核和评估

认证机构将对企业进行审核和评估，包括现场审查、文件审查等。他们会评估企业是否满足认证标准和要求，包括质量管理体系的有效性、商品的符合性等。企业需要配合认证机构的审核和提供相关的信息和数据。

不同的商品和认证机构有不同的具体要求和程序。企业在申请商品质量认证前，应仔细研究和了解认证标准和要求，并进行必要的准备工作，以确保能够满足认证的条件。

三、强制性产品认证制度

强制性产品认证制度是指国家或地区对某些特定产品实施强制性认证的制度。该制度要求在相关法规或法律规定的范围内，生产、进口、销售或使用这些产品的企业或个人必须获得认证才能合法地进行相关活动。

（一）强制性产品认证制度的范围

强制性产品认证制度可以针对各种不同类型的产品进行认证，具体的认证范围和适用产品取决于不同的国家或地区的法规和标准。以下是一些常见的产品类型，可能适用于强制性产品认证制度的范围。

（1）食品和饮料：包括食品、饮料、添加剂、食品包装材料等。此类产品的认证旨在确保食品安全、卫生和质量标准的符合性。

（2）药品和医疗器械：包括药品、医疗器械、医用耗材等。此类产品的认证旨在确保药品的安全性、有效性，以及医疗器械的性能、可靠性和安全性。

（3）儿童用品：包括儿童玩具、婴儿用品、儿童服装等。此类产品的认证旨在确保产品对儿童的安全和健康没有潜在危害。

（4）电子和电气设备：包括家用电器、电子产品、电线电缆等。此类产品的认证旨在确保产品的电气安全、电磁兼容性和环境友好性。

（5）建筑材料及其他产品：包括建筑材料、装饰材料、管道、防火材料等。此类产品的认证旨在确保建筑工程的安全性、可靠性和满足环境保护要求。

（6）交通工具：包括汽车、摩托车、自行车、船舶等。此类产品的认证旨在确保交通工具的安全性、性能和环保要求的符合性。

（7）环境保护产品：包括废水处理设备、空气净化设备、环保材料等。此类产品的认证旨在确保其对环境保护和污染控制具有有效性和合规性。

（二）强制性产品认证制度对于未经认证的产品采取的执法措施

强制性产品认证制度对于未经认证的产品可能会采取以下执法措施：

1. 扣押和暂扣

相关监管部门有权扣押或暂扣未经认证的产品，阻止其在市场上继续销售或使用。这可以通过对货物的检查、抽样或现场检验来实施。

2. 下架和下市

未经认证的产品可能会被要求从市场上下架或下市，以防止其继续流通和销售。相关部门可以要求销售商或经销商立即停止销售未认证产品，并采取必要措施将其从市场上移除。

3. 罚款和处罚

对于违反强制性产品认证制度的企业或个人，相关部门可以对其处以罚款或其他行政处罚。罚款的数额可能根据违规行为的严重性和法律规定而有所不同。

4. 惩戒措施

多次或严重违反强制性产品认证制度的企业或个人，可能会面临更严厉的惩戒措施，如吊销营业执照、暂停生产经营活动等。

5. 召回和警示

如果发现未经认证的产品存在安全隐患或存在其他严重问题，相关部门可以要求企业进行产品召回，并发布警示通告，提醒公众停止使用相关产品。

6. 刑事追究

在某些情况下，如果违反强制性产品认证制度的行为涉及严重的违法犯罪行为，相关部门可能会采取刑事追究措施，对涉案人员进行起诉和审判。

这些执法措施旨在保护消费者的权益，维护市场秩序，确保合规的产品得以销售和使用。通过对未经认证产品实行执法措施，相关部门能够有效地惩罚违规行为，减少不合格和不安全产品的流通，提高市场的整体质量和安全水平。

四、质量体系认证及其他认证

（一）质量体系认证

质量体系认证是指由第三方公证机构依据质量体系标准，对供方的质量体系实施评定，合格者由公证机构颁发质量体系认证证书，并给予注册公布，证明供方在特定的产品范围内具有必要质量保证能力的活动。

目前，世界各国大都按照ISO9000系列标准开展认证，并且形成了世界通行的质量体系认证制度。由于该系列标准总结、吸收了各国质量管理理论的精华，反映和发展了世界上先进、发达国家管理的实践经验，具有系统性、实用性和适时性，因此一经发布，很快被多个国家和地区等同或等效采用，刚开始主要是工业企业，很快扩展到外贸、建筑、金融、服务、行政机关等领域。ISO9000系列标准给企业带来了诸多益处，具体如下。

1. 提高产品和服务质量

ISO9000系列标准要求企业建立和实施一套系统化的质量管理体系，包括质量政策、流程控制、记录管理等。通过认证，企业能够加强对产品和服务的质量管理，提高工作流程的可靠性和一致性，从而提供更高质量的产品和服务。

2. 增强消费者满意度

ISO9000系列标准注重消费者需求和满意度的管理。通过建立有效的质量管理体系，企业能够更好地理解和满足消费者的要求，提供符合期望的产品和服务，从而增强消费者的满意度和忠诚度。

3. 提高运营效率和效益

ISO9000系列标准要求企业进行流程管理和不断改进。通过优化工作流程、减少资源浪费和缺陷，企业能够提高运营效率，降低成本，提高生产力，从而提升竞争力和盈利能力。

4. 加强企业管理和组织形象

ISO9000 系列标准要求企业建立质量政策、目标和指标，并进行内部审核和管理评审。这有助于加强企业的管理能力和决策过程，从而提高整体企业绩效。同时，获得 ISO9000 系列标准证书也可以增强企业的形象和信誉，在市场上树立良好的声誉。

5. 符合法律法规和市场要求

ISO9000 系列标准通常被视为符合国际贸易和市场准入要求的重要证明。在某些行业或市场中，获得 ISO9000 系列标准可能是参与竞标、招标或合作的必要条件。此外，质量体系认证还有助于企业遵守相关法律法规和标准要求，降低法律风险和合规风险。

6. 持续改进和学习机制

ISO9000 系列标准要求企业建立持续改进的机制，并促进学习和知识管理。通过持续改进，企业能够不断优化质量管理体系，推动创新和技术进步，适应市场变化和消费者需求的变化。

质量体系认证和产品质量认证不同，其主要区别是：质量体系认证的对象是质量体系；质量体系认证的依据是质量体系标准；质量体系认证的目的是证明生产者的质量体系有能力确保其产品满足规定的要求；质量体系认证的证明方式是颁发证书，生产者可使用注册标志做宣传，但不得直接用于产品或以其他方式误导产品已经认证合格；质量体系认证后定期监督生产者质量体系但不对产品实物实施监督检验；从认证的性质上来讲，产品质量认证有强制性和自愿性两种，质量体系认证则是自愿性的。

（二）环境管理体系认证

环境管理体系认证是指企业通过符合 ISO14001 或其他相关标准的评估和审核程序，获得环境管理体系认证的过程。该体系认证旨在帮助企业建立和实施有效的环境管理体系，以管理和改善其环境绩效，降低对环境的影响，并符合适用的环境法规和法律要求。环境管理体系给社会带来的好处包括：

1. 合规性和符合法律要求

环境管理体系帮助企业确保其活动符合适用的环境法律法规。这有助于企业不作违规行为，确保其经营活动的合法性和可持续性。

2. 环境绩效改进

环境管理体系鼓励企业设定和实施环境目标和措施，以降低资源消耗、减少废物和排放，并改善环境。通过持续推进改进措施，企业可以减少对环境的负面影响，提高资源利用效率，降低运营成本，并增加竞争优势。

3. 资源管理和节约

环境管理体系帮助企业识别和管理资源利用情况，包括能源、水和原材料等。通过有效的资源管理，企业可以实现资源的节约和有效利用，减少浪费，降低成本，并减少对自然资源的压力。

4. 品牌声誉和信誉

获得环境管理体系认证证书可以提高企业的品牌声誉和信誉。认证证书是对企业环境管理体系有效性和符合性的认可，向利益相关者传递了企业对环境保护的承诺和努力。这可以增强消费者、客户、合作伙伴和投资者对企业的信任，并提高市场竞争力。

5. 风险管理和灾难预防

环境管理体系要求企业进行环境方面的风险评估和管理，以识别和降低与其活动相关的环境风险。这有助于企业预防环境事故和灾难的发生，减少潜在的环境损害和财务损失，并保护员工和公众的安全。

6. 利益相关者参与和沟通

环境管理体系鼓励企业与内外部利益相关者进行有效的沟通和合作。企业可以借助环境管理体系，与员工、供应商、政府、非政府组织和社区等利益相关者共同参与环境保护事务，增强合作关系，并提高可持续发展的共识和共享价值。

五、常见的认证机构及标志

（一）常见的认证机构

1. 国外认证机构

（1）国际标准化组织。国际标准化组织（International Organization for Standardization，ISO）是一个非政府、非营利的国际标准制定组织。ISO 的目标是促进全球贸易的发展，通过制定国际标准来推动各个领域的协调、互操作性和质量提升。

以下是一些关于 ISO 的重要信息。

1）标准制定：ISO 负责制定各种领域的国际标准，涵盖多个领域，如质量管理、环境管理、食品安全、信息技术、能源管理、社会责任等。这些标准为各个行业和组织提供了共同的框架和最佳实践，有助于提高产品质量、服务水平和效率。

2）成员：ISO 成立于 1946 年，总部位于瑞士的日内瓦。每个成员都有权利参与标准制定的决策和投票过程，以确保标准的全球适用性和广泛接受度。

3）标准的应用：ISO 标准可以在全球范围内应用于各个行业和组织，不论其规模和性质。这些标准可以帮助组织提高质量管理、环境保护、信息安全等方面的能力，促进国际贸易和技术交流。

4）ISO 认证：ISO 标准本身并不要求组织进行认证，但许多组织选择进行 ISO 认证来证明其管理体系符合相关标准要求。ISO 认证由独立的认证机构进行，它们评估组织的管理体系是否符合 ISO 标准，并颁发认证证书。

ISO 标准和认证在国际贸易中起着重要的作用，其有助于提高产品质量、服务水平和可信度，促进跨国合作和贸易畅通。消费者和企业可以从 ISO 认证中受益，因为其提供了一种可靠的方式来评估和比较不同组织的质量管理水平。

（2）欧盟认证。欧盟（European Union，EU）对于商品质量认证有一套严格的制度和要求。EU 认证通常适用于欧盟成员国内销售的商品，以确保其符合欧盟的法规和标准。

以下是一些与 EU 认证相关的信息。

1）CE 标志：CE 标志是 EU 的强制性认证标志，适用于许多不同类型的商品，如电子产品、机械设备、医疗器械等。CE 标志表示该商品符合欧盟的法规要求，可以在欧盟市场自由流通。CE 认证通常由制造商自行声明并承担责任，但也可能需要进行第三方评估和验证。

2）标准化：欧盟制定了许多与商品相关的标准，以确保商品的质量、安全和环保性。这些标准通常由欧洲标准化委员会（European Committee for Standardization，CEN）和欧洲电工标准化委员会（European Committee for Electrotechnical Standardization，CENELEC）制定。

3）品质认证：欧盟还支持和承认一些品质认证体系，如 ISO9001、ISO14001 和 ISO45001。这些认证可以帮助企业提高管理水平、增强竞争力，并满足欧盟市场的要求。

4）食品认证：欧盟对食品安全和质量有严格的要求，包括食品生产、加工、包装和标识等方面。食品生产企业需要符合欧盟的法规，如食品卫生标准、农药残留限量等。此外，一些特定的食品认证体系，如 IFS（国际食品标准）和 FSSC22000（食品安全管理体系认证）等，在欧盟市场也得到广泛认可。

需要注意的是，EU 认证和标准化要求在不同的领域和商品类型中可能有所不同。企业在进入欧盟市场前，应了解并遵守商品所适用的认证要求，并确保其商品符合欧盟的法规和标准。此外，欧盟还与其他国家和地区签订了互认协议，允许某些国家的认证在欧盟市场中被接受，这也需要特别关注。

（3）美国联邦通信委员会认证。美国联邦通信委员会（Federal Communications Commission，FCC）负责监管和管理美国的通信市场。FCC 认证是指在美国市场销售无线电设备的过程中，必须符合 FCC 的规定和要求，以确保设备的合规性和无线电频谱的有效管理。

以下是一些与 FCC 认证相关的信息。

1）FCC 标志：FCC 认证要求在无线电设备上贴上 FCC 标志，表明该设备符合 FCC 的技术标准和规定。FCC 标志通常包括一个标识符号和唯一的标识号码，表示设备已经通过 FCC 的认证测试并获得批准。

2）无线电频谱合规：FCC 对无线电设备的认证要求涵盖频谱使用、无线电干扰、发射功率等方面的规定。设备必须符合 FCC 对频谱的规划和分配，以确保设备在使用过程中不会干扰其他设备的合法通信。

3）认证程序：FCC 认证通常需要由设备制造商或进口商提交申请，包括技术规格、测试报告和相关材料。FCC 会对设备进行测试和评估，以验证其符合 FCC 的技术要求和规定。认证过程由 FCC 认证实验室或授权的第三方实验室进行。

4）认证类别：对不同类型的设备，FCC 有不同的认证类别，包括无线电发射器、射频设备、电信终端设备等。每个类别都有相应的技术要求和测试程序。

FCC 认证是在美国市场销售无线电设备的重要认证。通过获得 FCC 认证，设备制造商可以确保其产品符合美国通信法规和技术要求，提高产品的合规性和市场竞争力。同时，FCC 认证也有助于无线电频谱资源的有效利用和防止干扰。

其他的国外认证还有 UL 认证等。

2. 国内认证机构

（1）中国质量认证中心。中国质量认证中心（China Quality Certification Centre，CQC）是中国国家级的质量认证机构。CQC 负责执行和管理多个质量认证项目，以确保商品和服务的质量符合国家和行业标准。CQC 的认证范围包括工业产品、电子信息产品、建筑材料、环境管理体系、食品安全管理体系等多个领域。CQC 的认证标识被广泛认可，并在中国市场具有重要的信用和影响力。

CQC 根据不同行业和产品的需求，提供认证服务和标准，如中国质量认证中心电子产品认证。CQC 在电子产品领域执行和管理的质量认证项目包括：

1）CCC 产品认证：中国强制性产品认证，适用于电子电器产品，如家用电器、通信设备、信息技术设备等。

2）CQC 标志认证：中国质量认证中心开展的自愿性产品认证业务之一，旨在验证电子产品的性能、可靠性和安全性。

3）CE 认证：欧盟的产品合格性认证，适用于电子产品进入欧盟市场。

4）RoHS 认证：限制使用某些有害物质指令的认证，确保电子电气设备符合环保要求。

这些认证项目旨在确保电子产品符合相关的国家和行业标准，以提供消费者安全、可靠的产品，并满足市场准入的法律和法规要求。

（2）国家认证认可监督管理委员会。2018 年 9 月，中国机构编制网正式发布《国家市场监督管理总局职能配置、内设机构和人员编制规定》，对外保留国家认证认可监督管理委员会牌子。原有国家认监委的相关业务职能由认证监督管理司和认可与检验检测监督管理司承担。认证监督管理司：拟订实施认证和合格评定监督管理制度；规划指导认证行业发展并协助查处认证违法行为；组织参与认证和合格评定国际或区域性组织活动。认可与检验检测监督管理司：拟订实施认可与检验检测监督管理制度；组织协调检验检测资源整合和改革工作，规划指导检验检测行业发展并协助查处认可与检验检测违法行为；组织参与认可与检验检测国际或区域性组织活动。

1）认可和监督实验室：认可和监督各类实验室的技术能力和质量管理体系，确保其测试和检验结果的可靠性。

2）认可和监督检测机构和检验机构：认可和监督各类检测机构和检验机构的能力和质量管理体系，确保其提供的检测和检验服务的准确性和可靠性。

3）认可和监督认证机构：认可和监督各类认证机构的能力和质量管理体系，确保其提供的产品和管理体系认证服务的可靠性和有效性。

4）认可和监督校准实验室：认可和监督各类校准实验室的技术能力和质量管理体系，确保其提供的校准服务的准确性和可靠性。

以上是一些在中国比较常见的认证机构，不同行业和领域会有其他的认证机构和标准。

（二）常见的认证标志

（1）CCC 标志：CCC 标志是中国强制性产品认证的标志，表示该产品已符合中国的相关法规和标准。CCC 标志适用于进入中国市场的一些产品，如电器、汽车等。

（2）CQC 标志：CQC 标志是中国质量认证中心的认证标志，表示该产品已通过了 CQC 的认证。

（3）GMP 标志：GMP 标志是《药品生产质量管理规范》的认证标志，表示该药品生产企业已通过了相关的质量管理认证。

（4）CMA 标志：CMA 标志是中国计量认证的标志，表示该计量器具已经通过了 CMA 的认证，符合国家和行业的计量标准和要求。

（5）ISO 标志：ISO 标志是国际标准化组织的认证标志，表示该产品或组织已经通过了 ISO 标准的认证，符合国际标准和要求。

（6）食品安全 QS 标志：食品安全 QS 标志是中国食品安全的认证标志，表示该食品生产企业已经通过了相关的质量管理认证，符合国家和行业的标准和要求。

（7）FCC 标志：FCC 标志是美国联邦通信委员会的认证标志，表示该产品在使用无线电频率上符合美国的相关法规和标准。

（8）CE 标志：CE 标志是欧盟对产品的认证标志，表示该产品符合欧盟的相关法规和标准。

任务三　了解商品质量认证程序

一、选择认证机构

选择权威和可信的认证机构是进行产品质量认证的关键。以下是一些选择认证机构的建议。

（一）确认认证机构的资质和认证范围

认证机构应该是经过国家认可的，具有相应的认证资质和经验。在选择认证机构时，需要确认其认证范围是否与企业需求相符。

（二）查看认证机构的历史和声誉

认证机构的历史和声誉是选择认证机构的重要参考因素。企业可以通过查询认证机构的官方网站、查看其历史记录和认证案例，以及与相关企业和组织进行沟通等方式了解其声誉和信誉。

（三）了解认证机构的认证流程和服务

不同的认证机构有不同的认证流程和服务，企业需要了解其认证流程是否合理、是否有完整的服务体系等。

（四）确认认证机构是否合法和独立

认证机构应该是合法和独立的，不受其他利益和影响。企业可以查询相关认证机构的认证资质和法律地位，以及了解其组织结构和运营方式等。

（五）了解认证机构的费用和收费方式

认证机构的费用和收费方式也是选择认证机构的重要参考因素。企业需要了解其收费标准、收费方式、是否包含后续服务等。

这些因素将有助于企业选择适合的认证机构，提高商品质量和市场竞争力。

二、准备认证需要的文件和资料

商品质量认证需要准备的文件和资料因不同的认证类型和认证机构而异。以下是一些通常需要准备的文件和资料。

（1）企业注册证明。企业需要提供营业执照、组织机构代码证等相关证明文件。

（2）产品标准和规范。企业需要提供产品的标准和规范文件，如国家标准、行业标准、企业标准等。

（3）质量管理手册。企业需要提供质量管理手册，包括质量管理体系的组织结构、职责和规范文件等。

（4）产品质量检测报告。企业需要提供产品的质量检测报告，确认商品是否符合相关标准和要求。

（5）生产工艺流程图。企业需要提供产品的生产工艺流程图，使认证机构确认生产过程是否符合相关标准和要求。

（6）产品质量跟踪记录。企业需要提供自己对商品质量的跟踪记录，包括商品检验、测试、追溯等相关记录。

（7）内部审核记录。企业需要提供内部审核记录，确认质量管理体系是否有效和符合要求。

（8）纠正措施和持续改进计划。企业需要提供纠正措施和持续改进计划，确保质量管理体系的有效性和持续改进。

认证需要准备文件和资料，其具体要求可能因不同的认证类型和认证机构而异。企业需要根据实际情况，了解认证要求并准备相关文件和资料，以确保顺利通过商品质量认证。

三、进行内审和建立纠正措施

进行内审和建立纠正措施是确保质量管理体系有效和符合认证要求的重要步骤。以下是一些常用的方法。

（一）进行内部审核

内部审核是确认质量管理体系是否有效和符合要求的重要手段。企业可以按照认证要求，制定内部审核计划和程序，对质量管理体系的各个方面进行审核，发现问题并提出改进建议。

（二）建立纠正措施

在内部审核过程中发现问题后，企业需要制定纠正措施，及时解决问题并防止问题再次出现。纠正措施应该具体、可行和有效，并应该记录和跟踪。

（三）制订持续改进计划

持续改进计划是确保质量管理体系不断改进和提升的重要手段。企业可以根据内部审核和纠正措施的结果，制订持续改进计划，并在计划中明确改进的目标、方法、时间和责任人等。

（四）建立问题反馈机制

企业应该建立问题反馈机制，及时收集和处理客户和内部人员的问题反馈，以及对问题进行分析和处理，不断改进质量管理体系。

（五）加强培训和增强意识

企业应该加强对员工的培训，提高员工的质量意识和质量管理能力，促进质量管理体系的有效实施和持续改进。

企业应该根据实际情况，制定相应的内审和纠正措施，确保质量管理体系有效和符合认证要求，并不断改进和完善质量管理体系，在企业中弘扬“五种精神”——劳动精神、奋斗精神、奉献精神、创造精神、勤俭节约精神，培育时代新风新貌。

四、完成认证审核和评估

认证机构对商品质量认证进行现场审核和评估是认证程序的重要环节。通过现场审核和评估，认证机构可以了解企业的质量管理实践和质量管理体系实施情况，进一步确认企业是否符合认证要求。以下是一些常见的现场审核和评估内容。

（一）工厂现场审核

认证机构会对企业的生产现场、工艺流程、商品质量控制等进行审核，确认企业是否符合相关的质量标准和要求。此外，认证机构还会对设备、人员、环境等方面进行评估。

（二）样品评估

认证机构会对企业的样品进行评估，确认商品是否符合相关的质量标准和要求。评估包括商品的外观、尺寸、结构、性能、耐久性、安全性等方面。

（三）质量管理体系审核

认证机构会对企业的质量管理体系进行审核，确认企业是否符合相关的质量管理体系标准和要求。审核内容包括质量管理手册、内部审核记录、纠正措施和持续改进计划等。

（四）员工培训评估

认证机构会对企业的员工培训情况进行评估，确认企业是否对员工进行了必要的培训和教育，以提高员工的质量意识和质量管理能力。

（五）文件和资料审核

认证机构会对企业提供的文件和资料进行审核，确认企业是否按照认证要求提供了必要的文件和资料，以及文件和资料是否真实有效。

五、维护和改进质量管理体系

商品质量认证是一种对企业质量管理体系的认证和审核，通过认证可以证明企业的质量管理体系符合相关标准和要求，有利于提升企业的品牌形象和市场竞争力。为了维护和改进质量管理体系，企业可以采取以下措施：

（一）建立持续改进机制

企业应该建立持续改进机制，对质量管理体系进行不断的改进和提升。持续改进可以通过内部审核、客户反馈、质量问题分析等方式实现，以不断提高质量管理体系的有效性和可持续性。

（二）加强培训和教育

企业应该加强员工的培训和教育，提高员工的质量意识和质量管理能力。培训内容可以包括质量标准和要求、质量管理体系的要求和实践、质量工具和技术等方面。

（三）建立纠正措施和预防措施机制

企业应该建立纠正措施和预防措施机制，及时处理质量问题和缺陷，防止类似问题再次出现。纠正措施和预防措施应该具体、有效，并应该记录和跟踪。

（四）加强供应商管理

企业应该加强对供应商的管理和监督，确保供应商提供的原材料和零部件符合质量要求，并对供应商进行质量管理培训和教育。

（五）加强客户关系管理

企业应该加强客户关系管理，及时收集客户反馈和意见，对客户的需求和期望进行分析，不断优化商品和服务，提高客户满意度和忠诚度。

以上措施可以帮助企业维护和改进质量管理体系，不断提高质量水平和市场竞争力。企业应该根据实际情况和认证要求，制定具体的质量管理计划和措施，并不断进行评估和调整，以实现质量管理的持续改进。

课堂训练

某公司要完成商品的质量认证，你认为可以如何开展质量认证工作？

项目小结

商品质量认证是由可以充分信任的第三方证实某一经鉴定的商品或服务符合特定标准或其他技术规范的活动。商品质量认证促进了商品质量的提高，为消费者提供了质量信息；减少了社会重复检验评价费用；增强了商品的市场竞争力，扩大了商品的销售范围；保障了商品的安全性、卫生性、环境保护性等公共利益。商品质量认证可以作为商品质量监督的有效形式。

过关检测

一、单选题

1. 外贸企业派驻人员在生产加工厂对其订购的产品进行的质量监督属于（　　）。

A. 国家的质量监督　　B. 社会的质量监督

C. 消费者的质量监督　　D. 质量检验监督

2. 新闻机构对某些商品质量进行监督属于（　　）。

A. 国家的质量监督　　B. 社会的质量监督

C. 消费者的质量监督　　D. 质量检验监督

3. 监督检验机构对有争议的商品进行检验、调查、分清责任，做出公正处理的质量监督活动属于（　　）。

A. 抽查型质量监督　B. 评价型质量监督　C. 仲裁型质量监督　D. 技术监督

4. 商品质量认证的对象是（　　）。

A. 产品（商品）或服务　　B. 无形产品

C. 质量体系　　D. 有形产品

5. 中国强制性产品认证的英文缩写为（　　）。

A. CCC　　B. CCIB　　C. CCB　　D. QB

6. CE 标志为下列哪个国家或区域组织的质量认证标志？（　　）

A. 加拿大　　B. 中国　　C. 俄罗斯　　D. 欧盟

二、多选题

1. 我国的商品质量监督可分为哪几种？（　　）

A. 国家的质量监督　　B. 社会的质量监督

C. 消费者的质量监督　　D. 质量检验监督

2. 下列关于质量认证的说法，哪些是正确的？（　　）

A. 认证有综合认证与安全认证之分　　B. 认证有产品认证与体系认证之分

C. 认证的对象就是产品　　D. 认证的依据主要是各种标准

三、判断题

1. 商品质量监督将增加企业的负担，不利于商品经济的发展。（　　）

2. 我国的商品质量监督包括国家的质量监督、社会的质量监督和消费者的质量监督。（　　）

3. 评价型质量监督是国家质量监督机构通过对从市场或企业抽取的商品样品进行监督检验，判定其质量。（　　）

4. 商品质量认证可以由消费者自己来进行。（　　）

5. 商品质量认证是一种对企业质量管理体系的认证和审核。（　　）

四、思考题

1. 什么是质量监督？质量监督的作用是什么？

2. 什么是质量认证？质量认证制度有什么作用？

3. 商品质量认证包括哪些类型？

4. 商品质量认证包括哪些程序？

五、案例分析

东方娃教学设备有限公司成立于 2002 年，是集研发、生产销售各种儿童玩具、家具等文化教学用品于一体的企业，产品主要销往江苏、安徽等地。

2022 年 7 月，该公司参与扬州市小微企业质量体系认证帮扶行动后，专门成立了质量提升小组，会同帮扶专家对存在的问题进行原因分析，明确改进的方向和举措。相关专家针对企业存在的问题，从产品全生命周期角度考虑，改进设计和采购过程，聚焦产品关键指标的同时，改善产品绿色属性指标。

通过此次帮扶，企业提高了木材综合利用率，节约了成本和资源。通过源头控制，企业确保采购的关键原材料环保安全；优化改进产品追溯体系，使产品实现全流程可追溯，确保了产品一致性。企业的产品在原来仅符合产品质量标准基础上，进一步强化了绿色环保安全要求，增加了资源属性、环境属性和品质属性要求，并顺利获得了绿色产品认证证书。企业环保安全的产品也得到了消费者和市场的广泛认可，消费者满意度进一步提高，企业经济效益进一步提升。企业的市场业务原来主要集中在江苏和安徽两个地区，后来顺利拓展到浙江。

分析：

1. 质量认证对小微企业的创新发展有什么意义？

2. 案例企业的质量认证体现在哪些方面？

任务实训

◆ 任务描述

各小组自选一种商品，找找该商品有哪些认证标志，查找该商品的认证的具体信息，并讨论这些认证在商品流通过程中的作用，形成商品认证报告进行汇报演示。

◆ 任务目标

（1）加深对各类商品认证标志的认识。

（2）加深对商品质量认证的理解。

（3）强化收集信息、解决问题的能力。

◆ 任务实施

（1）全班学生分成服装组、食品组、日用品组、家电组、文娱用品组等。

（2）每组学生选择本组内的典型商品，收集该种商品的质量认证情况。

（3）学生通过网络等渠道收集该种商品质量认证的具体内容，并查找质量认证在商品流通中发挥作用的案例。

（4）各小组对本次实训进行总结，撰写商品质量认证报告并制作 PPT 进行汇报。

◆ 成绩评定

评分标准如表 7–1 所示。

表 7–1　评分标准

小组	PPT 制作情况（30%）	PPT 汇报情况（30%）	答疑情况（20%）	小组成员团队协作（20%）	总分

项 目 八

监督的目标——消费者权益保护

学习目标

◎ 知识目标

（1）理解消费者权益的内容。

（2）认识消费者权益保护的法律基础。

（3）掌握消费者权益保护的途径。

（4）掌握假冒伪劣商品的范围、特征。

◎ 能力目标

（1）能选择合适途径保护消费者权益。

（2）能鉴别典型的假冒伪劣商品。

◎ 素养目标

（1）培养消费者权益保护意识。

（2）树立法律意识及法制精神。

（3）提升公民道德素养。

（4）树立正确的社会价值观。

内容结构

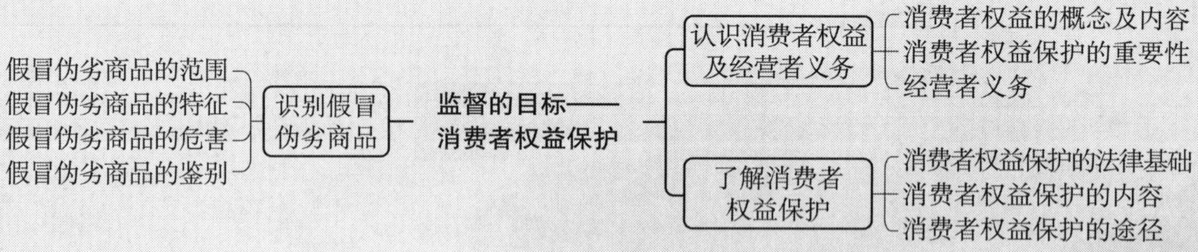

案例导入

空调质量出问题，消协调解换新机

某县消费者王女士于2022年6月12日在某商厦购买一台某品牌空调，花费7 299元，商家6月13日送货，6月14日安装，6月20日商品出现质量问题。消费者与经营者协商，经营者提出维修并赔偿200元的解决方案，消费者不同意，要求换新。6月21日，消费者投诉到消费者协会，请求帮助。

接到投诉后，消费者协会工作人员展开调查，消费者反映情况基本属实。消费者协会先后两次组织召开调解会。调解中，双方各持己见、争执不休，难以达成共识。为了维护消费者合法权益，防止事态恶化，同时督促和规范经营行为，消费者协会工作人员反复向经营者讲解《中华人民共和国消费者权益保护法》，最终，双方于7月8日达成一致，经营者同意为消费者免费更换全新空调。

《中华人民共和国消费者权益保护法》第二十四条规定："经营者提供的商品或者服务不符合质量要求的，消费者可以依照国家规定、当事人约定退货，或者要求经营者履行更换、修理等义务。没有国家规定和当事人约定的，消费者可以自收到商品之日起七日内退货；七日后符合法定解除合同条件的，消费者可以及时退货，不符合法定解除合同条件的，可以要求经营者履行更换、修理等义务。依照前款规定进行退货、更换、修理的，经营者应当承担运输等必要费用。"本案中消费者购买的空调在7日内出现质量问题，经营者必须承担维修或者退换货责任。如经营者无理拒绝消费者提出的更换要求，行政部门可依法给予处罚。

◎ **分析：**

《中华人民共和国消费者权益保护法》的出台和实施，旨在维护消费者的合法权益、促进公平交易、保障市场经济健康发展。

请结合案例，思考：

1. 消费者在购买空调时享有什么权益？

2. 消费者购买的空调出现质量问题时，可以怎样维权？

任务一　认识消费者权益及经营者义务

一、消费者权益的概念及内容

（一）消费者权益的概念

消费者权益保护

消费者权益是指在消费者与生产者之间的商品或服务交易中，消费者享有的权利和受到的保护。消费者权益是现代市场经济的重要组成部分。

消费者权益包括消费者在消费过程中应享有的各种权利，如知情权、选择权、安全权、健康权、公平交易权等。这些权利的保障可以有效地保护消费者，增强消费者的信心和满意度，同时也可以促进市场健康、公正和稳定地发展。

（二）消费者权益的内容

消费者权益包括各方面的内容，它们相互关联、相互依存，都是消费者权益系统的重要组成部分。

（1）知情权：消费者有权了解商品或服务的真实情况，包括品质、性能、价格、产地、生产日期等。

（2）选择权：消费者有权在市场上自由选择商品和服务，不受歧视、不受限制。

（3）安全权：消费者有权要求商品和服务是安全的，不受威胁和危险。

（4）健康权：消费者有权要求商品和服务不影响自己的身体健康、不影响自己的生命安全。

（5）公平交易权：消费者有权在交易中被公平、诚信地对待，不受欺诈、虚假宣传、不当竞争和不合理定价的侵害。

（6）知悉权：消费者有权知道商品或服务的质量、效果、成分、安全性、生产者、销售者等信息。

（7）申诉权：消费者有权对商品或服务的质量、服务等提出投诉和申诉，并要求得到满意的解决。

（8）服务权：消费者有权得到优质的售前、售中、售后服务，包括咨询、维修、退换货等。

（9）教育权：消费者有权获得商品或服务相关的知识和技能，以便更好地进行消费决策。

（10）环境权：消费者有权要求商品或服务不对环境造成污染和破坏，保护生态环境和自然资源。

（11）信息权：消费者有权获得关于商品或服务的信息，包括质量、标准、价格、产地等方面的信息。

（12）隐私权：消费者有权保护个人隐私不被侵犯，不受非法收集、使用、泄露个人信息的侵害。

（13）合同权：消费者有权与商家签订公平、明确、合法的合同，依法维护自己的合同权益。

（14）参与权：消费者在购买商品或者接受服务时，有权参与质量监督、投诉等活动。

需要强调的是，消费者权益的组成不是固定的，而是随着社会经济的发展和消费者需求的变化不断演变。因此，在保护消费者权益的过程中，国家需要不断关注市场和消费者需求的变化，及时更新和完善相应的法律法规和保护措施，以更好地保障消费者的合法权益。

二、消费者权益保护的重要性

消费者权益保护是现代市场经济的重要组成部分，在保障消费者的合法权益、促进市场经济的健康发展、维护社会公平正义等方面具有重要意义和作用。

（一）保障消费者的合法权益

消费者权益保护是保障消费者合法权益的重要手段。加强对商品和服务质量的监管和管理，加强对商家欺诈、虚假宣传等行为的打击，可以使消费者在市场经济中享有公平、公正、合法的权益。

（二）促进市场经济的健康发展

消费者权益保护有利于促进市场竞争，提高商品和服务的质量和水平。在竞争激烈的市场环境中，企业将会更加注重商品和服务的质量和安全，以满足消费者的需求，这样市场经济将会更加健康、稳定。

（三）维护社会公平正义

消费者权益保护有助于维护社会公平正义。在市场经济中，消费者通常处于弱势地位，容易受到商家的欺诈和侵害。通过加强消费者权益保护，市场主体之间的利益关系得到平衡，社会公平正义得到维护。

（四）增强消费者信心和消费动力

消费者权益保护可以增强消费者的信心和消费动力，促进消费市场的发展。当感到自己的合法权益得到充分保障时，消费者会更加愿意消费，这对于促进经济增长和创造就业具有积极意义。

综上，保护消费者权益是维护市场经济秩序、促进社会公平正义的重要手段和基础。政府、企业和社会各界应加强消费者权益保护，建立健全的消费者权益保护体系，切实保障消费者的合法权益，促进市场经济的健康发展。

三、经营者义务

（一）经营者义务的概念

经营者义务是指在市场经济中，作为商家和服务提供者的经营者应当履行的一系列法律、道德和社会责任，以保障消费者的合法权益。

经营者义务的核心是保障消费者的权益和利益。在市场经济中，消费者是市场的主体和决定因素，而经营者则是市场的参与者和服务提供者。因此，经营者不仅需要关注自身的商业利益，还要承担保障消费者权益的社会责任，经营者义务的履行也是市场经济发展的重要保障。

（二）经营者义务的主要内容

经营者义务的主要内容包括但不仅限于以下内容：

（1）合法合规经营。经营者应当遵守法律、行政法规和商业道德规范，不得从事违法和不正当的商业活动，如欺诈、虚假宣传、价格欺诈等。

（2）提供优质商品和服务。经营者应当提供符合质量标准和安全标准的商品和服务，确保商品和服务的质量和安全性。

（3）履行信息披露义务。经营者应当向消费者提供真实、准确、完整的商品和服务信息，包括商品的性能、质量、价格、产地、生产日期等信息，确保消费者能够做出明智的消费决策。

（4）提供完善的售后服务。经营者应当提供完善的售后服务，包括商品的维修、更换、退货等服务，确保消费者在购买商品和服务之后能够有维权渠道和享受相应服务。

（5）保护消费者的个人信息。经营者应当保护消费者的个人隐私和信息安全，不得非法收集、使用、泄露消费者的个人信息。

（6）承担商品责任和服务责任。经营者应当承担关于商品和服务的责任，对于商品和服务存在的质量问题和安全隐患，应当及时采取有效措施，保障消费者的合法权益。

任务二　了解消费者权益保护

一、消费者权益保护的法律基础

消费者权益保护法律、行政法规是消费者权益的基本保障。我国消费者权益保护的法律基础主要包括《中华人民共和国宪法》《中华人民共和国消费者权益保护法》《中华人民共和国产品质量法》等，还有一些行政法规、司法解释和部门规章等对消费者权益保护也起到了重要的作用。这些法律、行政法规为消费者权益保护提供了法律保障，保障了消费者的合法权益，同时也规范了企业的行为，推动了市场经济的健康发展。

（一）《中华人民共和国宪法》

《中华人民共和国宪法》主要强调公民的基本权利，具体包括以下方面。

第三十七条　中华人民共和国公民的人身自由不受侵犯。任何公民，非经人民检察院批准或者决定或者人民法院决定，并由公安机关执行，不受逮捕。禁止非法拘禁和以其他方法非法剥夺或者限制公民的人身自由，禁止非法搜查公民的身体。

第三十八条　中华人民共和国公民的人格尊严不受侵犯。禁止用任何方法对公民进行侮辱、诽谤和诬告陷害。

（二）《中华人民共和国消费者权益保护法》

1.《中华人民共和国消费者权益保护法》的意义

《中华人民共和国消费者权益保护法》是我国重要的消费者权益保护法律。

首先，该法律强调了消费者的知情权和选择权。消费者在购买商品或服务前，有权获得真实、准确、完整的信息，以便做出明智的选择。对于虚假或者欺诈性宣传，该法律也规定了相应的处罚和赔偿责任。

其次，该法律强化了经营者的产品责任。如果消费者在使用商品或服务时受到人身伤害或者财产损失，经营者应当承担相应的责任并赔偿损失。

最后，该法律还规定了消费者权益保护组织的设立和职责，要求政府部门在消费者权益保护工作中扮演重要角色，并加强了对不正当竞争行为的打击力度。

总之，《中华人民共和国消费者权益保护法》在保障消费者权益、规范市场秩序、促进消费者与经营者之间的和谐关系等方面发挥了重要作用。

2.《中华人民共和国消费者权益保护法》的内容

《中华人民共和国消费者权益保护法》共分为八章，包括总则、消费者的权利、经营者的义务、国家对消费者合法权益的保护、消费者组织、争议的解决、法律责任、附则。

（三）《中华人民共和国产品质量法》

1.《中华人民共和国产品质量法》的意义

《中华人民共和国产品质量法》是我国保障产品质量和保护消费者权益的基本法律之一，旨在保障消费者的人身安全和财产安全，规范生产企业的行为，促进产品质量的提高。该法律的出台和修订，为我国消费者提供了更加有力的法律保障，也推动了我国产品质量水平的不断提升。

首先，该法律强调了产品的安全性。生产企业应当对产品的安全性进行评估和控制，确保产品不会对消费者的人身安全和财产安全造成任何威胁。

其次，该法律规定了产品质量监督和管理的具体措施。政府部门应当建立健全的产品质量监督和管理制度，加强对生产企业的监督检查，确保产品质量符合要求。

此外，该法律还强调了生产企业、销售者和服务者在产品质量问题上的责任。如果产品存在质量问题，生产企业应当承担相应的责任并赔偿消费者的损失；销售者和服务者也应当对产品质量问题承担相应的责任。

2.《中华人民共和国产品质量法》的内容

《中华人民共和国产品质量法》该法律共分为六章，包括总则，产品质量的监督，生产者、销售者的产品质量责任和义务，损害赔偿，罚则，附则。

二、消费者权益保护的内容

消费者权益保护是国家和社会为保障消费者在消费过程中的合法权益所采取的一系列措施，包括合法权益保护、商品和服务质量保护、价格合理保护、信息公开保护、维权渠道保护、不当销售行为保护、安全保护、环境保护、健康保护等。

（1）合法权益保护。消费者享有的合法权益包括知情权、选择权、安全权、公平交易权等，国家和社会应当采取措施保障这些权益不受侵害。

（2）商品和服务质量保护。国家和社会应当通过制定和完善相关法律、行政法规和标准，加强质量监管和质量检验，保障消费者购买的商品和服务质量符合要求。

（3）价格合理保护。国家和社会应当加强价格监管和价格执法，打击价格欺诈、价格垄断等不正当行为，保障消费者购买商品和服务的价格合理。

（4）信息公开保护。国家和社会应当加强消费者信息保护和公示，加强对虚假广告、虚假宣传的打击力度，保障消费者知情权和公平交易权。

（5）维权渠道保护。国家和社会应当建立健全的消费者投诉维权渠道，为消费者提供便捷的投诉和维权方式，保障消费者合法权益得到有效维护。

（6）不当销售行为保护。消费者在购买商品和服务时，应该受到诚信和公正的待遇，不得受到欺诈、虚假宣传、强制交易、捆绑销售等不当销售行为的侵害。国家和社会应当采取措施加强对不当销售行为的监管和打击。

（7）安全保护。消费者购买的商品和服务应当符合安全标准，不得对消费者的人身财产安全造成威胁。国家和社会应当加强对商品和服务安全的监管和检验，保障消费者安全权益。

（8）环境保护。消费者在购买商品和服务时，应当受到环境友好型商品和服务的保护。国家和社会应当采取措施加强环境保护，推广绿色消费理念，保护消费者的环境权益。

（9）健康保护。消费者在购买食品、药品、保健品等商品和服务时，应当受到健康保护。国家和社会应当加强食品、药品、保健品等商品和服务的监管和检验，保障消费者健康权益。

消费者权益保护是一个多方面的保护体系，既包括上述提到的内容，还包括其他的方面，特别是在跨境电子商务迅猛发展的环境下，电子商务保护、跨境消费保护等也成为消费者权益保护的重要内容。

三、消费者权益保护的途径

消费者权益保护是一个复杂的系统工程，需要依靠国家法律法规、行政管理、市场监管、媒体监督、社会组织等多种手段和渠道来实现。消费者权益保护的途径有以下几种。

（一）起诉

当权益受到侵害时，消费者可以通过向法院提起诉讼的方式来维护自己的权益。在起诉时，消费者需要准备好相关证据和材料，对侵权行为进行具体的指控，并提出具体的诉讼请求，法院会根据事实和法律规定进行判决，维护消费者合法权益。

消费者利用起诉途径保护自己的权益，一般需要以下步骤。

1. 收集证据

消费者在遇到侵害自己权益的行为时，应当及时收集证据，包括购买合同、发票、收据、证明材料等。这些证据可以作为维权的主要依据，有助于提高维权的效果。

2. 咨询专业律师

消费者可以向专业律师咨询相关法律问题，了解维权的具体法律途径和维权的可行性。律师可以为消费者提供具体的法律建议和指导。

3. 提起诉讼

如果消费者在购买商品或者接受服务的过程中受到侵害，可以通过向法院提起诉讼来维护自己的权益。消费者需要准备好相关证据和材料，向法院提出具体的诉讼请求。

4. 参与调解

在一些纠纷案件中，法院会安排调解员进行调解。消费者可以积极参与调解，寻求和解的方式解决纠纷，以减轻维权的成本和时间。

5. 维权评估

消费者可以通过向一些维权机构进行维权评估，了解维权的成本和可行性。维权机构可以为消费者提供维权的建议和指导，帮助消费者更好地维护自己的权益。

通过起诉保护自身权益，消费者需要充分了解相关法律法规和维权的具体途径，可以通过专业律师的帮助，积极参与维权，维护自己的合法权益。

（二）仲裁

消费者可以通过向仲裁机构申请仲裁的方式来解决纠纷，仲裁机构会根据双方当事人的意见和相关证据进行仲裁，并做出裁决。仲裁裁决具有法律效力，可以强制执行。申请仲裁是一种有效的维权途径，可以帮助消费者解决消费纠纷。消费者申请仲裁保护自己的权益主要包括以下几个步骤。

1. 确认仲裁机构

消费者需要先确认自己所在地的仲裁机构，并了解该仲裁机构的相关规定和程序。不同的仲裁机构有不同的规定和程序，消费者需要根据实际情况进行选择。

2. 准备申请材料

消费者需要准备好申请仲裁的材料，包括仲裁申请书、相关证据材料等。申请材料需要符合仲裁机构的规定和要求。消费者需要认真阅读相关规定和要求，以确保申请材料的合法有效。

3. 提交申请

消费者需要将申请材料提交给对应的仲裁机构。申请可以通过邮寄、传真、电子邮件等方式进行。在申请时，消费者需要填写相关的信息，如申请人姓名、联系方式、被申请人姓名等。

4. 等待仲裁

仲裁机构收到申请后，会安排仲裁员进行调查和审理。在仲裁过程中，消费者需要积极配合仲裁员的调查工作，并提供充分的证据支持自己的主张。

5. 接受仲裁裁决

仲裁裁决是维权的最终结果，消费者需要接受仲裁裁决，并按照裁决结果履行义务。

需要注意的是，消费者需要在时效期限内申请仲裁，否则将无法进行仲裁。

（三）投诉

消费者可以通过向消费者协会等机构进行投诉，以维护自己的合法权益。投诉机构会对投诉的内容进行调查，并协调解决问题。

投诉是一种常见的维权途径，可以帮助消费者保护自己的合法权益。投诉的途径主要包括以下 4 种。

1. 消费者协会

消费者可以向当地的消费者协会投诉，消费者协会会对投诉进行调查，并协调解决问题。消费者协会一般具有一定的权威性和公信力，可以帮助消费者维护自己的合法权益。

2. 市场监管部门

消费者可以向当地的市场监管部门投诉，市场监管部门会对投诉进行调查，并根据情况进行处理。市场监管部门负责监督和管理市场经济秩序，可以维护市场秩序和公平竞争。

3. 在线投诉平台

现在很多电商平台和消费评价网站都设有在线投诉平台，消费者可以通过这些平台进行投诉。在线投诉平台一般具有便捷、快速、公开的特点，可以有效地提高消费者的曝光度和维权效果。

4. 社交网络

消费者可以通过社交网络等渠道进行投诉，如微博、微信等。社交网络具有覆盖面广和传播迅速的特点，可以帮助消费者迅速传递信息，引起公众关注。

需要注意的是，投诉途径不同，处理方式和效果也会有所不同。消费者在选择投诉途径时，需要根据实际情况进行选择，并了解相关的规定和程序，以确保投诉的合法有效。

（四）协商和调解

协商和调解是一种常见的维权途径，可以帮助消费者与商家或服务提供者解决消费纠纷，避免进行诉讼和仲裁。协商和调解途径包括以下 3 种。

1. 与商家或服务提供者协商

消费者可以直接与商家或服务提供者协商，商量解决方案。在协商过程中，消费者需要明确自己的权益和要求，并保持冷静和理智。协商力求在双方达成一致的情况下形成合理的解决方案，消费者应当保留好相关证据，以备后续需要。

2. 消费者协会调解

消费者可以向当地的消费者协会申请调解，消费者协会会协调双方进行调解，以达成双方（消费者与商家或服务提供者）都能接受的解决方案。消费者协会调解的结果具有一定的法律效力，可以作为诉讼或仲裁的证据之一。

3. 第三方调解机构调解

消费者可以选择第三方调解机构进行调解，如仲裁委员会、法律服务机构等。第三方调解机构具有独立性和公正性，可以帮助消费者和商家或服务提供者达成公正、合理的解决方案。

需要注意的是，由于协商和调解需要双方达成一致，因此在进行协商和调解的过程中，消费者需要明确自己的权益和要求，并保持冷静和理智。同时，双方在达成协商和调解的结果后，需要及时履行各自的义务，以维护合法权益。如果协商和调解无法解决问题，消费者可以选择其他维权途径，如诉讼。

任务三　识别假冒伪劣商品

一、假冒伪劣商品的范围

假冒伪劣商品是指那些含有一种或多种可以导致普通大众误认的不真实因素的商品。假冒伪劣商品可以分为假冒商品和劣质商品两种类型。

假冒商品是商品在制造时，逼真地模仿其他同类商品的外部特征，或未经授权，对已受知识产权保护的商品进行复制和销售，借以冒充别人的商品。在当前市场上，假冒商品主要表现为冒用、伪造他人商标、标志，冒用他人特有的名称、包装、装潢、厂名厂址，冒用已有质量认证标志和生产许可证标志的商品。

伪劣商品是指生产、经销的商品，违反了我国现行法律、行政法规的规定，其质量、性能指标达不到我国已颁布的国家标准、行业标准及地方标准所规定的要求，甚至是无标生产的商品。

假冒伪劣商品主要分为以下 9 种。

（1）伪造或者冒用认证标志、名牌产品标志、免检标志等质量标志和许可证标志的商品；

（2）伪造或者使用虚假产地的商品；

（3）伪造或者冒用他人的厂名、厂址的商品；

（4）假冒他人注册商标的商品；

（5）掺杂、掺假，以假充真、以次充好的商品；

（6）失效、变质的商品；

（7）存在危及人体健康和人身、财产安全的不合理危险的商品；

（8）所标明的指标与实际不符的商品；

（9）国家有关法律、法规明令禁止生产、销售的商品。

相关阅读

惠农区打击侵犯知识产权和制售假冒伪劣商品典型案例

案例一：宁夏某物资有限公司销售不符合保障人身、财产安全标准和要求的热轧带肋钢筋案

2021 年 8 月 2 日石嘴山市市场监督管理局惠农区分局执法人员会同宁夏计量质量

检验检测研究院工作人员对宁夏某物资有限公司经销的热轧带肋钢筋进行抽检，该产品经宁夏计量质量检验检测研究院检定为不合格产品。当事人违反了《中华人民共和国产品质量法》第十三条第二款“禁止生产、销售不符合保障人体健康和人身、财产安全的标准和要求的工业产品”的规定，构成销售不符合保障人身、财产安全的标准和要求的热轧带肋钢筋行为。根据规定罚款 80 176.8 元，没收违法所得 739.81 元。罚没款合计 80 916.61 元。

案例二：石嘴山市某食品有限公司生产经营不符合食品安全标准的食品案

2021 年 12 月 27 日，宁夏计量质量检验检测研究院对石嘴山市某食品有限公司生产的香醋进行抽检，该产品经宁夏回族自治区食品检测研究院检测总酸（以乙酸计）指标不符合《酿造食醋》(GB/T 18187—2000)。经查，当事人的行为违反了《中华人民共和国食品安全法》第三十四条第十三款，构成生产经营不符合食品安全标准的食品的违法行为。根据规定，没收违法所得 273 元，罚款 50 000 元。

资料来源：惠农区市场监管局

二、假冒伪劣商品的特征

了解假冒伪劣商品的特征可以帮助消费者提高警惕，避免购买假冒伪劣商品。假冒伪劣商品通常有以下 6 个特征。

（一）包装不精致

假冒伪劣商品的包装通常不够精致，可能存在拼凑和不协调的情况，假冒伪劣商品包装上的文字字迹模糊、有错别字、颜色和材质可能与正品有所不同，或者包装袋和盒子上可能缺少相关的标识和认证。

（二）价格过低

假冒伪劣商品的价格通常比正品低廉很多，如果价格相差太大，消费者就需要提高警惕，避免被骗。

（三）质量不稳定

假冒伪劣商品的质量可能不稳定，可能存在材质和工艺上的问题，如衣服易褪色、电器易损坏等。

（四）标识不清晰

一些商品会有特定的标识和认证，如防伪标识、质量检验标志、商标等，假冒伪劣商品的标识可能不清晰、模糊或缺少相关认证，消费者需要注意查看标识是否真实。

（五）购买渠道不正规

购买假冒伪劣商品的渠道通常不正规，如从一些小店、街边摊和不良商家处购买，消费者需要注意选择正规的销售渠道。

（六）生产日期和批号不清楚

假冒伪劣商品的生产日期和批号可能不清楚，或者存在明显的瑕疵，消费者需要注意查看生产日期和批号是否真实。

除上述特征外，假冒伪劣商品还有一些其他的特征，如产地和品牌不清楚、包装破损或缺失、附带的说明书和保修卡不完整、商品质地和手感不同等。

相关阅读

假冒伪劣食品的特点

近几年，各种食品安全问题层出不穷，人们越来越担心食品安全问题，在此和大家分享假冒伪劣食品的几个特点，希望大家购买食品的时候擦亮眼睛，不要被假冒伪劣食品迷惑。

（1）以低值成分代替高值成分，如用豆浆掺牛奶，用脱脂奶粉代替全脂奶粉；用低价食品冒充高价食品，如用玉米须假冒发菜。这样可以降低生产成本，不良商家会从中赚取巨额差价。

（2）增强食品的感官性质，掩盖食品的劣点，使消费者误认为是质量好的食品，对其产生购买欲。

（3）增加食品的重量以变相地提高价格，如木耳用盐水浸泡、发菜中掺入泥沙、牛奶加水等。

（4）非法延长食品保存期，使营养价值已经降低甚至丧失的食品重新被利用，将生产者的损失转嫁到消费者的身上。例如：在肉制品中加入非食品添加剂防腐；在已变质的牛奶中加入中和剂，以降低牛奶的酸质；在老牛身上注射纤维软化剂，使屠宰后的老牛肉像小牛肉一样嫩滑。

三、假冒伪劣商品的危害

假冒伪劣商品的危害非常严重，主要包括以下 5 个方面。

（一）对人身安全造成威胁

假冒伪劣商品可能会添加有害物质，如有毒化学品、重金属、细菌等，对人体健康造成严重威胁，甚至可能危及生命安全。例如：假冒药品可能含有毒性成分或不良添加剂，使人体产生严重的不良反应。

（二）有损生产和消费者利益

假冒伪劣商品的生产和销售行为不仅违反了市场的公平竞争原则，而且会造成不公平的竞争，影响消费者的购买信心，有损消费者的利益。

（三）对经济发展造成损害

假冒伪劣商品的生产和销售行为，不仅会造成经济损失，而且会对产业链和就业造成不良影响，阻碍经济的发展和繁荣。

（四）侵犯知识产权

假冒伪劣商品的生产和销售，经常侵犯知识产权，包括商标、专利、著作权等，损害知识产权拥有者的合法权益。

（五）损害品牌形象和信誉

假冒伪劣商品的出现，容易让消费者对品牌产生怀疑和不信任，对品牌形象和信誉造成损害，影响品牌的长远发展。

除了上述方面，假冒伪劣商品的危害还包括增加消费者维权成本和难度、给消费者带来心理压力和困扰等。总之，假冒伪劣商品的危害非常严重，消费者需要提高警惕，选择正规的销售渠道，避免购买假冒伪劣商品；同时有关部门也需要加强监管，打击假冒伪劣商品的生产和销售行为，维护市场的公平竞争和消费者的权益。

相关阅读

假冒伪劣商品危害大

案例一：假冒药品导致患者死亡

2018年，一名患者因为感冒买了一种药品，结果服用后病情加重，最终不幸去世。经过调查，该药品为假冒伪劣商品，没有通过药品监管部门的审批，且成分不明确。这种假药的流通给患者的生命安全带来了极大威胁。

案例二：假冒电线引发火灾

2019年，一家酒店发生火灾，经过调查发现，起火原因是酒店使用的电线为假冒伪劣商品。这种电线的绝缘层质量差，易短路引发火灾。如果没有及时发现，后果不堪设想。

案例三：假冒婴儿奶粉导致婴儿有生命危险

2016年发生了一起假冒婴儿奶粉事件。数百名婴儿食用某款奶粉后出现呼吸困难、昏迷等症状，其中多名婴儿生命危在旦夕。经过调查发现，这种假奶粉中没有添加必需的营养成分。这种假奶粉的流通给婴儿的生命安全带来了极大威胁。

四、假冒伪劣商品的鉴别

鉴别假冒伪劣商品，需要消费者提高警惕，细心观察，多方甄别。消费者可以从以下14个方面进行鉴别。

（一）认准商标

商标是商品的标记，假冒伪劣商品一般都是假冒名优商品，我国名优商品都使用经登记注册的商标，假冒名优商品在外包装上多数没有商标标识，或商标质量差。真品商标为正规厂家印制，商标纸质好，印刷美观，精细考究，文字图案清晰，色泽鲜艳、纯正、光亮，烫金精细。而假冒商标是仿印真品商标，由于机器设备、印刷技术差，与真品商标相比，往往纸质较差，印刷粗糙，线条、花纹、笔画模糊，套色不正，光泽差，色调不分明，图案、造型不协调，版面不洁，无防伪标记。

已注册的商标应由公安部门所属特种行业管理的正规印刷厂印制，而假冒商标一般出自不正当渠道，这些渠道不正规的印刷技术会使所印商标上出现许多疵点，消费者可以通过检验商标上是否有这些疵点来确定其真伪。

假冒商标的印刷疵点主要包括以下4种。

（1）墨稿疵点：字体不正，笔画偏粗，间隔不均，字迹不清晰，笔画不流畅，图案细节被省略或很粗糙，花纹粗细不一，该圆滑处不圆滑，边线棱角不明显。

（2）制版疵点：印刷板周边有缺损，不光滑，版与版之间有差异，字迹变粗，笔画连接不清晰、粗细不均。

（3）印刷疵点：多色图案花纹衔接不好，版面拼接处不连贯或重叠部分过多或过少，商标边缘颜色有外溢，该印的地方没有印到。

（4）模切疵点：切边外有未切断的纤维，切边处有缺损、不圆滑。

（二）查看商品标识

《中华人民共和国产品质量法》第二十七条规定：“产品或者其包装上的标识必须真实，并符合下列要求：（一）有产品质量检验合格证明；（二）有中文标明的产品名称、生产厂厂名和厂址；（三）根据产品的特点和使用要求，需要标明产品规格、等级、所含主要成份的名称和含量的，用中文相应予以标明；需要事先让消费者知晓的，应当在外包装上标明，或者预先向消费者提供有关资料；（四）限期使用的产品，应当在显著位置清晰地标明生产日期和安全使用期或者失效日期；（五）使用不当，容易造成产品本身损坏或者可能危及人身、财产安全的产品，应当有警示标志或者中文警示说明。裸装的食品和其他根据产品的特点难以附加标识的裸装产品，可以不附加产品标识。”

（三）检验商品特有标记

部分名优商品在其特定部位还有特殊标记，如国产名牌自行车，在车把、车铃、车座、车圈等处有特殊标记。

部分名优商品包装上的商品名称用凹版印刷，用手摸有凹凸感，而假冒伪劣商品名称的字体较平，无凹凸感。

（四）检查商品生产厂名

一些传统名优商品，以地名命名商品名称的，往往同一种商品生产厂家很多但正宗的传统名优商品厂家只有一家，因而要认准厂名，如“金华火腿”“德州扒鸡”。

（五）检查商品包装

名优商品包装用料质量好，装潢印刷规范，有固定颜色和图案，套印准确，图案清晰，形象逼真。假冒伪劣商品一般包装粗糙，图案模糊，色彩陈旧，包装用料材质差。将真假商品进行对比，消费者就可以辨认出来。

大多数名优商品包装封口，均采用先进机械，平整光洁，内容物不泄漏。而假冒伪劣商品无论是套购的真品包装，还是伪造、回收的包装，封口多为手工操作，不平整、常有褶皱或裂口。消费者仔细检查封口处，大都能发现破绽。

消费者对包装封口有明显拆封痕迹的商品要特别注意，这种商品很可能是“偷梁换柱”。

许多名优产品包装上有中国物品编码中心统一编制的条码，用激光扫描器扫描就可以识别。假冒伪劣商品往往无此条码，或胡乱用粗细不等的黑色直线条纹以及数字欺骗消费者，用激光扫描器扫描没有反应，不能识别。

（六）检查液体商品的透明度

消费者通过检查液体商品的透明度可判断商品质量。

（七）观察商品的色泽

消费者通过观察商品色泽亦可判断商品品质，如优质禽畜生肉，肌肉颜色鲜艳、有光泽，脂肪为白色；劣质品肌肉颜色灰暗、无光泽，脂肪发灰、呈褐色。

（八）观察商品的烧灼情况

燃烧是非常简单却又有效的一种鉴定方法。例如：对纯棉商品质地的鉴别，市面上仿棉的多为再生纤维素纤维，而冒充棉的一般为聚酯纤维。不同纤维燃烧时的状态、气味及燃烧后的灰烬是不一样的。棉纤维燃烧时，不会熔化收缩；直接燃烧，味道如同烧纸；烧后灰烬细软、呈灰白色，灰烬能保持原绒形状。粘胶纤维等燃烧时，燃烧状态与棉纤维类似，但燃烧速度比棉纤维快；烧后灰烬呈灰白色，不易保持原绒形状。聚酯纤维燃烧时，迅速收缩然后燃烧，并伴随少许黑烟；味道特殊；烧后灰烬为黑褐色硬球，用手指可以碾碎。

（九）观察商品的发霉、潮湿、杂质、结晶、形状、结构情况

商品有发霉、受潮等情况发生时，其质量会发生变化，影响使用，甚至危害消费者健康。药品和食品有发霉情况时应禁止销售和使用，粉状商品（如面粉、药粉等）出现团

块，表明受潮失效或变质。

（十）检查手感

利用手感来鉴别商品的质量也是一种常用的质量鉴别方法。

饱满干燥的农作物的种子，放在手中时应感到光滑顶手，手插入种子堆（包）时阻力小，感觉发凉；如感到松软，手插入时阻力大，则说明籽粒不饱满，含水量大。

（十一）检查听感

有漏听或胖听的罐头不能食用，胖听罐头盖部凸起，用手叩击能听到空虚鼓音。

（十二）检查嗅感

凡食品、药品用鼻嗅有霉味、酸败味、异味的，马口铁罐头有金属味的，均不能再食用或服用。

（十三）检查味感

饮料的味道各有不同，一般情况下味感纯正，没有异味。例如，真正的可口可乐比较爽口，气泡细腻且持久，味道甜而不腻，喝完后给人一种清爽的感觉；假冒的可口可乐口感粗糙，气泡大而不持久，味道过甜或者过淡，喝完后给人一种不舒适的感觉。

（十四）检查商品供货渠道

国家规定部分商品只能由特定部门经销。如化肥流通以农资公司为主渠道，县级及县级以下农业植保站、土肥站、农技推广（中心）站和化肥生产企业为辅助渠道，其他任何单位和个人一律不得经营化肥。

鉴别假冒伪劣商品还可以比较价格，假冒伪劣商品的价格通常比正品低廉很多，如果价格相差太大，消费者就需要提高警惕，避免被骗。在购买商品前，消费者还可以查看一些评价和反馈，了解该商品的真实情况，避免被欺骗。如果发现了假冒伪劣商品，消费者可以向相关部门举报，以维护市场的公平竞争和自身的利益。

相关阅读

教你鉴别假冒伪劣食品

假冒伪劣食品具有不同特点，我们可以从以下 6 个方面进行鉴别。

1. 防“白”

颜色太白的食物不要选，尤其是一些面食。由于面粉中天然含有微量的胡萝卜素，因此，馒头、花卷、豆包等有一点黄色是正常的，过于洁白可能是加了增白剂，而过量添加增白剂对人的消化系统有损害。

2. 防“艳”

消费者在采购食品时，首先要看颜色，如果过于鲜艳不自然，尽量少买。某些不法商贩会在一些水果或休闲零食中无节制地添加人工色素，以保持商品外观的鲜艳。虽然很多添加剂与人工色素是无毒的，但是这种合成色素还是少吃为好。

3. 防“长”

保质期过长的食品，要提防防腐剂过量，长期进食含大量防腐剂的食物对健康不利。此外，食物营养成分的损失与保质期延长往往成正相关，食品保质期越长，营养成分流失越多。

4. 防“反”

反季节生长的蔬菜以大棚菜为主，大棚中气温较高或光照不足都不利于蔬菜生长。有些菜农为将蔬菜上市时间提前，种植时会大量使用化肥、农药和一些催熟剂，造成蔬菜畸形。

5. 防“散”

散装食品价格便宜且方便挑选，但相比包装食品，散装食品的来源更难保证，如果是由卫生条件较差的小作坊加工制作的，则存在安全隐患。

6. 防“低”

食品价格过低，有可能质量存在问题。电商网站已经成为消费者日常购买食品的重要平台，因为降低了中间环节的费用，所以网站上商品的价格比普通商超便宜，但如果低于平时购买价格的一半以上，消费者就要警惕了。

温馨提示：建议消费者购买食品时，查看经营者是否有营业执照，尽量买大企业生产、正规品牌的商品；网购食品到货后注意看食品包装标识是否齐全，是否标明商品名称、配料表、净含量、厂名、厂址、电话、生产日期、保质期、产品标准号等内容，同时要看食品的生产日期和保质期。

相关阅读

买到假冒伪劣商品应如何维权

《中华人民共和国消费者权益保护法》第四十条规定：消费者在购买、使用商品时，其合法权益受到损害的，可以向销售者要求赔偿。销售者赔偿后，属于生产者的责任或者属于向销售者提供商品的其他销售者的责任的，销售者有权向生产者或者其他销售者追偿。消费者或者其他受害人因商品缺陷造成人身、财产损害的，可以向销售者要求赔偿，也可以向生产者要求赔偿。属于生产者责任的，销售者赔偿后，有权向生产者追偿。属于销售者责任的，生产者赔偿后，有权向销售者追偿。消费者在接受服务时，其合法权益受到损害的，可以向服务者要求赔偿。

第三十九条规定，消费者和经营者发生消费者权益争议的，可以通过下列途径解决：

（一）与经营者协商和解；

（二）请求消费者协会或者依法成立的其他调解组织调解；

（三）向有关行政部门投诉；

（四）根据与经营者达成的仲裁协议提请仲裁机构仲裁；

（五）向人民法院提起诉讼。

课堂训练

请回忆你曾经遇到过的假冒伪劣商品，记录在表 8-1 内。

表 8-1　假冒伪劣商品

序号	假冒伪劣商品名称	假冒伪劣商品购买渠道	假冒伪劣商品特点	假冒伪劣商品危害

项目小结

消费者是市场经济的参与者和推动者，消费者权益保护可以帮助消费者维护自身权益；可以促进市场竞争，防止不正当竞争和垄断行为，促进公平竞争和市场秩序的规范发展；可以保障公共利益，防止不合格、假冒、伪劣商品流入市场，保障公共安全和健康；可以促进企业诚信经营，加强对企业的监督与约束，提高企业的社会责任意识，推动企业可持续发展；可以推动消费升级，鼓励企业提高产品质量和服务水平，满足消费者的个性化需求，促进消费市场的发展和升级。因此，消费者权益保护不仅是一项社会责任，也是实现市场经济良性循环、促进可持续发展的重要举措。

过关检测

一、单选题

1. 经营者的下列哪项行为，未违反《中华人民共和国消费者权益保护法》规定的义务？（　　）

A. 店堂告示“商品一旦售出概不退换”

B. 店堂告示“未成年人须由成人陪伴方可入内”

C. 消费者购买两条毛巾索要发票，经营者以“小额商品，不开发票”为由拒绝

D. 出售蛋类食品的价格经常变化

2. 甲厂生产一种易拉罐装碳酸饮料。消费者丙从乙商场购买这种饮料后，在开启时被罐内强烈气流炸伤眼部。下列答案中最正确的是哪项？（　　）

A. 丙只能向乙索赔

B. 丙只能向甲索赔

C. 丙只能向消费者协会投诉，请其确定向谁索赔

D. 丙可向甲、乙中的一个索赔

3. 农民贾某从某种子站购买了 5 种农作物良种，正常耕种后有 3 种农作物分别减产 30%、40% 和 50%。经鉴定，这 3 种种子部分属于假良种。对此，下列哪一选项不正确？（　　）

A. 贾某可以向消费者协会投诉

B. 贾某只能要求种子站退还购良种款

C. 贾某可以要求种子站赔偿减产损失

D. 贾某可以向当地市场监管部门举报要求对种子站进行罚款

4. 消费者李某在购物中心购买了一台音响设备，该设备经有关行政部门认定为不合格商品，李某找到购物中心要求退货。下列何种处理方法是正确的？（　　）

A. 该购物中心认为可以通过更换使李某得到合格产品，因而拒绝退货

B. 该购物中心认为该产品经过修理能达到合格标准，因而拒绝退货

C. 该购物中心应按照消费者的要求无条件退货

D. 该购物中心可以依法选择修理、更换、退货中的任一方式

5. 经营者提供商品或服务，应向消费者出具购货凭证或服务单据；消费者索要购货凭证或服务单据的，经营者（　　）出具。

A. 必须　　B. 不一定　　C. 可以　　D. 视具体情况

6. 一般来说，消费者享有对（　　）进行监督的权利。

A. 商品　　B. 服务

C. 商品和服务以及保护消费者权益的工作　　D. 不合格商品

7. 某瓷器厂出售当地特产“××瓷器”。该店在店堂告示中标明“售出商品，概不退换”。某旅游团的旅游者在导游带领下购买了该商品，后发现该商品有不明显瑕疵，依法经有关行政部门认定为不合格商品，旅游者纷纷要求退货。依据《中华人民共和国消费者权益保护法》的规定，经营者（　　）。

A. 可以坚持“售出商品，概不退货”

B. 可以坚持不退款，但可更换同种商品

C. 可以坚持不退款，但可购买其他等额商品

D. 应当负责退货

二、多选题

1. 消费者在购买商品或接受服务时，有权获得的交易公平条件包括（　　）。

A. 质量保障　　B. 价格合理

C. 计量正确　　　　　　　　　　D. 索要发票

2. 属于消费者权利的是（　　）。

A. 选择权　　B. 安全权　　C. 结社权　　D. 参与权

3. 消费者解决与经营者之间权益争议的途径有（　　）。

A. 与经营者协商解决　　　　　　B. 请求消费者协会处罚

C. 向有关行政部门申诉　　　　　D. 向人民法院起诉

4. 游客在自选工艺品商店观赏工艺品时，服务员说："你要喜欢，可以从货架上拿下来仔细看。"游客看后觉得不满意，又放回原处，服务员说："你挑选这么长时间，不买不行。"该服务员侵犯了游客的（　　）。

A. 选择权　　B. 公平交易权　　C. 维护尊严权　　D. 知识获取权

5. 国家保护消费者权益不受侵犯，主要通过（　　）来实现。

A. 舆论监督　　B. 立法保护　　C. 司法保护　　D. 行政保护

三、判断题

1. 消费者权益的安全权是指消费者有权要求商品和服务是安全的，不受威胁和危险。（　　）

2. 经营者为提高销售业绩可以向消费者适当隐瞒商品和服务的信息。（　　）

3. 对消费者权益的保护，我国只在《中华人民共和国消费者权益保护法》中作了规定。（　　）

4. 消费者权益保护的途径包括起诉、仲裁、协商等。（　　）

5. 假冒他人注册商标的商品属于假冒伪劣商品。（　　）

四、思考题

1. 消费者可以通过哪些途径维护自身权益？

2. 消费者权益保护的法律基础包括哪些？

3. 假冒伪劣商品的特征包括哪些？

4. 假冒伪劣商品的鉴别方法包括哪些？

五、案例分析

案例 1：手机售后服务不到位

某消费者购买了一款相对较贵的手机，但使用不到 2 个月便出现了开机闪退、自动关机等问题。消费者拨打售后电话，被告知需要寄回厂家维修。消费者寄回手机后，售后方对手机进行了简单处理，而问题并未得到彻底解决。消费者再次投诉，要求更换新手机，但售后方拒绝了请求。消费者因此向当地消费者协会投诉。消费者协会联系售后方并要求重新处理问题。最终售后方同意给消费者更换新手机，并承担相关费用。

案例 2：网络购物货品与实物不符

某消费者在网络购物平台购买了一条裙子，但收到实物后发现与网上描述完全不符。消费者联系卖家后，卖家只提出了初步解决方案，没有采取具体行动。消费者因此在平台上投诉，并联系当地消费者协会协调。消费者协会联系了卖家并且协商解决了问题。最终卖家同意退款并支付部分赔偿费用。

分析：

1. 案例 1 是如何体现消费者权益和经营者义务的？

2. 案例 2 中的消费者可以通过哪些途径维护自己的权益?

任务实训

◆ **任务描述**

各小组自选一种商品，通过网络等渠道查找关于该商品的假冒伪劣案例，总结假冒伪劣商品的特征，并分别寻找鉴别该种假冒伪劣商品的方法，撰写假冒伪劣商品鉴别报告。

◆ **任务目标**

(1) 加深对各种假冒伪劣商品特征的认识。

(2) 加深对假冒伪劣商品特征的理解。

(3) 强化鉴别假冒伪劣商品的能力。

◆ **任务实施**

(1) 全班学生分成服装组、食品组、日用品组、家电组、文娱用品组等。

(2) 每组学生选择本组内的典型商品，收集关于该种商品存在假冒伪劣的典型案例。

(3) 各小组用实物、视频、图片、文字等形式展示假冒伪劣商品，并展示如何鉴别该假冒伪劣商品。

(4) 各小组对本次实训进行总结，并撰写假冒伪劣商品鉴别报告。

◆ **成绩评定**

评分标准如表 8-2 所示。

表 8-2 评分标准

小组	报告撰写情况（30%）	报告汇报情况（30%）	答疑情况（20%）	小组成员团队协作（20%）	总分

模块三

典型商品

项目九

工业品商品特性

学习目标

◎ 知识目标

（1）了解工业品商品的分类及成分。

（2）了解工业品商品质量的基本要求。

（3）掌握工业品商品的化学性质、物理性质和机械性质。

（4）了解化妆品的特点。

（5）掌握典型电子产品，如计算机、手机的构成。

◎ 能力目标

（1）具有根据工业品商品的成分，分析商品性质的能力。

（2）具有把握工业品商品的特性，合理组织工业品商品流通的能力。

◎ 素养目标

（1）培养脚踏实地、认真细致的学习态度。

（2）掌握严谨细致、一丝不苟的分析、探究精神。

（3）体会中华民族商品学文化的源远流长。

内容结构

- 工业品商品特性
  - 掌握工业品商品特性
    - 工业品商品的分类及成分
    - 工业品商品的性质
    - 工业品商品质量的基本要求
  - 了解化妆品商品特性
    - 化妆品的功能
    - 化妆品的品种和特点
    - 化妆品的质量要求
  - 了解电子产品商品特性
    - 电子产品的概念
    - 电子产品的发展历史
    - 电子产品的分类
    - 常用电子产品行业标准及认证
    - 典型电子产品

案例导入

大疆：用科技重新定义“中国制造”

杭州人汪滔从小就喜欢模型飞机，他大部分时间都在阅读关于模型飞机的书。

1999 年高中毕业后，汪滔考入华东师范大学，选择在电子系学习。2003 年，为了实现自己的梦想，正上大三的汪滔从华东师范大学退学，进入香港科技大学电子与计算机工程系。2005 年，汪滔正在香港科技大学准备毕业设计。很少有本科生自己决定毕业设计的方向，但他决定研究遥控直升机的飞行控制系统，他还找了两个同学说服老师同意他们的研究方向。汪滔要解决的核心问题，正是他小时候最期盼的——“能悬空不动，想停就停”的自动悬停技术。经过半年努力后，他们的 demo 失败了。

不服气的汪滔继续没日没夜地研究，终于在2006年1月做出了第一个样品。之后，汪滔继续在香港科技大学攻读研究生课程。同时，他和朋友集资在深圳成立了大疆创新公司。

2006 年大疆刚成立时，他们在深圳一栋民房里工作。团队 4 名成员中，只有汪滔有无人机技术背景。公司研发进度很慢，甚至还在测试中险些撞到人，这让很多高层都对这家公司失去了信心，此外，各种原因导致员工纷纷离职，公司陷入极大的困境，几乎解体。最困难的时期，汪滔手里只剩 2 万元钱。

后来，汪滔导师李泽湘加盟，他不仅带来了资金，还把很多学生介绍到大疆。不久，大疆首款相对成熟的直升机飞控系统 XP3.1 上市，迎来了发展的曙光。

2010 年，大疆得到一个信息：大疆一个月卖出 200 个云台，许多客户都把云台安装在多旋翼上。而大疆一个月只能卖出几十个直升机飞行控制系统。汪滔敏锐地意识到，大疆或许应该是第一家提供商用成品系统的厂商。

此后，汪滔将在直升机飞行控制系统上积累的技术应用到多旋翼飞行器上。2011 年起，大疆连续推出多旋翼控制系统和地面站系统。2012 年，大疆开发出全球第一款无人机。2012 年底，大疆拥有了制造完整无人机所需的一切：软件、螺旋桨、支架、万向节和遥控器。2013 年 1 月，大疆发布“DJI Phantom”。由于其简单易用，因此迅速撬动了非专业无人机市场。目前，全球消费级无人机市场已经被大疆垄断。

◎ **分析：**

大疆在市场上的成功，不仅源于汪滔及其团队的坚持和努力，而且源于他们对于市场趋势的敏锐观察和快速反应、过硬的产品质量以及科技创新。他们成功地将技术积累应用于新的市场机会，创造了无人机的消费市场，并迅速占据了领先地位。

请结合案例，思考：

1. 电子产品赢得市场竞争和哪些因素有关？

2. 常见的电子产品结构是怎样的？

任务一　掌握工业品商品特性

一、工业品商品的分类及成分

（一）工业品商品的分类

工业品商品不仅种类繁多，而且其化学成分组成也极其复杂。虽然有的工业品商品成分比较单一，但绝大多数工业品商品都由多种成分组成。按照组成的化学成分，工业品商品可分为无机成分工业品商品和有机成分工业品商品两大类。无机成分工业品商品又可分为金属工业品商品和无机化合物工业品商品两类；有机成分工业品商品可分为低分子有机物工业品商品和高分子有机物工业品商品两类。

1. 金属工业品商品

金属工业品商品有黑色金属和有色金属商品两类。黑色金属商品是指用铁及铁合金制成的商品。有色金属商品是指黑色金属以外的所有金属及合金制成的商品。利用金属制成的商品，主要有金属器皿炊具、五金商品、日用机械商品、部分文化用品和家用电器等。它们具有牢固、耐用、导电性和导热性强、耐热性较好等特点，但在外界环境的影响下容易发生腐蚀。

2. 无机化合物工业品商品

无机化合物工业品商品又称无机化合物组成的商品，是指由不同的金属或非金属元素结合成的无机化合物所制成的商品。目前采用最多的无机化合物材料是硅酸盐材料，用于生产玻璃制品、陶瓷制品和搪瓷制品等。硅酸盐材料及其制品耐火性好、化学稳定性好，与金属材料及其制品相比，在正常环境中不易被腐蚀，质地坚牢又耐压，但抗张强度较低，且发脆。各种含氧化物、酸、碱、盐等的商品均属于无机化合物商品。

3. 低分子有机物工业品商品

有机化合物，是指以碳元素为骨干，多数与氢元素，或氢、氧两种元素，或再结合氮、硫、磷、氯等的一种或几种元素所组成的化合物。构成有机化合物的元素种类虽然不多，但所组合成的化合物却多种多样。

由低分子有机物构成的工业品商品很多，主要有洗涤用品、化妆用品和石油产品。洗涤用品中的肥皂，其主要成分是高级脂肪酸钠；合成洗衣粉的主要成分是烷基苯磺酸钠；化妆用品中的香水、花露水的主要成分是乙醇。高级脂肪酸钠、烷基苯磺酸钠和乙醇等都是低分子有机物。

4. 高分子有机物工业品商品

高分子有机物成分构成的商品也很多，主要有塑料制品、橡胶制品、纸张及其制品、皮革制品等。这些商品中含有的树脂等成分都是高分子有机物。高分子有机物根据其来源不同，分为天然高分子有机物和合成高分子有机物。天然高分子有机物是在动物饲养和植物栽培中通过动植物体的新陈代谢作用自然形成的。

合成高分子有机物，是由低分子有机物通过聚合或缩合而形成的一类高分子有机物。

橡胶制品中的合成橡胶和塑料制品中的合成树脂都是合成高分子有机物。合成高分子有机物因在合成时的单体不同或生成的高分子有机物的结构不同，其性质也有明显的不同。

（二）工业品商品的成分

由单一成分组成的工业品商品毕竟是很少的，绝大多数的工业品商品都由多种成分组成。在研究工业品商品的性能和质量时，我们应区分商品中的有效成分和无效成分、主要成分和辅助成分、基本成分和杂质成分。

1. 商品的有效成分和无效成分

从商品的效用上分析，使商品具有使用性能的成分都是商品的有效成分，与有效成分共存的其他成分称为无效成分。

商品中有效成分的种类，决定着不同工业品商品的性质。如钠玻璃主要由氧化硅、氧化钠、氧化钙组成，机械强度、化学稳定性和热稳定性都较差，但易于生产，多用于制造平板玻璃；铅玻璃由氧化铅、氧化钾和少量氧化硅组成，透明性好，质软，易加工，光折射率和反射率较高，化学稳定性好，易于装饰加工，最适合制造光学仪器、优质日用器皿；硼硅玻璃是由氧化硼、氧化硅及少量氧化镁组成，光泽和透明性较好，力学性能较强，耐热性、绝缘性和化学稳定性好，可用来制造高等化学仪器和绝缘材料。因为商品中有效成分的含量在很大程度上决定着商品质量的高低，所以某些商品的质量标准中就规定了有效成分的含量。

商品中的无效成分是无用的，有的甚至是有害的。无效成分的存在或多或少地降低了商品有效成分的含量。因此，无效成分越多商品质量越差，甚至影响商品的使用效果。所以，在某些商品质量的标准中，特别规定了各种有害成分的极限含量。

2. 商品的主要成分和辅助成分

进一步分析商品的有效成分，可以把有效成分分为主要成分和辅助成分。在商品中发挥主要作用的成分称为主要成分；在商品中辅助主要成分更好地发挥作用，使商品具备更全面的使用性能的成分称为辅助成分。加入商品的辅助成分，不仅要考虑对该商品本身作用的改善和提高，而且要考虑成本和环保等问题。例如，在牙膏中，摩擦剂和洗涤剂是其主要成分，摩擦剂是牙膏的主要成分，人们借助摩擦作用清洁牙齿；洗涤剂具有乳化、分散、悬浮和起泡作用，可以清洗口腔。此外，调和剂、胶着剂可以使牙膏制成膏体而方便使用；甜味剂和香精可以去除洗涤剂等成分的异味，使之气味芬芳。这些成分的加入，改善或提高了牙膏主要成分的作用，使牙膏性能更好，因而成为有益的辅助成分。

应该指出，有些商品虽然由多种成分组成，但难以判定哪些成分起主要作用，哪些成分起辅助作用，这就要具体分析各种成分的性质和由它组成的商品的综合特性。如丙烯腈、丁二烯、苯乙烯三种单体共聚而成的 ABS 塑料，兼有 3 种单体的特点。丙烯腈使 ABS 塑料具有较高的硬度和抗腐性；丁二烯使 ABS 塑料具有很好的韧性和耐冲击强度；苯乙烯使 ABS 塑料具有良好的热塑加工性和染色性。3 种成分的综合作用，就使得 ABS 塑料具有优良的使用性能，用它制成的各种塑料制品经过表面镀铬、镀镍以后，如同金属制品一样闪亮美观，增强了表面硬度，并可防止老化。

3. 商品的基本成分和杂质成分

对商品的化学成分进行定量分析，可把占商品组成中绝大部分的成分称为基本成分，其他成分则称为杂质成分。我们对杂质成分也应具体分析。有些杂质成分对商品质量无害，甚至有益；但也有些杂质成分可能给商品带来很大的危害。例如：铝锅中的铁、硅、铜等杂质成分会使铝锅硬度高，伸延性差，易出现腐蚀斑点。

二、工业品商品的性质

工业品商品的性质主要包括商品的化学性质、物理性质和机械性质。工业品商品的性质是决定工业品商品质量的主要因素，也是确定工业品商品包装、运输、储存和使用的重要依据。

（一）化学性质

工业品商品的化学性质，是指工业品商品在各种外界因素影响下所表现出来的化学行为。在各种化学性质中，以化学稳定性和酸碱性对商品质量的影响为最大。

1. 化学稳定性

商品的化学稳定性，是指商品抵抗外界各种因素作用，而保持其化学成分和结构稳定的能力。商品的化学稳定性，主要取决于商品的化学成分及其分子结构。所以，在流通和使用过程中，生产者应根据各种商品的特点通过改进其化学成分及其分子结构，或采取其他具体措施，提高商品的化学稳定性。各种商品受不同外界因素的影响，其耐受能力是不同的。商品在流通和使用过程中，经常受到空气中的氧气影响，而日光照射、气候变化、水分、酸碱等因素，又都不同程度上加速了氧化作用而导致商品加速变质。所以，耐氧化、耐光、耐气候性是评价某些商品的重要指标。

2. 酸碱性

某些商品呈现酸性或碱性，反映了该商品的质量和适用性。因此生产者在研究商品质量时往往要测定其酸碱度。

酸碱度一般用 pH 表示。商品化学成分不同，其化学性质不同，酸碱度亦不同。肥皂在酸性溶液中可全部水解，在碱性溶液中却很稳定，因此肥皂中有碱性助剂。但是由于其溶液呈碱性，因此普通肥皂不适宜洗涤不耐碱的丝毛织品。而铝制品对酸、碱的作用都很敏感。因此，许多工业品，如皮革制品、日用器皿等，都要研究酸碱度对其影响，使商品的使用价值得以发挥和维护。

人体的皮肤由于分泌皮脂及汗液，常显微酸性（pH 在 4.5～6.5），这对维持皮肤的功能、保持人体健康有重要意义。而碱性和强酸性都对皮肤有腐蚀和刺激作用，所以日用化学品都应严格控制 pH 值。为了利于除去油污，洁肤用品可以略具碱性。

（二）物理性质

商品的物理性质，是指商品受到外界因素作用时表现出来的物理行为。各种商品都有其特定的物理性质，与一般工业品商品使用价值关系密切的有以下几种。

1. 商品的物理状态

固态、液态和气态是物质所具有的 3 种不同的状态，为物质的三态。商品也存在这 3 种状态。物质的三态变化，主要与温度的影响和其内部的微粒运动有直接关系。

构成固体的微粒（原子或离子）能量较小，只能在其平衡位置附近振动，所以固体商品在常温下的形状、尺寸都很稳定。不同的固态物质在状态转变的过程中需要的温度是不同的。一类固态物质在熔化或凝固的过程中温度保持不变，叫作晶体，如各种金属和合金等。晶体熔化的温度称为熔点，凝固成晶体时的温度称为凝固点。另一类固态物质从固态转变成液态，或从液态转变为固态，并没有固定的熔化温度或凝固温度，称为非晶体。还有的固态物质加热时不经过液态阶段而直接转化为气态，这种现象称为升华。可见，了解物质的各种现象，掌握物质的熔点、凝固点，对于保管、使用商品，判断商品的成分、质量都有着重要意义。

构成液体的微粒能量较大。这些微粒不仅可以在一个位置附近振动，而且可以移动，甚至脱出液体界面。因此，液态商品没有固定形状，具有流动性和挥发性。液态商品的这种性质会引起渗透、泄漏。这不仅会造成液体商品的损失，而且会降低其质量。液态商品又有较大的热膨胀性和很小的可压缩性。在密闭的容器内，当温度升高时会对容器壁产生很大的压力，甚至使包装容器破裂。这些都给液态商品的包装带来相当大的复杂性。

2. 重量

重量是指商品的轻重。重量可以反映某些商品的质量，如纸张、皮革、合成洗衣粉等。商品的重量指标，通常在商品标准中有规定，常见的重量指标有密度、表观密度和平方米重。密度，是指物体重量与其体积的比。单一紧密材料制成的商品，均具有固定的密度，一般多用 kg/m^3 来表示。如果密度不符，可能是因为成分不纯或内部有孔洞缺陷。表观密度，是指物体在自然状态下单位容积内的重量。多孔性商品多用表观密度反映其质量，它可以表示商品多孔的程度。平方米重，是指每平方米商品的重量，主要用于衡量片状材料商品如纸张的重量。

商品重量与商品质量有密切的关系。重量指标可以说明某些商品的性能，如合成洗衣粉的溶解性；可以评价某些商品的质量，判断材料的本质和结构特点，如铝制品材质的优劣。

3. 导热性和耐热性

导热性是指商品传递热能的性质。商品导热性大小受其化学成分的影响。金属的导热性一般较高，因此常用来制作烹饪用具；非金属材料的导热性低，动植物纤维、皮革等都是热的不良导体，可制作服装，塑料、玻璃等可制作隔热保温用品。

商品导热性还与商品的结构有关。蓬松厚实的结构，其孔隙充满大量导热性很小的静止空气，不仅减少了热的传导，而且增强了保温性；疏漏、轻薄的结构，使空气易于流通，热量容易散发，商品的保温性差。

此外，商品的导热性也与商品表面的颜色有关。白色、浅色和光泽性能好的商品表面对光具有较强的反射作用，可以减少辐射热的侵入；深色和粗糙的表面则具有较强的吸热性能。

商品导热性的表示方法因商品的种类不同而有所区别。例如：金属制品用导热系数表示，而保温瓶以一定时间内瓶中水温下降的温度数来表示。

耐热性是指商品受温度变化而不致破坏或显著降低强度的性质。商品的耐热性与导热性有关系。导热性大而膨胀系数小的物质，由于膨胀均匀，耐热性就高；反之，耐热性就低。如玻璃制品、搪瓷制品导热性差，在温度变化时，由于导热慢致使各部分受热不均匀，因此容易破裂。有些商品在温度变化时分子结构会发生变化，可能显著降低其性能，如橡胶、塑料制品，在高温时常出现发黏和强度降低的现象，低温时则易发硬变脆。

不同商品，其耐热性的表示方法也不同。玻璃制品，常用于盛装沸水或直接与热源接触，要承受突然发生的温度变化，故其耐热性是用商品所能承受而不致破裂的温度差来表示；橡胶及某些塑料制品的耐热性一般是用某一定温度下强度降低的百分率来表示。

4. 吸湿性

商品的吸湿性是指商品吸收水分和放出水分的性质。吸湿性强的商品在潮湿环境中能吸收水分，在干燥环境中能放出水分，其含水量将随着外界湿度的变化而变化。吸湿性越强，商品含水量改变的范围越大。

商品的吸湿性与其成分、结构、表面积大小以及外界的温湿度有关。

商品的吸湿性一般用含水率或吸湿率来表示。含水率是指在一定温湿度下，商品中水分含量占商品湿重的百分率；吸湿率是指在一定温湿度下，商品中水分含量占商品干燥重量的百分率。

5. 透气性、透湿性和透水性

透气性是指商品能被空气透过的性质。透湿性是指商品能被水汽透过的性质。透水性是指商品能被液态水透过的性质。商品的透气性、透湿性和透水性的区别在于它们透过的物质及其形态和大小都不相同。商品透气、透湿和透水性的大小主要取决于商品的组织结构。商品组织结构松弛，其透气、透湿、透水性都强。同时，商品透气、透湿、透水性强弱还与商品的化学成分有密切关系。商品成分中含有亲水基因，或属于多孔性商品，虽然结构紧密，透水性可能较弱，但透气、透湿性还是很强的。凡透水的商品都透气、透湿，但透气、透湿的商品不一定都透水。玻璃、搪瓷和金属制品，透气、透湿、透水性都很弱。

商品的用途不同，对其透气、透湿、透水性的要求也不同。对衣着类商品，透气、透湿、透水性是最重要的卫生要求之一。衣、帽、鞋、袜等应有适当的透气、透湿性，才能使人体蒸发出来的水分和分泌出来的各种气味透过衣物散发出去。

6. 颜色与光泽

颜色与光泽是工业品商品的重要外观性质。颜色与光泽在商品标准中并没有很明确的规定，但在实际上却有不同的需求，并经常随时间的变化而不断变化。

光照射到商品上，会发生反射、吸收、透射和折射 4 种现象。商品可吸收太阳光中某些波长的光，而反射或透过其余波长的光，所呈现的颜色就是被反射或透过的光的混合色。

每种商品对光的照射表现有所不同，因而呈现不同的颜色。对于不透明的商品来说，其颜色是反射色光的混合色。若光被全部反射，商品呈白色；全部吸收，商品呈黑色；仅反射红光，商品呈红色。对于透明的商品来说，其颜色是透过它的色光的混合色。若全部透过，商品呈白色；全部不透过，商品呈黑色；仅红光透过，商品呈红色。

商品的颜色因光源不同而不同，商品颜色一般是指在太阳光照射下所呈现的颜色。接近太阳光光谱的是日光灯灯光，它可以较正确地显示商品的颜色。

光泽是指商品被光照射后的反光现象。影响商品光泽的因素，主要是商品表面的光滑程度。一般来说，商品表面光滑，对光的反射方向基本一致，就会表现出良好的光泽；商品表面粗糙，则光照后会发生漫反射，商品表现为缺乏光泽。光泽好的商品，颜色显得鲜明；无光泽的商品，其颜色深暗且显得陈旧。

（三）机械性质

工业品商品的机械性质，是指商品受到外力作用时，抵抗发生形变的能力。我们在一定程度上可以根据商品的机械性质来判断其坚固耐用性。

机械性能是许多工业品商品的重要质量指标。使用要求不同，工业品商品对机械性能的要求也不同。

1. 弹性和塑性

工业品商品的弹性和塑性是指商品在外力作用时发生形变的性质。

商品在外力作用下所产生的形变有弹性形变和塑性形变两种。当物体受到一定外力作用后产生了形变，移去外力后物体又能自动恢复原来的形状和尺寸，这样的形变称为弹性形变；若移去外力后物体不能复原，这样的形变称为塑性形变。

物体具有弹性形变的性质称为弹性，这种物体称为弹性体；物体具有塑性形变的性质称为塑性，这种物体称为塑性体。

实际上，没有一种物体受到外力作用时仅发生一种形变，没有一种物体仅具有弹性或仅具有塑性。将物体分为弹性体与塑性体只是在一定的条件下具有相对的意义。如钢材和塑料在常温下是弹性体，当温度升高到熔点时，它们又成为塑性体。

商品的弹性和塑性还与商品的组织结构有关。组织紧密的商品，一般具有较高的弹性，组织结构松弛的商品则容易出现较大的塑性形变。

研究商品的弹性和塑性，可根据其弹性和塑性的大小及变化规律，确定商品的科学合理使用方法以及保管养护措施。

2. 强度

商品的强度，是指商品抵抗外力破坏作用的能力。强度是表示商品坚固耐用的重要指标。

工业品商品的强度在很大程度上取决于其成分和结构。不同成分的商品具有不同的强度；同一成分的商品，结构不同，其强度也不同。

玻璃、金属、橡胶和塑料等各种制品的破坏不外乎是原子间的主价键断裂，或分子间的次价键受破坏。商品的破坏往往是先从某些薄弱的部位开始，应力易向弱处集中，破坏进一步发展，以致整个商品被破坏。商品的薄弱部位可能是在制造中混入了有害杂质或产生气泡的部位，或因加工不良形成裂隙。因为各种商品的用途和使用条件不同，在使用过程中所承受的外力的形式也不同，所以各种强度对不同商品有着不同的意义。能普遍反映各种商品坚固耐用性的强度指标主要有抗张强度、抗弯曲强度、抗磨强度、硬度和抗疲劳强度等。

（1）抗张强度。

抗张强度，是指商品抵抗拉伸荷重的能力，所以又称抗拉强度。拉伸荷重是商品在使用过程中经常遇到的一种外力。商品在承受这种拉伸力作用时，在发生长度增加和横切面积缩小的形变的同时产生相应的拉伸应力。当拉伸应力超过该商品的抗张强度时，商品就会出现断裂现象。所以，抗张强度是许多商品的重要质量指标，如在判断纸张、塑料、橡胶、钢材等的品质时，均须测定其抗张强度。

（2）抗弯曲强度。

抗弯曲强度，又称耐折度，是指商品抵抗弯曲荷重的能力。物体弯曲时各部分发生不同的形变。向内弯曲时，在弯曲点处发生弯曲形变的同时，物体外层受拉伸而内层受压缩，使物体内部结构产生不同的位移和应力。

脆性物体的抗弯曲强度很低，当弯曲荷重超过其弯曲强度时，即发生脆裂。柔性物体的抗张强度常小于其抗弯曲强度和抗压强度，当弯曲到某一角度时，承受最大拉伸的部分首先破裂，如果反复弯曲则破裂部分由内外两侧逐渐伸向中层，最后全部断裂。

测定抗弯曲强度的方法：检查商品反复弯曲直到断裂时所需次数；将物体弯曲到一定角度看表面是否有裂纹；检查弯曲后是否出现各层分离的现象。检查抗弯曲强度的方法应根据商品结构的特点以及商品的用途和使用条件来确定。

（3）抗磨强度。

抗磨强度，是指商品抵抗其他物体摩擦的能力。两种物体互相摩擦时，较硬的物体不会受到明显的损伤，说明这种商品抗磨强度高。可见，抗磨强度与物体的硬度有一致性。但是，对于具有交织结构的商品来说，其硬度越高，抗磨强度反而越低于硬度低的物体。

由于工业材料或制品在使用过程中经常遭受摩擦，因此均应具有一定的抗磨强度，才能保证经久耐用。如轮胎、胶鞋等橡胶制品，在使用过程中，经常与其他物体发生摩擦，因而要求具有较高的抗磨强度。

商品抗磨强度的表示方法，可概括为两类：一类是用在一定条件下物体被磨耗的重量或体积表示；另一类是用在一定条件下磨耗至破损为止所需次数表示。

（4）硬度。

硬度，是指商品抵抗较硬物体对其压入的能力。硬度是金属制品、橡胶制品和塑料制品等的重要质量指标。

物体的硬度与其成分、结构，尤其与原子的排列和分子间的内聚力有关。不同成分的商品其硬度差异很大，如金属制品比绝大多数塑料及橡胶制品硬度大。

测定硬度的方法有压入法和划痕测试法两种。压入法是用硬度测定仪的钢球或金刚石压头，在加载的情况下，对压入的痕迹进行测量。划痕测试法是选用 10 种硬度不同的材料，在被测试样表面进行刻画并对划痕进行鉴定，以确定被测试样的硬度。

（5）抗疲劳强度。

抗疲劳强度，是指商品抵抗外力反复作用的能力。实际上，商品在使用过程中承受着多次（种）外力作用，虽然并未达到完全破坏的程度，但某些部位也会产生微小的裂纹或损伤，如果继续反复作用，这些裂纹将逐渐扩大，旧裂纹互相汇合，强度会降低，直到损破。

抗疲劳强度与作用力的大小、性质和作用时间都有关系，作用力大、时间长、反复作用次数都会加速商品的疲劳过程。

三、工业品商品质量的基本要求

工业品商品质量通常可以从适用性、耐用性、安全卫生性、结构和外观等 4 个方面进行评定。

（一）适用性

适用性是指满足消费者所需的用途而必须具备的性能。它是构成商品使用价值的基本条件和评定其质量的重点方面。

不同用途的工业品商品，对其适用性的基本要求也不同。如保温瓶必须保温，洗涤剂必须去污，电冰箱必须制冷，钢笔必须书写流利，雨鞋必须防水。即使同一类商品，品种不同，用途也各不相同。如印刷用纸对油墨应有良好的吸湿性，而包装用纸则要求有一定的厚度和机械强度。

有的商品用途相对单一，而有的商品则具有多用途。单一用途的商品，要在正常情况下，具有该种商品所属品级的最佳使用效果；多种用途的商品，要多种性能工作状态良好。如理光一体化打印机集打印、扫描、复印于一体，除具有好的打印效果外，其扫描的识别程度和复印也应该具有良好的效果。现代化的商品都在向着多功能方向发展，其适用性就更为重要。

（二）耐用性

耐用性，是指商品在使用时抵抗各种外界因素对其破坏的能力和对其适用性的影响。它反映了商品的耐用程度。例如：常用强度等指标来评定皮革、橡胶制品和某些纸张的耐用性。电器开关可以开关多少次、手机的续航时间，这些都是通过使用寿命来反映其耐用性。因为提高日用工业品商品的坚固耐用性，就能延长商品的使用寿命，就等于不用额外消耗原材料和劳动力而提高了产品的质量，所以耐用性是评价绝大多数日用工业品商品质量的主要依据。

不同用途的日用工业品商品，对其耐用性的具体要求也不同：时尚类商品和一次性商品，只要达到物尽其用即可；否则，越耐用就越会造成原材料的浪费。

（三）安全卫生性

安全卫生性，是指商品在使用时，为保护人身安全和维持人体健康所需的各种性质。盛放食物的器皿、化妆品、玩具、太空杯、肥皂、牙膏及包装材料等商品应具有无毒无害性；各种家用电器不漏电、无辐射、安全可靠，在使用过程中不会发生危险；儿童玩具，在规定不能含有对儿童有害物质的同时，还要确保儿童使用时的安全。从现代观念来考虑，安全卫生性还包括不污染环境的低公害性。低公害性又称环境价值，是指商品在流通、消费、废弃和回收等环节，不应造成允许限度以上的环境恶化和污染。

（四）结构和外观

工业品商品必须具有合理的结构，结构不合理不仅影响商品的外观，而且会直接影响商品的适用性和耐用性。例如：服装、鞋帽结构不当，不仅使人感到不舒服，不美观，而且无法穿戴，丧失了使用价值。对于那些起着美化装饰作用的日用工业品商品，它们的外观造型结构更具有特殊意义。

工业品商品的外观，主要是指对其造型、式样、花纹、色彩等方面的艺术要求。好的商品有新颖的式样、美丽的图案、协调的颜色和色调，这些都有助于提高对购买者的吸引力，有利于使用价值的实现。外观疵点不仅破坏商品的美观，而且可能影响商品的适用性和耐用性，因此对于某些类别或品种的工业品商品而言，是一个重要的划分商品品级的指标，超过一定数量则不能作为正品销售。

任务二　了解化妆品商品特性

一、化妆品的功能

（一）净化功能

清洁型化妆品可以去除皮肤以及毛发脏污物质，如清洁霜、清洁乳液等。

（二）保护功能

化妆品可以保护皮肤以及毛发，使其柔软光滑，抵御风寒、日晒，如防晒霜等。

（三）营养功能

含有营养物质的化妆品可以增加皮肤的组织活力，保持角质层含水量，促进毛发生长，如珍珠霜等。

（四）治疗功能

含有药物的化妆品可以促进新陈代谢，对某些影响美容的皮肤缺陷有改善作用，如祛斑霜等。

（五）美化功能

化妆品都有令人愉快的芳香气味，能修饰人体，给人以容貌整洁、卫生的好感，并有益于身体健康，如香水、唇膏等。

二、化妆品的品种和特点

（一）护肤（发）性化妆品

护肤（发）性化妆品具有比较强的渗透性，容易被皮肤吸收，从而滋润保护皮肤，使皮肤富有弹性。留在皮肤表面的一层脂肪性薄膜，可以防止皮肤水分过量挥发，抑制皮肤的粗糙皱裂。防晒性化妆品还能防止紫外线对皮肤的直接伤害，抑制黑色素形成。护发性化妆品除能使头发光亮油润而不脆断外，还具有使头发蓬松飘逸和保持发型优美等作用。

根据其化学组成，这类化妆品又分为两类。

1. 油基性护肤（发）品

油基性护肤（发）品，主要有美容霜、柠檬霜、防裂膏、凡士林及发乳、发蜡、发油。由于这些化妆品油脂含量高，搽后皮肤或头发油润而光洁，因此宜于秋、冬季使用，适合干性皮肤的人和中老年人。

2. 水基性护肤（发）品

水基性护肤（发）品，主要有雪花膏、柠檬蜜、润肤霜、美容水。因这些化妆品含水量高，搽用后水分蒸发，皮肤表面留有极薄的脂肪物，滋润而不黏腻，所以适宜春、夏季使用，尤其适合油性皮肤的人和青年人。

（二）营养性化妆品

营养性化妆品含有易于被皮肤吸收的氨基酸、维生素等多种营养成分，除具有保护皮肤的作用外，还可以提供营养素和酸性物质，能促进皮肤细胞的分裂，保持旺盛的新陈代谢，延缓皮肤衰老，使皮肤洁白细嫩而富有弹性。此类化妆品主要有人参霜、珍珠霜、营养面膜等。

（三）清洁性化妆品

清洁性化妆品具有表面活性，易于清除皮肤表面及毛发上的分泌物和污垢，促进皮肤新陈代谢和皮肤膜的更新，维护毛发的正常生长；用后易冲洗，且对皮肤的刺激性极弱。此类化妆品主要有清洁霜、清洁水、洗面奶、洗发膏、沐浴露等。

（四）美容性化妆品

美容性化妆品主要利用其遮盖力、染色力而修饰人的五官和面部；利用其杀菌抑臭作用而增加人体的芳香气味；等等。此类化妆品主要有香水、粉饼、唇膏、睫毛膏、眼影膏、眼线膏、指甲油、眉笔等。

（五）药用、卫生类化妆品

这类化妆品是在一般化妆品的基质中，加入一定量的能治疗皮肤病和增进皮肤美感的药物。它具有保护皮肤、治疗皮肤病和增进皮肤美感的多重作用。这类化妆品通过皮肤对药物的吸收及药剂的渗透作用，调节皮肤的生理机能，抑制过多体液的分泌，达到治疗和护肤美容的目的。这类化妆品主要有止痒水、除狐臭剂等。

三、化妆品的质量要求

（一）感官质量要求

化妆品的感官质量要求主要是对其色泽、组织形态、气味和包装的具体要求，也是消费者挑选化妆品时进行感官检验的主要指标。

1. 色泽

无色固状、粉状、膏乳状化妆品应洁白有光泽，液状化妆品应清澈透明；有色化妆品应色泽纯正均匀，无变色、无杂色。

2. 组织形态

固状化妆品应软硬度适宜；粉状化妆品应粉质细腻、滑爽，无粗粒或硬块；膏乳状化妆品应稠度适当，质地细腻，不得有发稀、结块、剧烈干缩和分离出水等现象；液状化妆品应清澈、均匀，无沉淀、颗粒等。

3. 气味

化妆品必须具有幽雅芬芳的香气，可根据品种、档次不同呈不同的香型，但必须郁香持久，不得有强烈的刺激性和异味。

4. 包装

化妆品的包装应整洁、美观，封口严密，商标、装饰图案、文字说明应清晰，色泽鲜艳，配色协调。

（二）理化及微生物的质量要求

化妆品的理化及微生物的质量要求主要是对其物理性能、主要成分、着色剂的限定以及有害成分含量和微生物含量的限定，这也是评价化妆品质量优劣的重要指标。

1. 耐温性、干缩度

耐温性是指化妆品经受高温、低温变化后，能保持原组织状态的性能。如冷霜在40℃恒温箱中存放 3 小时后取出，恢复室温，应无严重渗油、膏体分离或膏体流动的现象；在 0℃时，冷霜应软硬如常；在 -15℃条件下存放 3 小时后取出，恢复室温，膏体应无变化、无分离现象。

干缩度是指化妆品经存放后，因水分蒸发所失去的重量与原重量的百分比。如雪花膏在正常保管条件下，一年内干缩度不得超过 10%。

2. 化妆品所用原料的限定

化妆品所用的原料必须保证不对人体造成严重伤害。一般化妆品禁止使用二氯酚、汞及其化合物，对含激素类化妆品激素种类和用量都应加以限定。

3. 对有害成分的限定

《化妆品安全技术规范》（2015 年版）中对 1 388 项化妆品禁用组分及 47 项限用组分作了规定。

4. 对微生物含量的限定

（1）所有化妆品中，不得检出致病菌，包括金黄色葡萄球菌、绿脓杆菌、大肠杆菌。

（2）口唇、眼部、婴儿用化妆品，含杂菌数要符合规定。

（3）其他化妆品含杂菌数要符合规定。

任务三　了解电子产品商品特性

一、电子产品的概念

电子产品是以电能为工作基础的相关产品，主要包括：手表、智能手机、电话、电视机、影碟机、录像机、摄录机、收音机、收录机、组合音箱、激光唱片机、计算机、游戏机等。因早期产品主要以电子管为基础原件，故名电子产品。

二、电子产品的发展历史

电子技术是在 19 世纪末、20 世纪初开始发展起来的新兴技术，由美国人莫尔斯于 1837 年发明电报开始，1904 年英国科学家弗莱明发明电子管。

电子产品在 20 世纪发展迅速、应用广泛，成为近代科学技术发展的一个重要标志。第一代电子产品以电子管为核心。20 世纪 40 年代末，世界上诞生了第一只半导体三极管，它具有小巧、轻便、省电、寿命长等特点，很快被各国应用起来，在很大范围内取代了电子管。20 世纪 50 年代末，世界上出现了第一块集成电路，它把许多晶体管等电子元件集成在一块硅芯片上，使电子产品向更小型化发展。集成电路从小规模集成电路迅速发展到大规模集成电路和超大规模集成电路，从而使电子产品向着高效能低消耗、高精度、高稳定、智能化的方向发展。因为电子计算机发展经历的 4 个阶段恰好能够充分说明电子技术发展的 4 个阶段的特点，所以下面就从电子计算机发展的 4 个阶段来说明电子技术发展的 4 个阶段的特点。

第一代是电子管计算机，它的基本电子元件是电子管，内存储器采用水银延迟线，外存储器主要采用磁鼓、纸带、卡片、磁带等。由于当时电子技术的限制，电子计算机的运算速度只是每秒几千次～几万次基本运算，内存容量仅几千个字。程序语言处于最低阶段，主要使用二进制表示的机器语言编程，后阶段采用汇编语言进行程序设计。因此，第一代计算机体积大、耗电多、速度低、造价高、使用不便，主要用于一些军事和科研部门进行科学计算。

第二代是晶体管计算机。贝尔实验室发明了晶体管，后来晶体管取代了计算机中的电子管，诞生了晶体管计算机。晶体管计算机的电子元件是晶体管，内存储器大量使用磁性材料制成的磁芯存储器。与第一代计算机相比，晶体管计算机体积小，耗电少，成本低，逻辑功能强，使用方便，可靠性高。

第三代是集成电路计算机。随着半导体技术的发展，1958 年集成电路问世。第三代集成电路计算机的基本电子元件是小规模集成电路和中规模集成电路。磁芯存储器进一步发展，并开始采用性能更好的半导体存储器，运算速度提高到每秒几十万次基本运算。由于采用了集成电路，第三代计算机各方面性能都有了极大提高：体积缩小，价格降低，功能增强，可靠性大大提高。

第四代是大规模集成电路计算机。随着集成了上千甚至上万个电子元件的大规模集成电路和超大规模集成电路的出现，计算机发展进入第四代。第四代计算机的基本元件是大规模集成电路，甚至超大规模集成电路。集成度很高的半导体存储器替代了磁芯存储器，运算速度可达每秒几百万次，甚至上亿次基本运算。

三、电子产品的分类

（一）计算机产品

计算机产品包括主板、光盘驱动器、接插件、计算机显卡、计算机 USB 设备、打印机主控板等。

（二）通信类产品

通信类产品包括无线电寻呼系统、卫星定位应用产品、遥控答录电视机、话路终端机、驻极体话筒等。

（三）广播电视及仪器仪表产品

广播电视及仪器仪表产品包括彩色电视机、背投大屏幕电视机、家庭影院、监控保安系统、IC 卡电表、蓝牙耳机、视频会议系统、智能数字会议系统、高清晰度会议电视系统、电子测量仪器、信号发生器、消防电子报警器、温控仪等。

（四）电子器件产品

电子器件产品包括 SMD 片式三极管、二极管、发光二极管，高亮度、白色、蓝色、纯绿发光二极管，PDP 等离子平面显示屏等。

（五）电子元件产品

电子元件产品包括交流变频电容器、电力电容器、磁头、电位器、传感器、热敏电阻、片状电感、开关、电源变压器、小体积大容量继电器、蜂鸣器等。

（六）电子材料产品

电子材料产品包括高光电转换效率的太阳能电池、手机电池等。

（七）集成电路产品

集成电路产品包括电子铜带、半导体器件引线框架、芯片、单晶硅、半导体器件等。

四、常用电子产品行业标准及认证

电子产品在现代社会中扮演着重要角色，其质量和安全性对消费者和市场都至关重要。电子产品的广泛应用对标准化提出了更高的要求。电子产品标准是为确保电子产品的质量、可靠性和安全性而制定的一系列规范和指南。了解电子产品领域的主要标准可以帮助企业和消费者更好地了解电子产品的合规性和质量。了解电子产品领域的主要标准是确保电子产品合规性和质量的关键。

（一）安全标准

安全标准是电子产品领域最重要的标准之一，它确保电子产品在正常使用过程中不会对消费者或环境造成伤害。一些常见的电子产品安全标准包括 IEC 60950-1-2013（《信息技术设备安全第 1 部分：一般要求（第 2.2 版合并再版）》）等。

（二）电磁兼容性标准

电磁兼容性标准确保电子产品在电磁环境中的正常运行，同时不会对其他设备造成干扰。常见的电磁兼容性标准包括 EN 55032-2015（《多媒体设备的电磁兼容性－排放要求》）等。

（三）环境标准

环境标准关注电子产品对环境的影响，包括能耗、材料使用、废弃物处理等方面。常见的环境标准有 ISO14001 等。

（四）性能标准

性能标准用于评估电子产品的功能和性能是否符合预期要求。这些标准可以涵盖电子产品的各个方面，如电池寿命、充电时间、图像质量等。具体的性能标准因电子产品类型不同而异。

五、典型电子产品

（一）计算机

1. 计算机的概念

计算机俗称电脑，是现代一种用于高速计算的电子计算机器，既可以进行数值计算，又可以进行逻辑计算，还具有存储记忆功能，是能够按照程序运行，自动、高速处理海量数据的现代化智能电子设备。

由硬件系统和软件系统所组成，没有安装任何软件的计算机称为裸机。计算机可分为超级计算机、工业控制计算机、网络计算机、个人计算机、嵌入式计算机 5 类，较先进的计算机有生物计算机、光子计算机、量子计算机等。

计算机的发明者是约翰·冯·诺依曼。计算机是 20 世纪最先进的科学技术发明之一，对人类的生产活动和社会活动产生了极其重要的影响，并以强大的生命力飞速发展。它的应用领域从最初的军事科研应用扩展到社会的各个领域，已形成了规模巨大的计算机产业，带动了全球范围的技术进步，由此引发了深刻的社会变革。计算机已遍及一般学校、企事业单位，进入寻常百姓家，成为信息社会中必不可少的工具。

计算机的应用在中国越来越普遍，改革开放以后，中国计算机用户的数量不断攀升，应用水平不断提高，特别是互联网、通信、多媒体等领域的应用取得了不错的成绩。

2. 计算机的构成

计算机是由硬件系统和软件系统两部分组成的。

（1）硬件系统。

传统计算机系统的硬件单元一般可分为输入单元、输出单元、算术逻辑单元、控制单元及记忆单元，其中算术逻辑单元和控制单元合称中央处理单元。

1）电源。电源是计算机中不可缺少的供电设备，它的作用是将交流电转换为计算机中使用的直流电，其性能的好坏，直接影响其他设备工作的稳定性，进而影响整机的稳定性。笔记本电脑自带锂电池，锂电池为笔记本电脑提供有效电源。

2）主板。主板是计算机中各个部件工作的一个平台，它把计算机的各个部件紧密连接在一起，各个部件通过主板进行数据传输。也就是说，计算机中重要的“交通枢纽”都在主板上，它工作的稳定性影响整机工作的稳定性。

3）CPU。CPU 即中央处理器，是一台计算机的运算核心和控制核心，其功能主要是解释计算机指令以及处理计算机软件中的数据。CPU 由运算器、控制器、寄存器、高速缓存及实现它们之间联系的数据、控制及状态的总线构成。作为整个系统的核心，CPU 也是整个系统最高的执行单元，因此 CPU 已成为决定计算机性能的核心部件，很多用户都以它为标准来判断计算机的档次。

4）内存。内存又叫内部存储器或随机存储器（RAM），分为 DDR、SDRAM、ECC、REG（SDRAM 由于容量低、存储速度慢、稳定性差，已经被 DDR 淘汰了）。内存属于电子式存储设备，它由电路板和芯片组成，特点是体积小、速度快，有电可存、无电清空（即计算机在开机状态时内存中可存储数据，关机后将自动清空其中的所有数据）。

5）硬盘。硬盘属于外部存储器，机械硬盘由金属磁片或玻璃磁片制成，而磁片有记忆功能，所以储到磁片上的数据，不论开机还是关机，都不会丢失。硬盘容量很大，已达 TB 级，尺寸有 3.5、2.5、1.8、1.0 英寸等，接口有 IDE、SATA、SCSI 等，SATA 较普遍。移动硬盘是以硬盘为存储介质，强调便携性的存储产品。市场上绝大多数的移动硬盘都是以标准硬盘为基础的，而只有很少部分的是以微型硬盘（1.8 英寸硬盘等）为基础的，但价格因素决定着主流移动硬盘还是以标准笔记本电脑硬盘为基础的。因为采用硬盘为存储介质，所以移动硬盘在数据的读写模式与标准 IDE 硬盘是相同的。移动硬盘多采用 USB 等传输速度较快的接口，可以较高的速度与系统进行数据传输。固态硬盘是用固态电子存储芯片阵列制成的硬盘，由控制单元和存储单元（Flash 芯片）组成。固态硬盘在产品外形和尺寸上也完全与普通硬盘一致，但是固态硬盘比机械硬盘速度更快。

6）声卡。声卡是组成多媒体计算机必不可少的一个硬件设备，其作用是当发出播放命令后，声卡将计算机中的声音数字信号转换成模拟信号送到音箱上发出声音。

7）显卡。显卡在工作时与显示器配合输出图形、文字，作用是将计算机系统所需要的显示信息进行转换驱动，并向显示器提供行扫描信号，控制显示器的正确显示，是连接显示器和计算机主板的重要元件，是“人机对话”的重要设备之一。

8）网卡。网卡是工作在数据链路层的网路组件，是局域网中连接计算机和传输介质的接口，不仅能实现与局域网传输介质之间的物理连接和电信号匹配，而且涉及帧的发送与接收、帧的封装与拆封、介质访问控制、数据的编码与解码以及数据缓存的功能等。网卡的作用是充当计算机与网线之间的桥梁，它是用来建立局域网并连接到 Internet 的重要设备之一。

在整合型主板中常把声卡、显卡、网卡部分或全部集成在主板上。

9）调制解调器，英文名为 Modem，俗称“猫”，类型有内置式和外置式，有线式和无线式，如图 9–1 所示。调制解调器是通过电话线上网时必不可少的设备之一。它的作用是将计算机上处理的数字信号转换成电话线传输的模拟信号。随着 ADSL 宽带网的普及，内置式调制解调器逐渐退出了市场。

10）光驱，英文名为 Optical Diskdriver，是计算机用来读写光碟内容的机器，也是在台式计算机和笔记本电脑里比较常见的一个部件，如图 9–2 所示。随着多媒体的应用越来越广泛，光驱在计算机诸多配件中已经成为标准配置。光驱可分为 CD-ROM 驱动器、DVD 光驱（DVD-ROM）、康宝（COMBO）和 DVD 刻录机（DVD-RAM）等。光驱读写的能力和速度也日益提升。

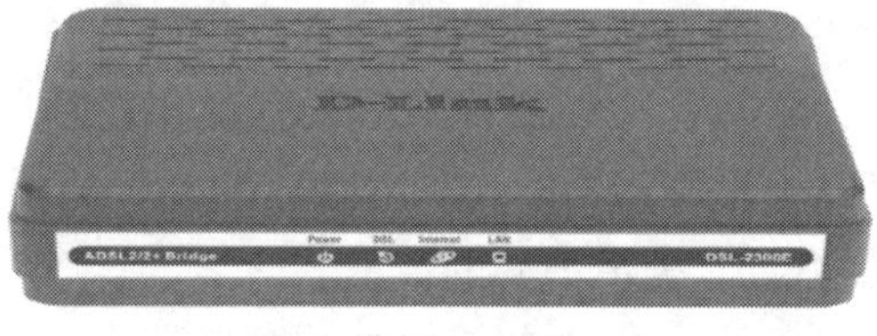

图 9–1　调制解调器

图 9–2　光驱

11）显示器，英文名为 Monitor。显示器有大有小、有薄有厚，品种多样，其作用是把计算机处理完的结果显示出来。它是一个输出设备，是计算机必不可缺少的部件之一。显示器分为 CRT、LCD、LED 三大类，接口有 VGA、DVI 等。

12）键盘，英文名为 Keyboard，分为有线和无线。键盘是主要的输入设备，通常为 104 或 108 键，用于把文字、数字等输入计算机，以及进行计算机操控。常见的计算机键盘如图 9–3 所示。

13）鼠标，英文名为 Mouse。当人们移动鼠标时，显示器上就会有一个箭头指针跟着移动，并可以很准确地指到想指的位置，快速地在显示器上定位，它是人们使用计算机不可缺少的部件之一。键盘鼠标接口有 PS/2 和 USB 两种。硬件的鼠标分为光电和机械两种

（机械已被淘汰）。

14）音响，英文名为 Loudspeaker。计算机通过音频线连接到功率放大器，再通过晶体管把声音放大，输出到音响上，如图 9–4 所示。一般的音响音质各有差异。

图 9–3　常见的计算机键盘

图 9–4　音响

15）打印机，英文名为 Printer。通过它可以把计算机中的文件打印到纸上，因此，打印机是重要的输出设备之一，如图 9–5 所示。打印机有针式打印机、喷墨打印机、激光打印机等主流产品，它们各自发挥优点，满足用户不同的需求。

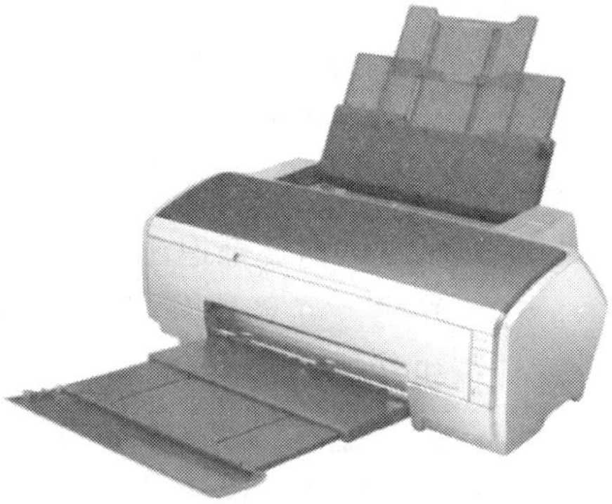

图 9–5　打印机

16）视频设备、摄像头等设备，可用于处理视频信号。

17）闪存盘，英文名为 Flashdisk。闪存盘通常也被称作优盘、U 盘、闪盘，是一个通用串行总线 USB 接口的无需物理驱动器的微型高容量移动存储产品。它采用的存储介质为闪存（Flash Memory）。闪存盘一般包括闪存、控制芯片和外壳。闪存盘具有可多次擦写、速度快而且防磁、防震、防潮的优点。闪存盘采用流行的 USB 接口，体积只有大拇指大小，重量约 20 克，不用驱动器，无须外接电源，即插即用，可用于不同计算机之间进行文件交流，存储容量不等，满足不同的需求。

18）移动存储卡及读卡器。存储卡是利用闪存技术存储电子信息的存储器，一般应用在数码相机、MP3、MP4 等小型数码产品中作为存储介质，所以样子小巧，犹如一张卡片，因此也称为闪存卡。根据不同的生产厂商和不同的应用，闪存卡有 SM（Smart Media）卡、CF（Compact Flash）卡，MMC 卡（Multi-Media Card），SD（Secure Digital）卡、记忆棒（Memory Stick）、TF（T-Flash）卡等多种类型。这些闪存卡虽然外观、规格不同，但是技术原理都是相同的。闪存卡本身并不能直接被计算机辨认，读卡器就是一个沟通桥梁。

（2）软件系统。

软件是指为方便使用计算机和提高使用效率而组织的程序以及用于开发、使用和维护的有关文档。软件系统可分为系统软件和应用软件两大类。

1）系统软件。系统软件（System Software），是指控制和协调计算机及外部设备、支持应用软件开发和运行的系统，是无须用户干预的各种程序的集合，主要功能是调度、监控和维护计算机系统；负责管理计算机系统中各种独立的硬件，使得它们可以协调工作。系统软件使得计算机使用者和其他软件将计算机当作一个整体而不需要顾及底层每个硬件是如何工作的。下面分别介绍它们的功能。

①操作系统。操作系统（Operating System，OS）是管理、控制和监督计算机软、硬件资源协调运行的程序系统，由一系列具有不同控制和管理功能的程序组成，它是直接运行在计算机硬件上的、最基本的系统软件，是系统软件的核心。操作系统是计算机发展中的产物，它的主要目的有 3 个：一是方便用户使用计算机；二是成为用户和计算机之间的接口；三是统一管理计算机系统的全部资源，合理组织计算机工作流程，以便充分、合理地发挥计算机的效率。操作系统通常应包括下列五大功能模块。

● 处理器管理：当多个程序同时运行时，解决 CPU 时间分配的问题。

● 作业管理：完成某个独立任务的程序及其所需的数据。作业管理的任务主要是为用户提供一个使用计算机的界面使其方便地运行自己的作业，并对所有进入系统的作业进行调度和控制，尽可能高效地利用整个系统的资源。

● 存储器管理：为各个程序及其使用的数据分配存储空间，并保证它们互不干扰。

● 设备管理：根据用户提出使用设备的请求进行设备分配，同时还能随时接收设备的请求（称为中断），如要求输入信息。

● 文件管理：主要负责文件的存储、检索、共享和保护，为用户提供文件操作的方便。

操作系统的种类繁多，依其功能和特性分为分批处理操作系统、分时操作系统和实时操作系统等；依同时管理用户数的多少分为单用户操作系统和多用户操作系统。

微机操作系统随着微机硬件技术的发展而发展，从简单到复杂。Microsoft 公司开发的 DOS 是单用户单任务系统；而 Windows 操作系统则是多用户多任务系统，它是当前微机中广泛使用的操作系统之一。Linux 是一个源码公开的操作系统，程序员可以根据自己的兴趣和灵感对其进行改变，这让 Linux 吸收了无数程序员的精华，不断壮大，已被越来越多的用户所采用，是 Windows 操作系统强有力的竞争对手。

②语言处理系统（翻译程序）。人和计算机交流信息使用的语言称为计算机语言或程序设计语言。计算机语言通常分为机器语言、汇编语言和高级语言 3 类。如果要在计算机上运行高级语言程序就必须配备翻译程序。翻译程序本身是一组程序，不同的高级语言都有相应的翻译程序。

③服务程序。服务程序能够提供一些常用的服务性功能，它们为用户开发程序和使用计算机提供了方便，像微机上经常使用的诊断程序、调试程序、编辑程序均属此类。

④数据库管理系统。数据库是指按照一定联系存储的数据集合，可为多种应用共享。数据库管理系统（Data Base Management System，DBMS）则是能够对数据库进行加工、管理的系统软件。其主要功能是建立、消除、维护数据库及对库中数据进行各种操作。数据库系统主要由数据库（DB）、数据库管理系统（DBMS）以及相应的应用程序组成。数据库系统不但能够存放大量的数据，更重要的是能迅速、自动地对数据进行检索、修改、统计、排序、合并等，使用户得到所需的信息。这一点是传统的文件柜无法做到的。

数据库技术是计算机技术中发展最快、应用最广的分支之一。可以说，今后的计算机应用开发大都离不开数据库。因此，了解数据库技术尤其是微机环境下的数据库应用是非常有必要的。

2）应用软件。为解决各类实际问题而设计的程序系统称为应用软件。从服务对象的角度来看，应用软件又可分为通用软件和专用软件两类。

3. 计算机的特点

（1）运算速度快。计算机可以高速准确地完成各种算术运算。当今计算机系统的运算速度已达到每秒万亿次，微机也可达每秒亿次以上，使大量复杂的科学计算问题得以解决。

（2）计算精确度高。科学技术的发展特别是尖端科学技术的发展，需要高度精确的计算。计算机控制的导弹之所以能准确地击中既定的目标，是与计算机的精确计算分不开的。一般计算机可以有十几位甚至几十位（二进制）有效数字，计算精度可由千分之几到百万分之几，是其他计算工具望尘莫及的。

（3）逻辑运算能力强。计算机不仅能进行精确计算，而且具有逻辑运算功能，能对信息进行比较和判断。计算机能把参加运算的数据、程序以及中间结果和最后结果保存起来，并能根据判断的结果自动执行下一条指令以供用户随时调用。

（4）存储容量大。计算机内部的存储器具有记忆特性，可以存储大量的信息，这些信息，不仅包括各类数据信息，而且包括加工这些数据的程序。

（5）自动化程度高。由于计算机具有存储记忆能力和逻辑判断能力，因此人们可以将预先编好的程序组纳入计算机内存。在程序控制下，计算机可以连续、自动地工作，不需要人的干预。

（6）性价比高。如今，计算机越来越普遍化、大众化。

（二）手机

1. 手机的概念及发展

手机，全称为移动电话或无线电话，通常称为手机。手机原本只是一种通信工具，是可以在较广范围内使用的便携式电话终端，最早是由美国贝尔实验室在 1940 年制造的战地移动电话机发展而来。1958 年，苏联工程师列昂尼德·库普里扬诺维奇发明了 ЛК-1 型移动电话。1973 年，美国摩托罗拉公司工程师马丁·库帕发明了世界上第一部商业化手机。

2. 手机的类型

根据外观进行分类，手机可分为以下 5 种。

（1）翻盖式。要翻开盖才能见到主显示器或按键，且只有一个屏幕，这种手机被称为单屏翻盖手机。市场上还推出了双屏翻盖手机，即在翻盖上有一个副显示屏，副显示屏通常不大，一般只能显示时间、信号、电池、来电号码等。传统的翻盖手机屏幕比较小，一般为 2.2 英寸或 1.8 英寸，处理器较慢。翻盖式手机如图 9-6 所示。

（2）直板式。直板式手机就是指手机屏幕和按键在同一平面，手机无翻盖，如图 9-7 所示。直板式手机的特点主要是可以直接看到屏幕上所显示的内容。

图 9-6　翻盖式手机

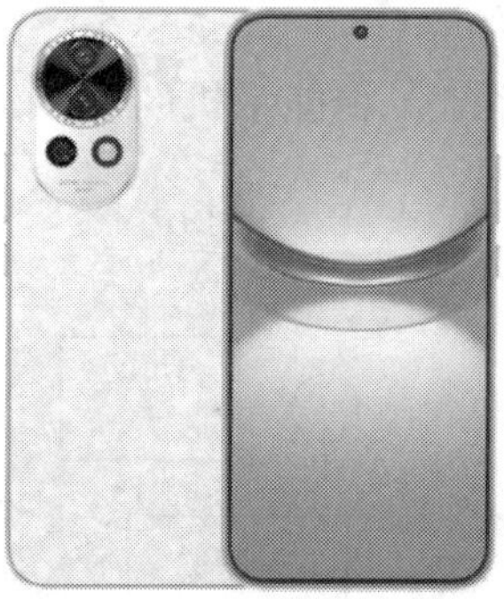

图 9-7　直板式手机

（3）滑盖式。滑盖式手机主要是指手机要通过抽拉才能见到全部机身，如图 9-8 所示。有些机型就是通过滑动下盖才能看到按键；而有些则是通过上拉屏幕才能看到键盘。从某种程度上说，滑盖式手机是翻盖式手机的一种延伸及创新。

（4）腕表式。腕表式手机早期仅有简单的功能，但是发展到智能手机阶段，功能更加齐全。腕表式手机如图 9-9 所示。

图 9-8　滑盖式手机

图 9-9　腕表式手机

（5）侧滑式。侧滑式手机是滑盖式手机的变种，通过向左或向右推动屏幕露出键盘来进行操作。对于大屏幕触摸式操作的智能手机来讲，侧滑大大加快了打字的速度，增强和优化了使用体验，因而受到消费者的欢迎。侧滑式手机如图 9-10 所示。

图 9-10　侧滑式手机

3. 手机的构成

（1）硬件系统。智能手机的硬件架构如图 9-11 所示。

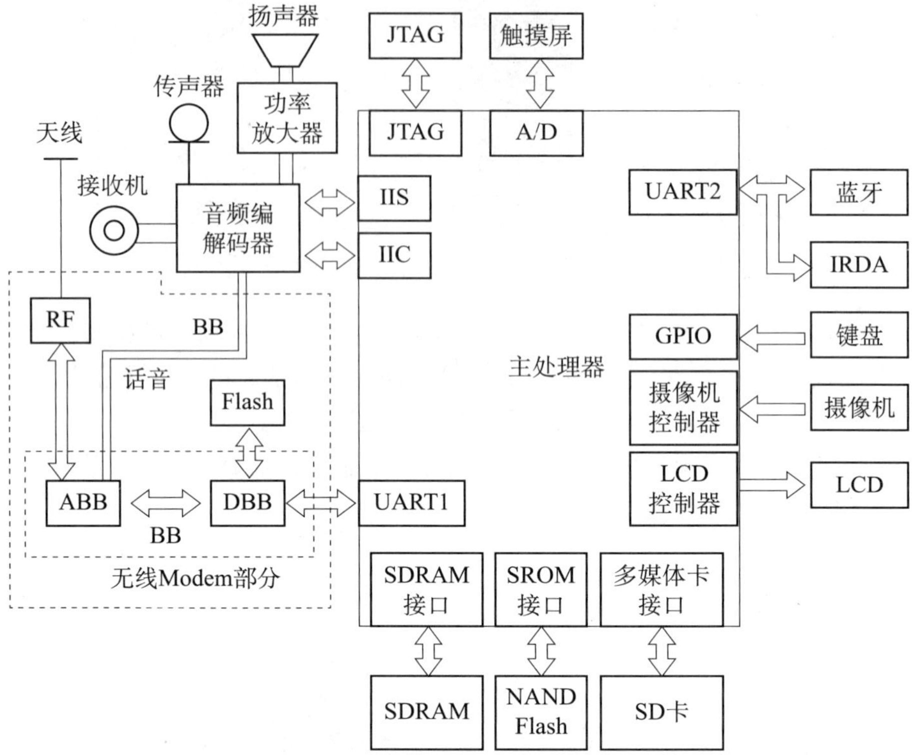

图 9-11　智能手机的硬件架构

1）CPU。一部性能优秀的手机最为重要的是它的“芯”，也就是 CPU。如同电脑 CPU 一样，手机 CPU 是整台手机的控制中枢系统，也是逻辑部分的控制中心。微处理器通过运行存储器内的软件及调用存储器内的数据库，达到控制手机的目的。

2）传感器。智能手机可以实现自动旋转屏幕，主要依靠加速度传感器也就是重力感应器。加速度传感器能够测量加速度，可以监测手机的加速度的大小和方向。

智能手机中还有距离感应器，它能够判断物体的位置。当将距离感应器应用于智能手机中时，手机将会具备多种功能，如接通电话后自动关闭屏幕来省电。

（2）常用操作系统。

1）安卓（Android）。安卓是 Google 于 2007 年 11 月 5 日展示的基于 Linux 平台的开源手机操作系统，该平台由操作系统、中间件、用户界面和应用软件组成。Android 一词的本义指机器人，如图 9-12 所示。安卓的系统架构也和其操作系统一样，采用了分层的架构。从架构图来看，安卓分为 4 层，从高层到低层分别是应用程序层、应用程序框架层、系统运行库层和 Linux 内核层。三星等手机使用安卓系统。

图 9-12　Android

2）iOS。iOS 是由苹果公司开发的移动操作系统。苹果公司最早于 2007 年 1 月 9 日的 Macworld 大会上公布了这个系统，最初是设计给 iPhone 使用的，后来陆续套用到 iPod touch、iPad 上。iOS 与苹果的 macOS 操作系统一样，属于类 Unix 的商业操作系统。原本这个系统名为 iPhone OS，因为 iPad、iPhone、iPod touch 都使用 iPhone OS，所以 2010 年苹果全球开发者大会上宣布改名为 iOS，如图 9–13 所示。

图 9–13　iOS

3）塞班（Symbian）。Symbian 操作系统是 Symbian 公司为手机设计的操作系统，它包含联合的数据库、使用者界面架构和公共工具的参考实现，它的前身是 Psion 的 EPOC，如图 9–14 所示。2008 年 Symbian 公司被诺基亚收购。Symbian 曾经是移动市场使用率最高的操作系统之一，占有大部分市场份额。但随着 Google 的安卓系统和苹果的 iOS 系统火速占据手机系统市场，Symbian 基本已失去手机系统霸主的地位。Symbian 系统的分支有很多，但 2013 年 1 月开始不再发布塞班系统手机。最后一款搭载塞班系统的手机是诺基亚。

图 9–14　Symbian

4）Windows Phone。Windows Phone 是微软发布的一款手机操作系统，如图 9–15 所示。2010 年，微软公司正式发布了智能手机操作系统 Windows Phone，同时将谷歌的安卓和苹果的 iOS 列为主要竞争对手。诺基亚手机曾使用 Windows Phone 系统。

图 9–15　Windows Phone

5）鸿蒙（HarmonyOS）。HarmonyOS 应用与元服务基于同一个鸿蒙系统技术栈开发，同属一个鸿蒙生态。开发者通过业务解耦将应用分解为若干元服务独立开发，按需根据场景组合成复杂应用，如图 9-16 所示。鸿蒙生态应用核心技术理念：一次开发，多端部署；可分可合，自由流转；统一生态，原生智能。

图 9–16　HarmonyOS

4. 智能手机的特点

（1）具备无线接入互联网的能力：为用户提供了便捷的在线体验，使他们可以在任何地点、任何时间访问网络资源，如浏览网页、发送电子邮件或进行社交媒体互动。这种无线连接能力是智能手机与传统手机的主要区别之一，也是现代生活节奏中不可或缺的一部分。

（2）具有 PDA 的功能：包括 PIM（个人信息管理）、日程记事、任务安排、多媒体应用、浏览网页。

（3）具有开放性的操作系统：拥有独立的 CPU 和内存，可以安装更多的应用程序，使智能手机的功能可以得到无限扩展。

（4）人性化：根据个人需要，实时扩展机器内置功能，进行软件升级，具有智能识别软件兼容性功能，实现了软件市场同步。

（5）功能强大：扩展性能强，支持很多第三方软件。

延伸阅读：华为不断成长的质量管理体系

（6）运行速度快：随着半导体行业的发展，CPU 发展迅速，使智能手机在运行方面的速度越来越快。

项目小结

工业品商品有许多特性，掌握其特性将有利于工业品商品在流通过程中的使用和保管。采取相应的措施，就能使工业品商品在流通过程中不受或少受损失，这有利于实现工业品商品的价值和使用价值。

过关检测

一、单选题

1. 商品中水分含量与商品干燥时质量的百分比称为（　　）。

A. 商品的透水性　　B. 商品的吸水率

C. 商品的含水率　　D. 商品的吸湿率

2. 下列属于日用化学商品的是（　　）。

A. 口腔清洁用品　　B. 纺织品

C. 玻璃制品　　D. 塑料制品

3. 肥皂和合成洗涤剂之所以能去除污垢，主要因为在它们的组成中含有（　　）。

A. 分子　　B. 表面活性剂

C. 合成脂肪酸　　D. 油脂

4. 下列属于护肤性化妆品的是（　　）。

A. 护肤霜　　B. 洗发水　　C. 护发素　　D. 洁面乳

5. 下列哪种化妆品属于清洁类化妆品？（　　）

A. 护发素　　B. 洁面乳　　C. 护肤霜　　D. 眉笔

6. 下列属于计算机核心硬件的是（　　）。

A. 耳机　　B. 打印机　　C.CPU　　D. 光盘

二、多选题

1. 工业品商品质量的基本要求可归纳为几个方面？（　　）

A. 适用性　　B. 耐用性

C. 安全卫生性　　D. 结构和外观

2. 工业品商品的性质主要包括哪些性质？（　　）

A. 化学性质　　B. 物理性质

C. 机械性质　　D. 生理生化性质

3. 工业品商品按照组成的化学成分，可分为哪几类？（　　）

A. 金属工业品商品　　B. 无机成分工业品商品

C. 有机成分工业品商品　　D. 高分子有机物工业品商品

三、判断题

1. 商品的吸湿率是指商品中水分含量与商品重量的百分比。(　　)
2. 耐用性是评价很多日用工业品商品质量的主要依据。(　　)
3. 表面活性剂能洗去油性污垢是因为它有分散作用。(　　)

四、思考题

1. 工业品商品的主要化学成分有哪些?
2. 商品的吸湿性及其影响因素是什么?
3. 手机的主要类型有哪些?
4. 分析计算机的系统构成。

五、案例分析

C919 大型客机是我国首次按照国际通行适航标准自行研制、具有自主知识产权的喷气式干线客机，2017 年首飞，2022 年 9 月取得中国民航局型号合格证（TC 证）。

C919 采用的各种先进技术、新型材料、新的设计理念，都是在充分借鉴和吸纳世界上已有成熟技术，是我国自主研发的成果。同时，C919 核心的竞争力主要体现在性价比上，价格只有波音、空客同类产品的一半左右。

C919 作为我国自主研发的大飞机，打破了国外对大飞机技术的长期垄断，实现了中国大飞机零的突破，也标志着中国航空制造迈入新的时代。同时，C919 成功研制还催生了一条国际航空制造产业链，促进了我国航空工业在全国的深度融入，提升了我国在全球航空工业的话语权和影响力。

分析：

1. 相比于竞争对手，C919 的竞争优势有哪些?
2. C919 的成功研制有什么重要意义?

任务实训

◆ 任务描述

各小组自选一种电子产品，通过网络等渠道查找该种商品的商品特性，收集其行业标准及认证，撰写商品介绍报告和 PPT，派代表进行汇报。

◆ 任务目标

（1）了解电子产品的结构、类型。

（2）掌握典型电子产品的质量认证标准。

◆ 任务实施

（1）全班学生按商品类型进行分组。

（2）每组学生选择典型电子产品，收集该种商品的产品结构、质量认证和行业标准等材料。

（3）各小组派代表对本次实训进行总结汇报，并撰写报告。

◆ 成绩评定

评分标准如表 9-1 所示。

表 9-1 评分标准

小组	报告撰写情况（30%）	报告汇报情况（30%）	答疑情况（20%）	小组成员团队协作（20%）	总分

项目十

纺织品商品特性

学习目标

◎ **知识目标**

（1）了解纺织品形成过程，熟悉织物的类别和特点。

（2）明确常见织物及其优缺点。

（3）了解服装标识。

（4）熟悉与服装质量检验相关的知识。

◎ **能力目标**

（1）能够通过简便的方法初步判断常见织物。

（2）会对服装的质量进行简单检验。

（3）会推荐介绍以及帮助顾客挑选服装。

◎ **素养目标**

培养热爱生活、勤于学习的良好生活习惯。

内容结构

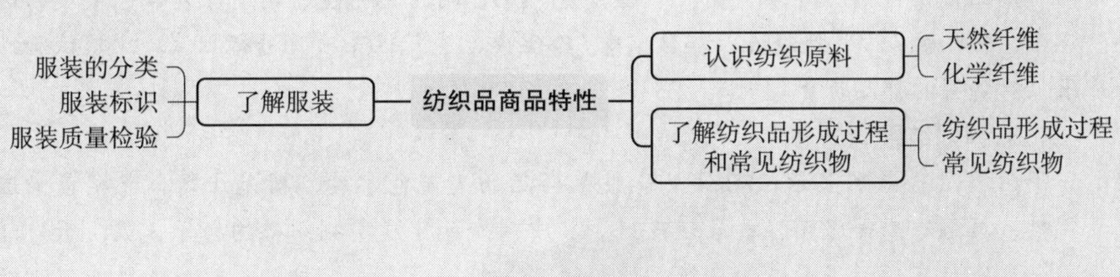

案例导入

北京市消费者协会功能服装比较试验结果

目前，市场上纺织服装宣传的功能性越来越多样化，如吸湿速干、防晒、防紫外线、抗湿抗风、透气防水、凉感等。产品名称也是叫法不一，有防晒衣、皮肤衣、速干衣、防晒帽、遮阳帽、冰袖等。为了解功能服装产品质量的真实状况、保护消费者的合法权益、科学引导指导消费，北京市消费者协会对部分速干类服装、防晒类服装及帽子、防晒类冰袖等功能性纺织产品开展了比较试验。

1. 比较试验样品来源

本次比较试验样品由北京市消费者协会组织工作人员以普通消费者身份从天猫商城、京东商城、唯品会、苏宁易购、亚马逊、拼多多等电商平台购买，涉及71个品牌80件样品。比较试验样品主要分为两大类，其中40件为吸湿速干类产品，主要测试宣称具有“吸湿、速干、吸汗、导湿”等功能的速干类服装；40件为防晒类产品，主要测试宣称具有“防晒、防紫外线、阻隔紫外线、遮阳、UPF40+、UPF50+、接触凉感”等功能的防晒产品，以及标称为皮肤衣、防晒衣、防晒帽、遮阳帽、冰袖等相关叫法的产品。购买价格从14.9元至2 982元不等。

2. 检验标准及项目

本次比较试验委托创标（北京）检测技术服务有限公司依据《国家纺织产品基本安全技术规范》（GB 18401—2010）、《婴幼儿及儿童纺织产品安全技术规范》（GB 31701—2015）、《消费品使用说明第4部分：纺织品和服装》（GB/T 5296.4—2012）、《纺织品纤维含量的标识》（GB/T 29862—2013）、《纺织品吸湿速干性的评定第1部分：单项组合试验法》（GB/T 21655.1—2023）、《纺织品防紫外线性能的评定》（GB/T 18830—2009）、《纺织品 接触瞬间凉感性能的检测和评价》（GB/T 35263—2017）等标准，对速干类服装样品的产品使用说明、纤维含量、甲醛含量、pH、耐汗渍色牢度、耐摩擦色牢度、耐水色牢度、耐光色牢度、耐光汗复合色牢度、吸湿性（滴水扩散时间、吸水率、芯吸高度）、速干性（蒸发速率、透湿量）等项目进行测试；对防晒类产品的产品使用说明、纤维含量、甲醛含量、pH、耐光色牢度、耐光汗复合色牢度、透湿率、防晒性/防紫外线性、接触凉感/冷温感、透气性等项目进行测试。比较试验结果仅对购买的样品负责。

3. 测试结果

比较试验结果显示，80件功能服装样品的耐光色牢度、耐光汗复合色牢度、透气性、接触凉感等服用性能表现良好。其中耐光色牢度实测结果均大于3级，耐光汗复合色牢度实测结果最低为4级，均能达到一般穿着要求；接触瞬间凉感性能实测结果均大于0.15$cm^2 \cdot s$，达到了纺织品凉感评价标准；有30件防晒样品的透气性大于50mm/s，具有较好的透气性能。

经测试，80件样品中有27件存在未达到相关标准要求的现象，其中13件为速干类服装样品，14 件为防晒类样品。在未达到标准的项目中，13 件样品标识存在瑕疵，7 件样品的纤维含量与标识不符，1 件样品的 pH 不符合国家强制性标准，13 件样品的吸湿速干性能差。27 件样品网页宣传具有吸湿或速干功能的相关描述而吊牌未标注，其中 11 件样品吸湿或速干性能未达到国家标准。5 件样品的防紫外线性未达到标准或标称要求，起不到防晒作用或防晒效果差。此外，购于拼多多平台的一件样品实物品牌与宣传不符，涉嫌虚假宣传、欺诈消费者。

● 产品标识

产品标识是在产品或包装上标示的信息和内容，是消费者了解产品质量信息的方式，标识信息的不完整或缺失会误导消费。经测试，80 件样品中有 13 件样品标识存在问题，主要有产品标识中缺少产品标准、安全类别等重要信息，纤维含量、规格型号、洗涤方法标注不规范，不同形式的产品标识中规格号型、洗涤方法标注不一致等问题。

● pH

pH 过高或过低都可能会引发皮肤过敏等不适感，从而影响人体健康。经测试，80 件样品中，有 1 件样品的 pH 不符合国家强制性标准。

● 吸湿速干性

吸湿速干性是指服装把身体产生的汗水迅速吸收，尽量排向外层并尽快挥发，使身体保持干爽的性能。本次比较试验依据《纺织品 吸湿速干性的评定 第 1 部分：单项组合试验法》（GB/T 21655.1—2023）测试，测试项目包括滴水扩散时间、吸水率、芯吸高度、蒸发速率、透湿量。测试时以织物对水的吸水率、滴水扩散时间和芯吸高度表征织物对液态汗的吸附能力，以织物在规定空气状态下的水分蒸发速率和透湿量表征织物在液态汗状态下的速干性。

本次比较试验中，网购的 40 件速干类服装样品在网页宣传或吊牌宣传上明示了具有吸湿、速干、排汗、吸汗、导湿、快干等相关功能的描述。经测试，13 件样品未达到《纺织品 吸湿速干性的评定 第 1 部分：单项组合试验法》（GB/T 21655.1—2023）要求，吸湿速干性较差。在 13 件未达标的样品中，吊牌未标注吸湿速干功能、网页宣传宣称具有该功能的样品有 11 件；吊牌和网页宣传均宣称具有该功能的样品有 2 件。

其中，购于拼多多平台宣称为“某品牌儿童紧身衣运动健身服弹力训练服速干跑步打底套装”的儿童运动衣样品，实际收到的样品标称为“YIPAI”牌，且宣传的吸湿速干性能均未达到相关标准要求。经品牌方确认，该样品非其产品，该网店涉嫌虚假宣传、欺诈消费者。

● 防紫外线性 / 防晒性

具有防晒、防紫外线等功能的产品的作用机理是利用产品吸收和反射紫外线，尽量使紫外线的透射最小，起到对人体的防护作用，减少皮肤灼伤、老化、过敏等伤害。按照《纺织品 防紫外线性能的评定》（GB/T 18830—2009）的标准测定，当样品的 UPF ＞40，且 $T(\mathrm{UVA})_{\mathrm{AV}}$＜5% 时，可称为“防紫外线产品”。UVA 是指波长为 315nm～

400nm 的日光紫外线辐射，UPF 是紫外线防护系数，UPF 数值越大，透射程度越低，产品的防晒性、防紫外线性、遮阳性就越好。

在本次比较试验的 40 件防晒类样品中，吊牌未标注防晒功能、网页宣传宣称具有该功能的样品有 14 件，吊牌和网页宣传均宣称具有该功能的样品有 26 件。未达到标准或标称要求的有 5 件。

本次比较试验的 80 件功能服装样品中，有 11 件样品的产品标识标注了功能性标准，1 件为吸湿速干功能的标准，10 件为防紫外线功能的标准。经测试，11 件样品中有 1 件未达到明示标准要求；17 件宣传具有功能性的样品在产品标识中未明示相关功能性标准，且实测结果未达到相关功能性标准要求。

◎**分析：**

虽然现在市场上有很多宣传防晒的皮肤衣和类似的薄外套、冰袖、遮阳帽，但不是所有商品都具有防晒功能，如商品标识未标注防紫外线不能应用于防晒场景。在购买防晒类商品时，消费者要关注商品吊牌上是否明确标有防晒参数和相关标准；如果没有，建议消费者不要购买，不要盲目地被网页中各种宣传所吸引。另外，一般深色面料的服饰防晒、防紫外线性能比浅色好，织物密度大的面料比密度小的防晒性能好。

消费者购买服装商品时要注意查看商品的使用说明（即商品吊牌），查看内容是否齐全、标识是否准确规范。商品吊牌上应包含生产者的名称和地址、商品名称、规格型号、纤维成分及含量、维护方法、执行标准等内容。购买具有吸湿、速干、防晒、冷感等功能性商品时，消费者还要查看其使用说明中是否标明该商品具有特殊的功能。同时，吸湿速干商品主要分为速干性和吸湿速干性商品两类。消费者应根据实际需求选购，也可参考比较试验的结果选择品牌。

请结合案例，思考：

1. 消费者在购买功能性服装时应注意哪些问题？

2. 这些问题与纺织原料、纺织品的性能有什么关系？

任务一　认识纺织原料

一、天然纤维

天然纤维是自然界中以纤维状存在，稍微加工整理即可作为纺织原料的纤维材料。

（一）植物纤维

1. 棉纤维

棉纤维的主要成分是纤维素，还含有少量的蜡质、果胶质、含氮物、矿物质和其他物质。棉纤维是具有很多天然捻曲、表面有沟痕、中间有中腔的扁平带状物。

棉纤维的主要性能：具有较大的吸湿性，这主要是因为纤维素大分子含有亲水性的羟基，而且在纤维素填充层之间存在很多孔隙；是热的不良导体，具有良好保温性能；是电的不良导体，干的棉纤维的介电常数约为 3；具有较强的耐光性、耐热性和耐碱性。在有张力的条件下，将棉纤维用浓氢氧化钠溶液处理，使纤维溶胀而性能改善，可制成市场上广泛受欢迎的丝光棉。

2. 麻纤维

麻的种类很多，作为纺织品原料的主要是麻和亚麻。麻纤维的主要成分也是纤维素，不同程度地含有半纤维素、果胶质和木质素。麻纤维的纤维素含量越多，则品质越好。果胶质含量越多，则越粗糙且易折断。木质素含量越多，则越容易变色。

麻纤维有其他纤维难以比拟的优势：具有良好的吸湿散湿与透气的功能，传热导热快、凉爽挺括、出汗不贴身、质地轻、强力大、防虫防霉、静电少、织物不易污染、色调柔和大方、适宜人体皮肤的排泄和分泌。麻纤维历来是我国重要的纺织纤维之一，在世界上享有盛誉。

（二）动物纤维

1. 蚕丝

可用作纺织原料的蚕丝主要有桑蚕丝、柞蚕丝和木薯蚕丝，其中以桑蚕丝为主。

桑蚕丝：亦称家蚕丝，是以桑叶为饲料的桑蚕化蛹前结茧时所吐的丝。茧层中丝缕排列规则，由丝胶黏结成片，可缫制成生丝，生丝手感较硬，光泽较差，可直接供织造用。生丝经精练脱胶后，呈纯白色，丝身柔软，称“熟丝”或“精练丝”。桑蚕丝大都呈白色，光泽柔和，纤维细而柔软，平滑，强伸度较好，富有弹性，吸湿性好，是珍贵的纺织原料。

柞蚕丝：以柞树叶为饲料的柞蚕化蛹前结茧时所吐的丝。柞蚕丝多呈淡褐色，具有耐晒、弹性好、滑挺等优点，但不易染色，用以织制柞丝绸、针织内衣等。

木薯蚕丝：以木薯叶为饲料的蚕化蛹前结茧时所吐出的丝。品质较桑蚕丝低，蚕茧呈榧子形，尖端有小孔，茧衣较厚，茧层松软，不能缫丝，可作绢纺原料。

2. 羊毛纤维

羊毛纤维也是一种优良的天然蛋白质纤维。构成羊毛的主要成分是角质蛋白，平均含量在 97% 以上。羊毛纤维有无髓毛和有髓毛之分。无髓毛由鳞片层和皮质层组成；有髓毛由鳞片层、皮质层和髓质层 3 部分组成。鳞片层是包覆在羊毛最外层的扁平状鳞片状物质，可保护毛纤维不受外界损伤，使毛纤维表面光泽柔和，并产生缩绒性。皮质层在鳞片层的里面，由角朊构成，是羊毛的主要成分，细胞之间和分子之间的空隙很多。皮质层是毛纤维中最主要的一层，直接影响羊毛的物理和机械性能。该层越厚，其强度、伸度和弹性就越好。髓质层位于纤维中心部位，由结构松散、联系不紧密的角蛋白细胞和空气组成，在潮湿环境中，可提高羊毛的含水率。该层会降低羊毛的品质，因此无髓毛具有较高的纺织价值，而有髓毛纺织价值却很低。

羊毛纤维的主要性能：具有较强的吸湿性，因为羊毛的角朊结构上含有多种亲水性基团，皮质层和髓质层又存在很多孔隙；具有缩绒性，羊毛纤维在湿、热和机械力的作用下，能相互穿插纠缠，咬合紧密，从而引起织物面积收缩且厚度加大；具有优良的弹性，用毛料制成的服装不易发生褶皱或变形；具有耐酸性，在弱酸条件下比较稳定。

二、化学纤维

（一）富强纤维

富强纤维也称富纤、高性能粘胶纤维。富纤是在粘胶纤维的基础上改进而成的，其原料与粘胶纤维相同，但对原料的要求较高，多用棉浆或高级木浆加工而成。在制造过程中，富纤的化学处理方法和生产工艺也与粘胶纤维有所不同。富纤的强度特别是湿强度比普通粘胶纤维高，断裂伸长率较小，尺寸稳定性良好。普通粘胶纤维的耐磨性较差，而富纤则有所改善。

（二）合成纤维

1. 涤纶纤维

涤纶纤维，俗称“的确良”。涤纶纤维是由有机二元酸与二元醇缩聚而成的聚酯经纺丝所得的合成纤维，因此又称聚酯纤维。它的主要品种是聚对苯二甲酸乙二酯纤维。

涤纶纤维的主要性能：弹性好，涤纶纤维制品的最大特性之一是抗褶皱性特别好，挺括美观，水洗也不变形；强度高，耐磨性仅次于锦纶，比羊毛纤维高 3 倍；吸湿性差，卫生性能较差；热稳定性和耐光性好。

2. 锦纶纤维

锦纶纤维又称聚酰胺纤维。

锦纶纤维的主要性能：耐磨性强，其耐磨性居各种纤维之首；强力大，目前是民用化学纤维中强度最高的一种；耐腐蚀性好，对酸和碱均具有较强的抵抗能力；吸湿性较好，比涤纶纤维和腈纶纤维要好；耐光性差，在阳光下暴晒强度会明显下降，会褪色发黄。

3. 腈纶纤维

腈纶纤维是丙烯腈与其他单体的共聚物。这种纤维由于柔软、保暖、卷曲、蓬松，可和羊毛媲美，因此有“合成羊毛”之称。

腈纶纤维的主要性能：保暖性好；耐光性和耐气候性好，是纺织纤维中最好的一种；弹性好，仅次于锦纶纤维和涤纶纤维；耐热性较好；耐磨性和吸湿性差，其耐磨性不如棉花和羊毛，更不如锦纶纤维和涤纶纤维。

4. 维纶纤维

维纶纤维又称聚乙烯醇缩甲醛纤维、维尼纶、维纳纶等。

维纶纤维的主要性能：吸湿性好，在合成纤维中，其吸湿性最强；耐光性好，具有耐日光暴晒的特点；耐磨性较好；耐热性差。

5. 氯纶纤维

氯纶纤维又称聚氯乙烯纤维，它是以聚氯乙烯为原料，经过加工处理制成的。

氯纶纤维的主要性能：化学稳定性好，对酸、碱、氧化剂有很高的抵抗能力；防火性很好，其燃烧时一离开明火就自行熄灭；吸湿性极弱，接近于零；保暖性好，比棉花还要好；电绝缘性好；耐热性差。

6. 丙纶纤维

丙纶纤维又称聚丙烯纤维。

丙纶纤维的主要性能：强度高；化学稳定性好，耐酸碱和化学溶剂的性能都好；耐磨性好，其织物耐摩擦、不易起球；吸湿性差。

7. 氨纶纤维

氨纶纤维又称聚氨酯纤维。

氨纶纤维的主要性能：弹性好，弹性回复率大；耐热性好；染色性好。

常用服装纤维的鉴别方法如表 10-1 所示。

表 10-1　常用服装纤维的鉴别方法

纤维名称	接近火焰时	在火焰中	离开火焰后	燃烧后的残渣	燃烧时的气味
棉纤维、麻纤维、粘胶纤维	不熔不缩	迅速燃烧	继续燃烧	少量灰白色的灰	烧纸味
羊毛纤维、蚕丝	收缩	渐渐燃烧	不能继续燃烧	松脆黑色硬块	烧毛臭味
涤纶纤维	收缩、熔融	先熔后燃烧，且有熔液滴下	继续燃烧	玻璃状黑褐色硬球	特殊芳香味
锦纶纤维	收缩、熔融	先熔后燃烧，且有熔液滴下	继续燃烧	玻璃状黑褐色硬球	氨臭味
腈纶纤维	收缩、熔融	熔融燃烧，有发光小火花	继续燃烧	松脆黑色硬块	辣味
维纶纤维	收缩、熔融	燃烧	继续燃烧	松脆黑色硬块	特殊甜味
丙纶纤维	缓慢收缩	熔融燃烧	继续燃烧	黄褐色硬球	轻微沥青味
氯纶纤维	收缩	熔融燃烧，有大量黑烟	不能继续燃烧	松脆黑色硬块	氯化氢臭味

常用服装纤维的优、缺点及适用性如表 10-2 所示。

表 10-2　常用服装纤维的优、缺点及适用性

纤维名称	优点	缺点	适用性
羊毛纤维	保暖性好，弹性好，吸湿性强，光泽柔和，耐酸，耐日晒（但暴晒会使纤维发黄）	缩绒，耐碱性差	中、高档服装
蚕丝	纤维细而柔软，平滑富有弹性，光泽好	耐碱性弱，耐光性差，易褪色	夏季时装，高档服装
麻纤维	强度高，吸湿散湿快，不贴身，静电少、抑菌、抗紫外线，外观挺括	缺弹性和光泽，易皱	夏季衣料
棉纤维	天然卷曲，纤维细而短，吸湿保温，耐碱性好	弹性差，光泽暗淡，抗酸性能弱，易霉、易皱	内衣、睡衣等贴身衣服或婴儿、儿童服装

续表

纤维名称	优点	缺点	适用性
粘胶纤维	吸湿性强，染色容易、鲜艳	耐磨性差，弹性差，强度小，易褶皱起毛	中档服装面料
涤纶纤维	抗皱抗缩，耐磨性好，变形回复能力强	染色性差，吸湿性差，透气性差，易起球	一般时装面料
锦纶纤维	强度高，弹性好，耐磨，耐酸碱	吸湿性小，保型性差，耐光性差，易起球	登山服、运动服、袜子、泳衣
腈纶纤维	染色鲜艳，弹性好，柔软保暖、尺寸稳定性较好，耐日晒	耐磨性差，吸湿性、耐碱性较差，易起球	户外服、运动服、毛衣
丙纶纤维	强度高，耐磨性好，抗腐，不霉不蛀，耐酸碱	吸湿性差，不透气，耐光性差，不易着色	一般衣料、工作服
维纶纤维	吸湿性好，强度高，柔软，耐磨，耐日晒，耐酸碱	弹性差，染色性差，耐热性差	工作服或帆布类的低档物料服装
氯纶纤维	阻燃性好，耐酸碱，抗潮湿，保暖，耐晒	强度和弹性较差，不耐磨，染色性差	工作服

任务二　了解纺织品形成过程和常见纺织物

一、纺织品形成过程

纺织品形成过程包括纺纱和缫丝、织造、印染等工序。

（一）纺纱和缫丝

纺纱是指紊乱的相互纠缠的纤维材料经过混合、开松、除杂和梳理等加工工艺，制成条状，逐渐拉伸，最终形成一定细度、强度和具有其他使用性能的细长物体的过程。其形成的细长物体为单纱或纱，再将两根或两根以上单纱合并加捻制成的产物称为股线。

缫丝是指将若干粒蚕茧同时进行离解并加以胶合，使其成为多根茧丝合成的细长物体的过程。因为单根茧丝是由一粒蚕茧构成的，十分细弱，不能直接用作织造原料，所以必须经过缫丝才能使用。

（二）织造

织造是纱线形成织物的过程，即将纱线或丝分经、纬，经过一系列的准备工作后，在织机上进行机械加工而生产片状物的整个过程。织机的类型很多，其结构特征等随所用原料和所织织物的不同而不同。织造技术经历了漫长的发展历史，涌现出多种不同的技术和方法。常见的织造技术包括经编、纬编等。

（三）印染

1. 染色

染色是工作人员将染料均匀地分布在织物上，使整个织物染上所需的颜色的过程。主要的技术有浸染等。

2. 印花

印花是指通过印刷在织物上形成图案的工艺过程，主要方法有直接印花、拔染印花、平网印花、转移印花等。

3. 整理

各种织物印染后都需要进行整理。基本整理方法有：稳定尺寸、改善外观的整理方法，改善手感、优化性能的整理方法，使面料获得多功能、高附加值的整理方法，使面料高级化的整理方法，满足特殊要求的整理方法。

二、常见纺织物

（一）常见纺织物的类别

1. 按用途分类

（1）民用：服用（衣着用）、床上用、装饰用、家具用等。

（2）产业用：工农业、交通运输等。

（3）特种用：国防、航天、医用、消防等。

2. 按原料分类

（1）纯纺：各种纤维的单纯制品。

（2）混纺：混合织造各种纤维。

（3）交织：短纤纱与长纤纱交织，或不同种类纤维进行交织。

（4）涂层：织物做基层，表面涂其他非纤维性物质。

3. 按工艺原理分类

织物按工艺原理可分为机织物、针织物、非织造物、组合型织物以及综合型织物等。

4. 按色相分类

织物按色相可分为本色（原色）织物、漂白布、印花布等。

5. 按风格特征分类

织物按风格特征可分为棉型、毛型、丝型、麻型、新型织物等。

（二）常见纺织物的品种

1. 棉织物常见品种

棉织物又称棉布，是以棉纱线为原料织造的机织物。棉织物穿着舒适，是广受欢迎的服装材料。

（1）平布，属于平纹组织织物，经纬纱细度和密度接近或相同，组织简单，结构紧密，表面平整，品种很多，常见的有漂白布、染色布和印花布。

（2）绒布，布面呈丰润绒毛状的一种棉织物。以中等粗细的棉纱作经，粗的棉纱作纬，采用平纹或斜纹组织织成，然后起毛（使纬纱表面部分的纤维拉起而成为绒毛），质地柔软，保暖性好，分单面绒和双面绒两种。绒布适宜制作冬季内衣、睡衣、童装、被里等。

（3）府绸，用细的棉纱线作经纬织成的平纹织物。府绸是主要的棉织物品种。府绸经密高、纬密低，布面呈现经纱构成的菱形颗粒状，织后多经漂白、丝光或染色，有色织、提花和印花等品种，质地细密平滑，主要用于制内衣、衬衫等。

（4）泡泡纱，布面呈凹凸起伏的一种薄型平纹棉织物，具有穿着透气舒适，洗后无须熨烫等优点。构成方法：一是利用两种不同张力或不同捻系数的纱线形成持久的凹凸纹；二是印花时将含有氢氧化钠的色浆印在棉布上，受氢氧化钠作用的棉纱线发生收缩，未印部分则保持原状，因而布面呈现泡泡状凹凸纹；三是利用机械轧纹使布面呈现凹凸纹，适宜制作衣裙及睡衣等。

（5）灯芯绒，布面呈纵向绒条的一种棉织物，由一组经纱和两组纬纱交织而成，其中一组纬纱与经纱交织构成有规律的浮纬，供割纬起绒，品种常呈素色，亦有提花和印花，布身质地厚实，保暖性好，适宜制作外衣、童装、鞋帽、幕布和窗帘等。

（6）平绒，以中等粗细的纱线作经纬，专门的经纱或纬纱在织物表面形成短密绒毛的棉织物，常经染色、印花、起绒等工艺处理，布面平整，富有光泽，绒毛稠密，布身厚实而柔软，适于制作妇女及儿童服装、帽子及影剧场帘幕、吸声壁布等。

2. 毛织物常见品种

毛织物，又称呢绒，是以羊毛、特种动物毛为原料或羊毛与其他纤维混纺、交织的纺织品。毛织物主要供衣着用，少量为工业用。毛织物可分为精纺呢绒、粗纺呢绒和长毛绒3类。

（1）精纺呢绒，用精梳毛纱织制。精纺呢绒所用原料纤维较长而细、平直，纤维在纱线中排列整齐，纱线结构紧密。精纺呢绒的经纬纱常用双股36～60公支毛线。精纺呢绒的品种有花呢、华达呢、哔叽等。多数织物表面光洁，织纹清晰。

（2）粗纺呢绒，用粗梳毛纱织制。因纤维经梳毛机梳毛后直接纺纱，纱线中纤维排列不整齐，结构蓬松，外观多绒毛。粗纺呢绒的经纬纱通常采用单股4～16公支的毛纱。粗纺呢绒的品种有海军呢、制服呢、法兰绒和大衣呢等。多数织物经过缩呢，表面覆盖绒毛，织纹较模糊或者不明显。

（3）长毛绒，是经纱起毛的立绒织物。长毛绒是在机上织成上下两片棉纱底布，中间用毛经联结，对剖开后，正面有几毫米高的绒毛，手感柔软，保暖性强。长毛绒的主要品种有海虎绒和兽皮绒。

精纺呢绒幅宽一般为144cm或149cm，粗纺呢绒为143、145或150cm，长毛绒为118～122cm。一般轻薄的精纺呢绒仅重100g/m^2，厚重的在380g/m^{2}以上。轻薄的粗纺呢绒仅重180g/m^2，厚重的可达670g/m^{2}以上。长毛绒重量为430～850g/m^2。

毛织物可分为粗针毛织物和细针毛织物。粗针毛织物一般用一些凹凸立体的花形，通过扭绳搬花、夹色镂空等工艺混合交叉进行织造。毛织物有花型美观大方、粗犷立体感强，秋冬做外套舒适保暖时尚，并且花型长久不变等优点。细针毛织物是毛织行业主要生产的物品，现代工艺和电脑横机的发展使细针毛织物款式更加丰富，花型时尚美观立体多样，色彩绚丽和谐丰富，结合各种辅料和美化工艺织造的毛织物深受现代女性的欢迎。

各种毛织物满足四季穿着要求，主要适合在春秋季节穿着，冷暖温度适宜，美观大方时尚。毛织物塑型修身美体，能够很好地体现女性的线条美、身体曲线美。

3. 丝织物常见品种

（1）纺类。纺是长丝或长丝与短纤维交织织成的平纹素、花织物。纺类织物一般用经纬长丝，表面平整、轻薄、柔软。常用的纺类有电力纺、富春纺等。

（2）绫类。绫类织物的地纹是各种经面斜纹组织或以经面斜纹组织为主，混用其他组织制成的花、素织物。常见的绫类织物品种有细绫、单丝绫等。

（3）罗类。运用罗纹组织织造使织物表面具有纱空眼的花、素织物统称罗类丝绸。罗类丝绸的品种有横罗、直罗。罗类丝绸原产于浙江省杭州市，因此又称杭罗。杭罗历史悠久、品质优良，是传统名品。它是纯蚕丝织物，特点是面料风格雅致，质地紧密结实，纱孔通风、透凉，穿着舒适、凉爽。

（4）绸类。绸是丝织品中重要的一类。绸类织物品种很多，按所用原料分，有鸭江绸、双宫绸等。

（5）缎类。缎类织物俗称缎子，品种很多。缎类织物是丝绸织物中技术最为复杂、织物外观最为绚丽多彩、工艺水平最为高级的品种之一。其特点是平滑光亮，质地软。常见的缎类织物有花软缎、素软缎、织锦缎、古香缎等。古香缎、织锦缎花型繁多，色彩丰富，纹路精细，雍容华贵，具有民族风格。花软缎、织锦缎、古香缎可以做旗袍、被面、棉袄等。

（6）绉类。运用织物组织或运用各种工艺条件，使织物表面发生皱缩的丝绸织物统称绉类丝绸。其特点是手感柔软，色泽鲜艳，柔美，有弹性。绉类可以做各种衣服。绉类丝绸的品种很多，常见的有双绉、碧绉、留香绉等。

（7）绢类。绢类织物采用平纹组织织造，质地轻薄，坚韧、挺括、平整，一般常见的有天香绢、筛绢等。天香绢可以做妇女服装、童装等。绢类织物容易起毛，不宜多洗。

（8）锦类。锦类织物是中国的传统高级彩色提花织物，是采用缎纹、斜纹组织等色织的织物。锦类织物花色变化繁多，绚丽多彩、悦目，具有很强的艺术性和民族特色，主要有云锦、蜀锦等。

（9）纱类。纱是一种采用绞纹组织，均匀分布纱孔的花、素织物。其质地轻薄而透明。

（10）绡类。绡是一种平纹或变化平纹的轻薄而透明的丝织物。绡类织物一般以蚕丝、人造丝、合成纤维为原料。绡类织物的品种较多，有建春绡、闪碧绡、迎春绡等。

（11）呢类。呢是采用基本组织和变化组织织制的丝织物。它是一种粗犷的丝织物，其经、纬丝较粗，织造时使用绉组织，使织物表面呈现分布不匀而稍有凹凸的外观效果；手感柔软厚实，富有弹性，光泽柔和、质地丰厚。

（12）绨类。绨是用有光粘胶长丝作经纱，棉丝、蜡纱作纬纱织制的平纹丝织物，有花绨、素线绨等品种。其质地比较粗厚，但比其他丝织物结实耐用，适宜做秋冬季服装面料或被面等。

（13）葛类。葛是用平纹或斜纹等变化组织织制的丝织物。织物质地比较厚实，并有明显横菱纹。织物经细纬粗，经密纬疏；经丝多用桑蚕丝或人造丝，纬丝多用棉纱、人造丝及混纺纱。

（14）绒类。绒类织物外观有绒毛，质地比较坚牢。市场上常见的有乔其绒、金丝绒等，其特点是手感良好、庄丽华贵，可以做帷幕、窗帘、旗袍等。

（三）常见纺织物的优缺点及洗涤指南

1. 棉织物的优缺点及洗涤指南

（1）棉织物的优缺点。

1）优点。

吸湿性强：棉织物具有良好的吸湿性，可以吸收身体的汗液和湿气，保持皮肤相对干燥舒适。

透气性好：棉织物有良好的透气性，可以使空气流通，让皮肤进行良好的呼吸。

舒适度高：由于棉织物柔软、亲肤性好，因此人们穿着棉织物制成的衣物舒适度较高，皮肤的刺激和不适感相对较小。

耐穿耐用：棉织物具有较好的耐磨损性能，经久耐用，不易磨损变形，能经受频繁的穿着和洗涤。

容易染色：棉织物易于染色，可以呈现丰富多样的色彩和图案效果。

2）缺点。

易皱缩：由于棉织物在潮湿环境下容易收缩和皱褶，因此需要经常熨烫来保持平整的外观。

不易干透：相较于合成纤维，棉织物吸湿性强，但干燥速度较慢，需要较长时间才能完全干透。

容易变形：由于棉织物在遇到水和热时容易变形，因此需要特别注意洗涤和烘干的方法，避免尺寸发生变化。

耐久度较差：尽管棉织物耐磨损，但相较于一些合成纤维，如聚酯纤维，其耐久度和拉伸强度相对较低。

（2）棉织物的洗涤指南。

1）分类：我们要将棉织物按颜色和洗涤要求分类，分别洗涤浅色和深色的棉织物，以防止染色交叉。

2）温度：我们要查看洗衣标签上的指示，根据指示确定适当的洗涤温度。通常棉织物可以用温水或冷水洗涤。特别脏或需要杀菌的棉织物，可以用热水洗涤。

3）洗涤剂：选择适合棉织物的洗涤剂时，我们可以使用液体洗衣剂或粉末洗衣剂；避免使用含有漂白剂或漂白成分的洗涤剂，除非在洗涤标签上有相关指示。

4）洗涤程序：我们要选择适当的洗涤程序，可以是正常洗涤、轻柔洗涤或手洗。洗涤时要遵循洗衣机的操作说明或按手洗的指示进行。

5）注意事项：我们要避免过度装载洗衣机，以免影响洗涤效果和衣物的摩擦；如有特殊污渍，我们可以在洗涤前先进行局部处理或预处理；避免使用硬质刷子或剧烈搓揉，以免损坏纤维或导致起球现象；如有需要，可以使用柔顺剂来提升棉织物的柔软度和光泽度。

6）烘干：大多数棉织物可以通过烘干机进行烘干，我们要选择适当的烘干温度；也可以选择晾晒，将棉织物晾晒至干燥。

2. 毛织物的优缺点及洗涤指南

（1）毛织物的优缺点。

1）优点。

保暖性强：毛织物具有出色的保暖性。毛织物可以在寒冷的气候条件下提供良好的保温效果，使人体保持温暖舒适。

透气性好：毛织物的纤维结构使其具有良好的透气性，可以促进空气流通，防止过度出汗，并帮助调节体温。

弹性好：毛织物具有良好的弹性，能够保持衣物的形状和质感，不易变形。

耐久性较好：毛织物通常比其他纤维织物更耐久，具有较高的耐磨损性。它们可以经受频繁地使用和洗涤而不容易损坏。

抗皱性好：毛织物的纤维结构使其具有较好的抗皱性能，相对于其他纺织品来说，它们在穿着和折叠后更不容易出现明显的皱褶。

2）缺点。

容易起球：毛织物在使用和洗涤过程中容易产生毛球，这是纤维之间的摩擦引起的。毛球的产生会影响织物的外观和手感，需要定期去除。

需要特殊护理：毛织物通常需要特殊的护理和清洗方法。一些毛织物可能需要干洗，而不适宜水洗，以免发生缩水、变形或毛发纤维受损。

可能引发过敏：对于一些人来说，与毛织物接触可能引发过敏反应，如瘙痒、皮肤刺激或过敏性鼻炎。这取决于个人的敏感性和对毛纤维的耐受能力。

吸湿性差：相较于一些天然纤维，毛织物的吸湿性较差，容易让人感到潮湿和不透气。

高成本：相较于合成纤维和某些天然纤维，毛织物通常价格较高，因为毛发纤维的获取和加工成本较高。

（2）毛织物的洗涤指南。

我们在洗涤毛线及毛衣裤前，应拍去灰尘，然后放在冷水中浸泡15～20分钟；取出衣物挤干水后，应选用去污力强、洗后手感柔软、光泽好、易漂洗的中性洗涤剂溶液、洗衣粉溶液或碱性较弱的洗涤剂溶液（如肥皂水溶液），将衣物放入其中轻轻搓洗，以防止对衣物的损伤，然后再用清水洗净。为了保持色泽的鲜艳度，我们可在水中滴入2%的醋，用以中和残留的肥皂液。洗净后挤去水分，放入网兜内，挂在通风处晾干，至八成干时取出，将其铺平挂起再晾干。为了避免毛线被缠绞、卷乱及毛衣裤的变形或破损，最好将毛线及毛衣裤装入纱布袋中弱洗，洗涤时间不宜过长，水温不宜过热。晾晒时，为了防止衣裤的坠长，可平摊在台面上使其自然干燥，也可以将毛线、毛衣裤叠好并放在干净的网袋里晾干。

3. 丝织物的优缺点及洗涤指南

（1）丝织物的优缺点。

1）优点。

光泽和质感：丝织物具有独特的光泽和柔滑的质感，给人一种高雅、豪华的感觉，使服装和家居用品更加精致和优雅。

透气性好：丝织物具有良好的透气性，可以使空气流通，让皮肤进行良好的呼吸，使人感觉舒适。

吸湿性强：丝织物具有较好的吸湿性，可以吸收身体的汗液和湿气，保持皮肤相对干燥。

保暖性：丝织物具有一定的保暖效果，能够在寒冷的环境中使人体保持温暖。

轻盈和柔软：丝织物非常轻盈和柔软，穿着丝织物制成的衣物舒适度高，具有良好的触感。

2）缺点。

昂贵：丝织物价格较高，因为其采集和加工成本较高。

易破损：因为丝织物相对脆弱，容易磨损和破损，所以我们需要小心处理和维护，避免丝织物与尖锐物品或粗糙表面摩擦。

不耐久：相较于一些合成纤维和其他天然纤维，丝织物的耐久性较差，容易因为磨损、使用和清洗而出现损坏。

容易变形：丝织物容易受潮湿影响而发生变形，需要特别注意洗涤和保养的方法。

护理要求高：丝织物需要特殊的护理和清洗方法，一般不适合机洗，常需要手洗或干洗，因此护理起来较为麻烦。

（2）丝织物的洗涤指南。

首选手洗：我们最好采用手洗的方式清洗丝织物，以避免机洗可能引起的损坏。我们要准备一个洗涤盆或水槽，装入适量温水（不要用热水），加入专用的丝绸洗涤剂或温和的液体洗衣剂。

小心搅拌：我们要将丝织物放入水中，轻轻搅拌，但避免过度拉伸或搓揉，以免导致纤维破损或变形，特别注意处理衣领、袖口和细节部分。

清洗时间控制：丝织物的清洗时间应尽量控制在短时间内，避免长时间浸泡，以免损害纤维结构。通常，5～10分钟的清洗时间较为适宜。

清洗剂选择：选择专门为丝织物设计的洗涤剂或温和的液体洗衣剂，避免使用含有漂白剂或强碱性成分的洗涤剂，以免损害丝织物。

漂洗彻底：我们要用清水反复漂洗丝织物，确保所有洗涤剂都被冲洗干净；可以多次漂洗，直到水清澈为止。

去除水分：我们要轻轻挤压或将丝织物在毛巾上轻轻卷起，以吸去多余的水分，但不要用力拧干或扭曲丝织物。

避免阳光直射：我们要将丝织物平铺或挂在阴凉通风的地方进行自然晾干，避免阳光直射；避免使用烘干机，因为热风可能会导致丝织物缩水或变形。

细心熨烫：如果丝织物需要熨烫，我们要将丝织物内侧与熨斗接触，选择低温或丝绸模式，使用蒸汽熨斗轻轻熨烫；避免熨烫过热或直接接触熨斗。

课堂训练

请对自己所穿服装进行观察、分析后填写表 10-3。

表 10-3　服装面料表

序号	服装	面料成分	优缺点

任务三　了解服装

一、服装的分类

服装的种类很多。服装的基本形态、品种、用途、制作方法、原材料不同，亦表现出不同的风格与特色。服装可以依据适穿对象的性别、年龄，季节等不同进行分类。

（一）按适穿对象的性别分类

按适穿对象的性别分类，服装分为男装、女装、男女共用服。

（二）按适穿对象的年龄分类

按适穿对象的年龄分类，服装分为婴儿服、童装、青少年装、成人装、中老年装。

（三）按季节分类

按季节分类，服装分为春装、夏装、秋装、冬装。一些地区也将服装分为春夏装和秋冬装。

（四）按用途和功能分类

按用途和功能分类，服装分为内衣和外衣两大类。内衣紧贴人体，起护体、保暖、整形的作用；外衣由于穿着场所不同，用途各异，品种类别很多，又可分为社交服、职业服、运动服、室内服、舞台服等。

（五）按服装面料与工艺分类

按服装面料与工艺分类，服装分为棉麻服装、化纤服装、毛皮服装、针织服装、羽绒服装、刺绣服装等。

（六）按特殊功用分类

按特殊功用分类，服装分为消防服、高温作业服、潜水服、飞行服、登山服等。

商业经营中，特别是零售商店，往往根据陈列、布局的需要采取其他的分类方法。常见的分类方法是将男装、皮革服装、童装独立，女装细化分类。例如：女装通常细分为休闲装、少女装、特色装、淑女装、成熟装、孕妇装等。

二、服装标识

（一）制造者的名称和地址

进口商品除了标注产地，还应标注代理商（经销商）在国内注册的名称和地址。

（二）商品名称

生产者要按标准选用不会引起误解的名称或俗名，使用奇特名称时应在同一部位标注正常名称。

（三）号型与规格

按国家标准《消费品使用说明 第4部分：纺织品和服装》（GB/T 5296.4—2012）及国家推荐标准《服装号型 男子》（GB/T 1335.1—2008）、《服装号型 女子》（GB/T 1335.2—2008）、《服装号型 儿童》（GB/T 1335.3—2009）的规定标注。

1. 男子/女子类

号型系列以各体型中间体为中心，向两边依次递增或递减组成。

身高以5cm分档组成系列。

胸围以4cm分档组成系列。

腰围以4cm、2cm分档组成系列。

身高与胸围搭配组成5·4号型系列。

身高与腰围搭配组成5·4、5·2号型系列。

2. 儿童类

身高52cm～80cm婴儿，身高以7cm分档，胸围以4cm分档，腰围以3cm分档，分别组成7·4和7·3系列。

身高80cm～130cm儿童，身高以10cm分档，胸围以4cm分档，腰围以3cm分档，分别组成10·4和10·3系列。

身高 135cm～155cm 女童，135cm～160cm 男童，身高以 5cm 分档，胸围以 4cm 分档，腰围以 3cm 分档，分别组成 5 · 4 和 5 · 3 系列。

（四）纤维成分和含量

按国家标准《消费品使用说明 第 4 部分：纺织品和服装》（GB/T 5296.4—2012）及《纺织品 纤维含量的标识》（GB/T 29862—2013）的规定标注。

每件产品应附着纤维含量标签，标明产品中所含各组分纤维的名称及其含量。

每件制成品应附着纤维含量的耐久性标签。

对采用耐久性标签影响产品的使用或不适宜附着耐久性标签的产品（面料、绒线、手套和袜子等），可以采用品牌等其他形式的标签。

整盒或整袋出售且不适宜采用耐久性标签的产品，当每件产品的纤维成分相同时，可以以销售单元为单位提供纤维含量标签。

当被包装的产品销售时，如果不能清楚地看到纺织产品上的纤维含量信息，则还需要在包装上或产品说明上标明产品的纤维含量。

含有两个及以上且纤维含量不同的制品组成的成套产品；或纤维含量相同，但每个制品作为单独产品销售的成套产品，则每个制品上应有各自独立的纤维含量标签。

纤维含量相同的成套产品，并且成套交付给最终消费者时，可将纤维含量的信息仅标注在产品中的一个制品上。

如果不是用于交付给最终消费者的产品，其纤维含量标签的内容可采用商业文件替代。

耐久性纤维含量标签的材料应对人体无刺激；应附着在产品合适的位置，并保证标签上的信息不被遮盖或隐藏。

纤维含量标签上的字迹应清晰、醒目，文字应使用国家规定的规范汉字，也可同时使用其他语种的文字，但应以中文标识为准。

纤维含量可与使用说明的其他内容标注在同一标签上，当一件纺织产品上有不同形式的纤维含量标签时，应保持其标注内容的一致性。

（五）洗涤方法

按国家标准《纺织品 维护标签规范 符号法》（GB/T 8685—2008）的规定标注。洗涤方法包括水洗、漂白、干燥、熨烫等。

服装商品特性

课堂训练

请大家分析所购买的某款服装的标注。

三、服装质量检验

由于服装商品具有特殊性，因此我们在销售、购买中的简单感官检验与生产和贸易中规定标准的质量检验有着很大的差距。规范的质量检验不仅包括尺寸、规格以及外观的检验，也包括工艺质量、安全卫生指标等多方面的检验。

（1）规格检验。质检人员可以通过具体测量主要部位的尺寸，检验服装是否在允许的偏差范围内。

（2）对条、对格检验。质检人员检验条、格面料服装各部位条、格是否对应，一般要求有明显条、格面料的服装口袋与前身、左右前身、袖与前身、袖缝、背缝、领子等部位要对条、对格，不能超出标准容许的范围。

（3）色差检验。

（4）外观疵点检验。

（5）理化检验。服装的理化检验往往是破坏性的检验，主要有：干洗收缩率检验、粘合衬部位剥离强度检验、缝口强度检验等。出于对健康、卫生、环保等要求，理化检验还包括一些卫生、安全指标的检验。

（6）缝制工艺检验。

（7）外观检验。外观检验也是服装购买、销售中最为常用的检验之一。其基本要求主要包括：上衣要外形挺括，衣领平整，领尖对称；肩缝顺直，肩头圆顺平服；两袖圆顺，不翻不吊，长短一致，袖口大小一致；胸部丰满挺括，左右对称，长短一致；门襟顺直不起翘，系扣后平整，左右对称；后背不吊起，拼接处平服；口袋平服，大小、高低、左右对称；扣眼位置准确；衣里平整，松紧适度，不露在外；对条、对格。裤子要两腿长短一致；侧缝与下裆缝顺直、平服；大小裆圆顺、平服；腰头宽窄一致，里衬平服；两腿口肥瘦一致；膝盖不松不紧，裤前片经纱不斜等。

相关阅读

质量鉴别

1. 标识

（1）产品上有无商标和中文厂名厂址。

（2）产品上有无服装号型标识及相应的规格。可通过营业员挑选适合自己穿着的号型及规格。

（3）产品上有无纤维含量标识，主要是指服装的面料、里料的纤维含量标识，各种纤维含量百分比应清晰、正确，有填充料的服装还应标明其中填充料的成分和含量。纤维含量标识应当缝制在服装的适当部位，属耐久性标识，便于消费者在穿着过程中发现质量问题时作为投诉的依据。

（4）产品上有无洗涤标识的图形符号及说明，我们要了解洗涤和保养的方法要求，特别是夏季穿着服装，要核实一下是否有水洗的标识。

（5）产品上有无产品的合格证、产品执行标准编号、产品质量等级及其他标识。

2. 外观

（1）服装的主要部位有无明显破损。

（2）服装的主要缝接部位有无色差。

（3）服装面料的花形、倒顺毛是否顺向一致，条、格面料的服装，主要部位是否对称、对齐。

（4）服装上各种辅料、配料的质地，如拉链是否滑爽、纽扣是否牢固等。

（5）有黏合剂的表面部位，如领子、门襟处有无脱胶、起泡或渗胶等现象。

3. 缝制工艺

（1）服装各部位的缝制线路是否顺直，拼缝是否平服，绱袖吃势是否均匀、圆顺，袋盖、袋口是否平服，下摆底边是否圆顺、平服。服装的主要部位一般指领头、门襟、袖笼及服装的前身部位，是需要重点注意的地方。

（2）服装的各对称部位是否一致。

项目小结

纺织品，即纺织材料制品，是一种由天然纤维和化学纤维为主要原料，经过纺纱、织造、染色等工艺制成的产品。它们除了广泛应用于服装、家居等领域，在工业、农业、医疗和交通运输等方面也起着重要作用，为人们的日常生活带来便利和舒适。本项目中，我们对纺织原料、织物和服装的概念、分类进行了介绍。掌握纺织品知识，对纺织商品进行科学分类、选用具有重要意义。

过关检测

一、单选题

1. 下列不属于天然纤维的是（　　）。

A. 棉纤维　B. 麻纤维　C. 蚕丝　D. 涤纶纤维

2. 以下不属于纺织品的形成过程的是（　　）。

A. 纺纱　B. 织造　C. 裁衣　D. 印染

3. （　　）是纱线形成织物的过程。

A. 纺纱　B. 缫丝　C. 织造　D. 印染

4. 以下属于棉织物的是（　　）。

A. 平布　B. 尼龙　C. 桑蚕丝　D. 缎

5. 以下不属于棉织物的优点的是（　　）。

A. 吸湿性强　B. 透气性好　C. 耐穿耐用　D. 抗皱性好

6. 以下不属于毛织物的优点的是（　　）。

A. 抗皱性好　B. 透气性好　C. 耐久性强　D. 不易起球

7. 以下不属于丝织物的缺点的是（　　）。

A. 保暖性差　B. 易破损　C. 耐久性弱　D. 容易变形

8. 以下属于服装检验要点的是（　　）。

A. 色差检验　B. 规格检验　C. 缝制工艺检验　D. 以上都是

9. 以下属于服装的标识的是（　　）。

A. 商标　B. 纤维含量标识　C. 洗涤标识　D. 以上都是

10. 纺织原料品种多，一般可分为（　　）。

A. 天然纤维和化学纤维　B. 富强纤维和合成纤维

C. 蛋白纤维和纤维素纤维　D. 天然纤维和合成纤维

11. 最好的洗涤丝织物的方式是（　　）。

A. 低温机洗　B. 手洗　C. 高温机洗　D. 以上都不是

12. 将染料均匀地分布在织物上，使整个织物染上所需颜色的过程是（　　）。

A. 印花　B. 整理　C. 染色　D. 纺线

二、多选题

1. 服装标识上应有（　　）。

A 制造者的名称和地址　B. 商品名称

C. 号型与规格　D. 纤维成分和含量

2. 常见的纺织物品种有（　　）。

A. 棉织物　B. 毛织物　C. 丝织物　D. 大花纹织物

三、判断题

1. 毛纤维呈扁平、带状。（　　）

2. 粘胶纤维化学组织与棉相同，性能也与棉纤维接近。（　　）

3. 棉纤维耐碱不耐酸。（　　）

4. 合成纤维的吸水性都很差。（　　）

5. 麻织物的吸水性不好。（　　）

6. 麻纤维吸水后强度下降很快。（　　）

7. 棉纤维表面有鳞片。（　　）

8. 亚麻纺织品的吸水性比较差。（　　）

四、思考题

1. 纺织纤维有哪几类？各有什么特点？

2. 合成纤维有哪些品种？各有什么主要特征？

3. 棉、麻、丝、毛纤维的成分、结构和主要性能是什么？

4. 人造纤维有哪些品种？各有哪些主要特征？

5. 棉织物主要有哪些品种？

6. 服装质量的检验主要有哪些方面的内容？

7. 如何帮助消费者检查服装的外观质量？

五、案例分析

我国是全球第一大服装生产国和出口国，服装生产能力和国际贸易规模多年来稳居世界首位。服装产业是我国最早开放发展、利用外资的产业，已深度融入世界，成为全球产业链供应链至关重要的一环，极大地满足了全球消费者对优质、时尚衣着的消费需求。

过去，开放是我国服装产业实现从小到大转变的重要推力。改革开放后，“三来一补”政策率先在服装产业破茧而出，广东、福建等东南沿海地区依靠区位优势、侨乡优势，充分利用这项政策，迅速引进海外的资本、设备、设计等，使服装工厂如雨后春笋般涌现。我国还抓住国际纺织服装产业转移的机遇，自 20 世纪 80 年代起开始大力承接和发展纺织服装加工业，积极开拓国际市场。到 20 世纪 90 年代中期，我国的服装产量和出口量都已跃居世界首位，基本确立了世界服装制造出口大国的地位。

现在，开放是我国服装产业形成国际竞争优势的关键要素。经过 40 多年的发展，我国构建起全球规模最大、产业链最完整、品类最齐全的服装产业体系，有着数以千万计的服装设计、生产、销售经营主体，科技、设计、品牌等水平与日俱增。服装产业通过“引进来”与“走出去”，主动融入全球产业链供应链格局。一方面，得益于高素质产业工人、完善的产业配套和快速响应的供应链系统，不少全球一线服装品牌在我国设有代工厂，本土企业利用各种国际要素资源推动服装产品、品牌、管理升级。另一方面，一批优质服装企业在海外布局生产、研发基地，建立海外营销网络，跨境电商的兴起扩展了服装全球销售市场。

未来，开放是我国服装产业引领全球发展潮流的必由之路。新一轮科技革命和产业变革深入发展，产业体系智能化、绿色化、融合化趋势更加明显，消费市场格局正在重构，全球服装产业面临多重变局。智能化深刻改变了产业的生产方式，是提高生产效率、适应个性化需求的关键路径；绿色化是产业响应“双碳”战略的内在要求，是实现可持续发展的根本方向；融合化突出表现为制造与服务的交叉渗透，特别是以设计和文化赋能产业提升附加值、扩大影响力。不论是智能化、绿色化还是融合化，都需要高效利用全球创新资源要素，适应全球绿色低碳规则，都需要面向全球塑造传递品牌文化形象。唯有开放，才能使我国服装产业走在时代尖端、引领发展潮流。

分析：

你认为我国的服装产业在过去、现在、未来是如何通过开放创新打造服装产业优势的？

任务实训

◆ **任务描述**

（1）任务一，实地调研：学生到纺织品市场熟悉和认识各种纺织面料并按织物组织分类，做成 PPT 进行汇报演示。

（2）任务二，服装调研：学生选择 3～5 种服装样品，分小组进行商品推介训练，并在课堂上进行实践演练。

◆ **任务目标**

（1）加深对纺织品分类的认识。

（2）培养收集信息、解决问题的能力。

（3）培养服装推介能力。

◆ **任务实施**

（1）全班学生分成若干组。

（2）每组学生分工合作，完成任务一、任务二，并派代表进行 PPT 汇报和服装商品的推介演练。

◆ **成绩评定**

评分标准如表 10–4 所示。

表 10–4　评分标准

评价项目	评分标准	得分
语言逻辑（40%）	语言流畅、精练，条理清晰，逻辑性强	
基本材料（20%）	数据真实、准确，材料具体、可靠	
个人观点（30%）	观点鲜明，有理有据	
个人态度（10%）	态度端正，认真积极	
总分		

项目十一

食品商品特性

学习目标

◎ **知识目标**

（1）理解食品的概念、分类。

（2）掌握典型食品商品的知识。

（3）了解食品安全与食品卫生的相关知识。

（4）了解食品消费的趋势。

◎ **能力目标**

（1）能掌握典型食品商品的特征，并能对其质量加以鉴定。

（2）能用商品学的基本理论指导企业商品生产与商品经营管理。

◎ **素养目标**

（1）培养脚踏实地、认真细致的学习态度。

（2）掌握严谨细致、一丝不苟的分析、探究精神。

（3）体会中华民族商品学文化的源远流长，增强民族自信心。

内容结构

- 食品商品特性
  - 认识食品商品
    - 食品的概念及功能
    - 食品的分类
    - 食品的营养
  - 了解典型食品商品
    - 蔬菜与水果
    - 酒类
    - 茶叶
    - 乳类食品
  - 了解食品的消费趋势
    - 食品安全与食品卫生的概念
    - 食品消费的主要趋势

案例导入

酿酒的历史

早在新石器时代，在东亚大陆的先民就已开始进行酿酒和制作相关的酒器。仰韶文化遗址中就有陶制酒器。遗址位于陕西眉县马家镇杨家村，这是目前已知的中国出土最早的酒陶器。另外在龙山文化和大汶口文化遗址出土了更多的此类酒器，距离今天已有六千多年历史，可以说这种酒器在世界历史上也是出土时期排名靠前的。它们的出土说明了早期中国已经有了大批量生产酒的能力，制陶工艺也有了长足发展。由氏族公社时期到奴隶制时代到夏、商、周三代，据考证当时已经出现了白酒。

考古人员在甲骨文中发现了一个“酒”字，它的含义是加香茅草或郁金香草酿制的香酒。可以说酱香型白酒已经有五千多年的历史了。考古人员在河北藁城商代遗址发现了酿酒作坊和酵母。而在河南罗山莽张镇商代墓中，出土了一件罕见的密封的青铜卣。令人惊奇的是，卣内尚保存着香酒。古酒虽经一系列化学变化，仍保留着浓郁型香酒的色泽。

周代对于酿酒工艺已经做了总结，对于酿酒的食材、泉水、作为酒器的陶器质量、火候都有记载。书中已经强调了高粱和稻米数量配比问题，对于酿酒的酒曲要保存干燥和注意有效保存时间，以免过期；同时浸米和蒸米要使用专门的清洁陶器，使用的泉水要保证清澈。当时的宫廷已经开始设置专门的酿酒官——大酋。夏、商、周三代已经把酒分为了3类：清酒是久酿滤去酒糟的米酒；醴酒是短期酿成的连糟酒；香酒是用香茅草或郁金香草加在米酒中浸泡的酒。

◎ **分析：**

我国可谓是酒文化大国，从古至今传世的比较著名的酿酒专著有朱肱《北山酒经》、李保《续北山酒经》等。现在我国还有很多酿酒基地，很多都是几百年以上的酒窖。

请结合案例，思考：

1. 酒的主要成分是什么？
2. 根据生活常识，评判一款酒的优劣一般采用哪些标准？
3. 日常生活中还有哪些常见的传统商品？请列举3条。

任务一　认识食品商品

一、食品的概念及功能

食品是指可供人类食用或饮用的物质，包括加工食品、半成品和未加工食品，不包括烟草或只作药品用的物质。

食品对人体的作用主要有两大方面，即营养功能和感官功能，有的食品还具有调节功能。

食品的营养功能：食品能提供人体所需的营养素和能量，满足人体的营养需要。这是食品的主要功能。

食品的感官功能：食品能满足人们不同的嗜好要求，即对食物色、香、味、形和质地的要求。良好的感官性状能够刺激味觉和嗅觉，刺激消化酶和消化液的分泌，因而有增进食欲和稳定情绪的作用。

食品的调节功能：食品可对人体产生良好的调节作用，如调节人体生理节律，提高机体的免疫力，有降血压、降血脂、降血糖等功效。因此，凡是具有调节功能的食品称为功能性食品或保健食品。

二、食品的分类

企业经营活动中，食品的分类方法主要有以下几种。

（1）按来源，食品可以分为植物性食品、动物性食品和矿物性食品。

（2）按在膳食中的比重，食品可以分为主食和副食。

（3）按营养价值，食品可以分为谷物食品、动物性食品、大豆及其制品、水果与蔬菜、纯热能食品等。

随着食品工业的发展，新产品层出不穷，近年来，人们常常给食品作出以下分类。

（1）按消费对象，食品可以分为婴幼儿食品、中老年食品、运动员食品、宇航员食品、普通食品等。

（2）按是否使用特殊加工方法，食品可以分为强化食品、膨化食品和一般食品。

（3）按功能，食品可以分为疗效食品、保健食品、其他各类功能性食品等。

（4）按生产方法及其与人和环境的关系，食品可以分为绿色食品和一般食品。

总之，随着居民生活水平的日益提高，新的食品商品不断出现，导致各种分类办法不尽相同。

三、食品的营养

食品的营养成分是决定食品营养价值的重要因素，各种食品所含营养成分的种类和含量随品种而异。这些营养成分包括蛋白质、脂类、糖类（亦称碳水化合物）、矿物质、维生素、水分。

（一）蛋白质

蛋白质是生命的物质基础，是人体组成中最重要的成分，是构成人体各部分器官和血液最基础的物质。

1. 蛋白质的组成

蛋白质是生物体的重要成分和维持生命活动的基本物质基础，也是生物体内含量最丰富的生物大分子，约占人体固体成分的 45%，在细胞中可达细胞干重的 70% 以上。蛋白质分布广泛，几乎所有的器官和组织都含有蛋白质。尽管蛋白质种类繁多、结构各异，但是其组成元素基本相似。从各种动、植物组织中提取出的蛋白质，经元素分析，其主要元素组成为碳（50%～55%）、氢（6%～7%）、氧（19%～24%）、氮（13%～19%）和硫（0%～4%）；有些蛋白质还含有少量的磷、铁、碘、锰、铜、钴、钼及锌等其他元素。

2. 蛋白质的分类

根据组成蛋白质的氨基酸种类及其含量，蛋白质可以分为完全蛋白质和不完全蛋白质两类。

完全蛋白质，是指含有人体必需氨基酸，种类齐全且其含量均符合人体需要的标准水平的蛋白质，如酪蛋白、卵白蛋白等。

不完全蛋白质，是指所含人体必需氨基酸的种类不全或含量低于标准水平的蛋白质，如明胶。

3. 蛋白质的营养

（1）蛋白质是生命的物质基础，是构成人体各部分器官和血液的最基础的物质。人体和一切生物的新陈代谢都必须依靠蛋白质的不断补充。蛋白质对人体的修补作用，是其他营养成分不能代替的。

（2）蛋白质在体内氧化分解可产生与糖类相等的热量：以满足人体正常生理活动的需要。

（3）蛋白质是生物催化剂——酶的来源。人体就是依靠各种酶的催化作用维持正常的生理过程，如果没有酶的催化作用，那么一切生命活动就会停止。

（4）人体正常发育和体质健康靠蛋白质来保证。当人体缺少蛋白质时，儿童、青少年会出现发育迟缓、消瘦、发育不良症状；成年人则会经常感到疲倦无力、体重下降、抗病力减弱、平均寿命缩短等。

（二）脂类

脂类是人体必需营养素之一，在供给人体能量方面起着重要作用；脂类也是构成人体细胞的重要成分，如细胞膜、神经髓鞘都必须有脂类参与构成；此外，能刺激平滑肌收缩并在细胞内起调节作用的前列腺素也是脂类的衍生物，并且脂类在血浆中的运输情况与人体健康有着密切关系。

1. 脂肪

组成天然脂肪的脂肪酸种类很多，由不同脂肪酸组成的脂肪对人体的作用也有所不同。通常 4～12 碳的脂肪酸都是饱和脂肪酸，碳链更长时可出现 1 个甚至多个双键，成为不饱和脂肪酸。

当甘油三酯中的 3 个脂酰基相同时，称为简单甘油三酯。当 3 个脂酰基中任何 2 个不同或 3 个各不相同时，称为混合甘油三酯。大多数天然油脂都是简单甘油三酯和混合甘油三酯的复杂混合物。

不饱和脂肪酸中由于双键的存在可出现顺式及反式的立体异构体。天然的不饱和脂肪酸几乎都是以不稳定的顺式异构体形式存在的。植物油中通常含有较多的不饱和脂肪酸，因此，大多数植物油在室温下为液体，而动物脂肪通常含有较少的不饱和脂肪酸，在室温下呈固体。纯净的脂肪大多无色无味，但天然产品或食用商品脂肪却大多具有色泽和气味，这是其含有色素和香气成分所致。

人体组织中的脂肪皆以软脂酸和油酸为其主要成分，其他动物也类似，但牛、羊脂肪中则硬脂酸含量高，而油酸和亚油酸含量少。

2. 类脂

类脂是类似脂肪或油的有机化合物的总称，包括磷脂和固醇类。

（1）磷脂是指含有磷酸基团的类脂，包括甘油磷脂和鞘磷脂两类。磷脂分子中既含有脂酰基等疏水基团，又含有磷酸、含氮碱基或羟基等亲水基团，在非极性溶剂及水中都有很大的溶解度，是构成生物膜的重要成分和结构基础。

甘油磷脂又称为磷酸甘油酯，是第一大类膜脂。磷脂酸是甘油磷酸脂生物合成的重要中间物，少量存在于大多数生物体内。

鞘磷脂是指含有鞘氨醇或二氢鞘氨醇的磷脂。其在高等动物的脑脊鞘和红细胞中特别丰富，也存在于许多植物种子中。

（2）固醇类亦称甾醇类，是含羟基的环戊烷多氢菲衍生物。固醇包括动物体内的胆固醇和植物体内的植物固醇。胆固醇为白蜡状结晶片，不溶于水而溶于脂肪溶剂，可与磷脂酰胆碱或胆盐形成乳状物，是人体中主要的固醇类化合物，在脑、肝、肾和蛋黄中的含量很高，为最常见的一种动物固醇。

人体内的胆固醇有游离型和胆固醇酯两种。动物性食物所含的胆固醇，部分也是以胆固醇酯的形式存在的，所以，膳食是含胆固醇和胆固醇酯的混合物。胆固醇主要存在于动物细胞，参与膜的组成。胆固醇也是血液中脂蛋白复合体的成分，并与动脉粥样硬化有关。胆汁中有许多胆固醇，由于胆盐的乳化作用可形成乳状液。胆汁中胆固醇过多或胆盐过少可导致其在胆道中沉淀形成结石。若胆固醇沉淀于血管壁则容易造成动脉粥样硬化。

3. 脂肪的营养

脂肪是重要的营养成分之一，它的主要功能包括：脂肪是产生热量最高的营养成分，且具有较好的耐饥性；具有维持人体生长、修补组织、调节新陈代谢的功能；储存在内脏器官表面的脂肪具有保持内脏器官免受剧烈震动和摩擦的作用，储存在皮下的脂肪由于导热性差，具有保持人体体温的作用；脂肪是脂溶性维生素 A、D、E、K 的良好溶剂，促进它们的乳化作用，帮助人体对营养成分的消化和吸收；改善食品的滋味和气味，增进食欲，有利于人体对食品的消化吸收。

（三）糖类

糖类又称碳水化合物，是植物性食品的主要成分，它的主要功用是为人体供给能量，是人体所需能量的主要来源。人们每天的主食就是以糖类为主的植物性食品。

糖类是由碳、氢、氧 3 种元素所构成的一类有机化合物。

糖类是供给人体热量主要的来源。在植物性食品中，除少量纤维素不能被人体消化吸收外，大部分都能被人体消化吸收而产生热量。因此糖类是人体获得热量主要的和比较经济的来源。

糖类又是构成人体某些组织的成分。糖对人体具有重要的生理功能，当血糖不足时，神经系统会由于得不到充分的营养物质而出现休克现象。

糖类按其分子结构可分为单糖、低聚糖和多聚糖三类。

（1）单糖。单糖是分子结构最简单的一类糖，不能再水解为更小的糖分子。食品中的重要单糖有葡萄糖、果糖、半乳糖、甘露糖等。它们都是无色晶体，水中的溶解度很大，都能直接被人体吸收，具有不同程度的甜味。

（2）低聚糖。低聚糖也称寡糖，是由 2～9 个单糖分子通过糖苷键构成的聚合物。其中最重要的寡糖是双糖，如麦芽糖、蔗糖、乳糖等。

（3）多聚糖。多聚糖也称多糖，是重要的天然高分子聚合物，由单糖通过糖苷键连接而成。自然界中糖类主要以多糖形式存在，根据来源不同分为植物多糖、动物多糖和微生物多糖，分子量比较大，所有多糖均无还原性，无变旋现象，无甜味，大多不溶于水，其水溶液可形成胶体溶液。多糖在植物中主要以淀粉形式存在，在人体和动物体内主要以糖原形式存在，如肝糖原、肌糖原。根据成分的不同，多糖可分为同多糖和杂多糖。按生物功能分，多糖可分为贮存或贮能多糖和结构多糖。贮存多糖如淀粉、糖原、右旋糖酐和菊粉等。结构多糖如纤维素、壳多糖。

（四）矿物质

人类与其所存在的环境关系密切。人类在进化与生命过程中，不断与周围环境进行着以化学元素为基础的物质交换，因此，人体的元素组成除人体原生质的主要成分碳、氢、氧、氮以及地壳的主要成分硅以外，其他元素在人体与地壳分布的趋向是一致的。人体含有的元素中，已知有 20 多种元素为维持机体正常生物功能所必需的元素，除碳、氢、氧、氮主要构成蛋白质、脂类、碳水化合物等有机化合物及水外，其余元素统称为矿物质。

1. 常量元素

常量元素是构成有机体的必备元素。

常量元素包括钙、镁、钾、钠、磷、硫、氯 7 种，它们占人体总成分的 60%～80%。

常量元素是人体组成和体现生命的必需元素，几乎遍及身体各个部位，发挥着多种多样的作用：构成人体的重要组分，如蛋白质中的硫、磷等，骨骼和牙齿中的钙、磷、镁等；存在于细胞内液或细胞外液，对调节细胞内、外液的渗透压，控制水分流动，维持体液的稳定性起着重要作用；磷、氯等酸性离子与钠、钾、镁等碱性离子的配合，以及重碳酸盐和蛋白质的缓冲作用，共同维持着机体的酸碱平衡；钾、钠、钙、镁等离子保持一定比例，是维持神经和肌肉的兴奋性、细胞膜的通透性以及细胞正常功能的必要条件；作为酶系统中的组成成分、辅基或激活剂参与物质代谢，如含磷的三磷酸腺苷（ATP）参与能量代谢和核酸代谢、氯离子激活唾液淀粉酶、镁离子激活磷酸转移酶、钙离子参与血液凝固过程。

2. 微量元素

人体内含量小于体重 0.01% 的元素称为微量元素，人体必需的微量元素有铁、碘、锌等。尽管人体必需微量元素在体内的数量极少，但与人体的健康息息相关。

人体必需微量元素在体内的含量极少，甚至仅有痕量，但却有十分重要的生理功能。微量元素构成酶和维生素的成分或辅助因子：如碳酸酐酶含有锌，呼吸酶含有铁和铜，精氨酸酶含有锰，谷胱甘肽过氧化酶含有硒，维生素 B_{12} 含有钴等。微量元素构成某些激素或参与激素的作用：如甲状腺素含有碘，胰岛素含有锌，铬是葡萄糖耐量因子的重要成分，铜参与肾上腺类固醇的生成等。微量元素参与基因的调控和核酸代谢。其他特殊的生理功能：如铁为血红蛋白的成分，参与氧的运送，锌指蛋白的发现证实了锌的结构功能等。

（五）维生素

维生素是人和动物为维持生长和代谢而必须从食品中获得供应的微量有机物质，是人体必需的一类营养成分。它虽不能给人体提供热量，在生理上的需要量也很少，但它对体内营养成分的消化吸收、对体内能量的转变和正常生理活动的维持等都具有十分重要的功能。人体缺乏维生素，则会引起各种维生素缺乏症，严重时也可致命。

维生素的种类很多，化学结构和生理功能也各异，尚无统一的命名法，习惯上采用英文大写字母命名，按其功能分为维生素 A、B、C、D、E、K……维生素主要存在于植物性食品中，部分动物性食品也含有维生素。在食品中已经发现的维生素有 30 余种，其中与人体健康与发育密切关联的将近 20 种。

维生素按其溶解性能分为脂溶性与水溶性两大类。

1. 脂溶性维生素

脂溶性维生素溶于脂肪或有机溶剂，脂肪是它的载体，与脂肪同时被人体吸收。这类维生素主要包括维生素 A、D、E、K 等。

维生素 A 的主要生理功能是抗干眼症，保证正常视力；预防表皮细胞角质化，促进生长。维生素 A 的主要来源是动物肝脏、鱼肝油、蛋黄、乳品、胡萝卜、黄花菜、柿子、杏等。

维生素 D 的主要生理功能是调节钙、磷的代谢，预防佝偻病和软骨病，促进牙齿和骨骼的正常形成。维生素 D 的主要来源是鱼肝油、动物肝脏、蛋黄、奶油等。

维生素 E 的主要生理功能是促进生殖力，预防不育症。维生素 E 的主要来源是谷物胚芽、植物油脂。

维生素 K 的主要生理功能是促进血液凝固。维生素 K 的主要来源是绿叶蔬菜、动物肝脏。

2. 水溶性维生素

水溶性维生素溶于水，主要有维生素 B 族和维生素 C 族。维生素 B 族主要包括维生素 B_1、B_2、B_3、B_5、B_6、B_{11}、B_{12}、H、H_1，胆碱和肌醇。维生素 C 族主要包括维生素 C 和维生素 P。

（1）维生素 B 族。

维生素 B_1 的主要生理功能是抗神经炎，预防脚气病，促进糖类代谢。维生素 B_1 的主要来源是谷物胚及糠壳、酵母、瘦肉、蛋黄、豆类、花生、豌豆等。

维生素 B_2 的主要生理功能是预防唇炎、舌炎，促进细胞进行氧化，促进生长。维生

素 B_2 的主要来源是动物肝脏、乳品、蛋黄、豆类等。

维生素 B_3 的主要生理功能是促进体内氧化还原作用，参与糖类和脂肪的代谢，促进生长。维生素 B_3 的主要来源是动物肝脏、酵母、麦胚等。

维生素 B_5 的主要生理功能是预防癞皮病，调节神经、肠胃和表皮机能。维生素 B_5 的主要来源是酵母、动物肝脏、瘦肉、鱼、谷类、花生等。

维生素 B_6 的主要生理功能是促进氨基酸代谢，促进生长和生血。维生素 B_6 的主要来源是谷类、乳品、动物肝脏、酵母等。

维生素 B_{11} 的主要生理功能是预防恶性贫血，促进生长和生血。维生素 B_{11} 的主要来源是动物肝脏、叶菜、酵母、蘑菇等。

维生素 B_{12} 的主要生理功能是促进红细胞的成熟，预防恶性贫血。维生素 B_{12} 的主要来源是动物肝脏。

维生素 H 的主要生理功能是预防皮肤病，促进脂类代谢。维生素 H 的主要来源是酵母、动物肝脏、蘑菇等。

维生素 H_1 的主要生理功能是预防灰发。维生素 H_1 的主要来源是动物肝脏、酵母、蘑菇等。

胆碱的主要生理功能是预防脂肪肝，促进肝中磷脂的合成。胆碱的主要来源是胆、蛋黄、谷类、胚芽等。

肌醇的主要生理功能是预防动物毛发脱落和肝中脂肪中毒。肌醇的主要来源是动物肝脏、酵母、谷类、胚芽等。

（2）维生素 C 族。

维生素 C 的主要生理功能是防治维生素 C 缺乏症，促进细胞间质生长，保护微血管，防治动脉粥样硬化和消化系统癌症。维生素 C 的主要来源是新鲜蔬菜及水果。

维生素 P 的主要生理功能是增强毛细血管机能，预防维生素 C 缺乏症。维生素 P 的主要来源是柑橘、柠檬、芹菜等。

（六）水分

水几乎存在于所有的食品中，也是生物体和食品的重要组成成分。纯净水对人体并无营养价值，但人体如果缺少水，食品中的营养成分不仅不能被利用，而且生命也难维持。水的主要生理功能体现在 4 个方面。

（1）水是人体吸收食品中营养成分的介质。

（2）水直接参与人体各种生理活动。在人体中，营养成分的代谢、酶的催化、渗透压的调节等都靠水的参与。

（3）水是体内物质运输的载体。体内的废弃物靠水排出体外。

（4）水能保持人体正常的体温。血液中的水分，随血液循环使体温保持均衡，通过体表水分的蒸发和排汗可降低体温。

在正常情况下，成年人每天需要水 2～2.5 升，其中 60% 来自饮水，40% 由食品中的水分和营养成分消化时产生的代谢水（即氧化水）提供。人体摄取的水分和排出的水分应趋向一致，否则无法适应生理机能的需要。

课堂训练

根据所学知识及生活积累填写表 11-1。

表 11-1　富含维生素的常见食品

维生素	常见食品
维生素 A	
维生素 B_2	
维生素 C	
维生素 D	
维生素 E	

任务二　了解典型食品商品

一、蔬菜与水果

蔬菜与水果常常合称为蔬果。蔬果在人的日常生活中占有重要位置，也是企业经营中重要的商品类别。在超级市场日趋成熟的今天，蔬果商品是吸引客流、带动消费、创造营业额的主要商品。

（一）蔬果的分类

1. 蔬菜

按食用器官分类，蔬菜通常划分为根菜类、茎菜类、叶菜类、花菜类、果菜类。

（1）根菜类：以肥大的根部为产品的蔬菜。

1）肉质根——以种子胚根生长肥大的主根为产品。

2）块根类——以肥大的侧根或营养芽发生的根膨大为产品。

（2）茎菜类：以肥大的茎部为产品的蔬菜。

1）肉质茎类——以肥大的地上茎为产品。

2）嫩茎类——以萌发的嫩芽为产品。

3）块茎类——以肥大的块茎为产品。

4）根茎类——以肥大的根茎为产品。

5）球茎类——以地下的球茎为产品。

6）鳞茎类——以叶鞘基部膨大形成的鳞茎为产品。

（3）叶菜类：以鲜嫩叶片及叶柄为产品的蔬菜。

1）普通叶菜类——小白菜、菠菜、莴苣、茼蒿、芹菜等。

2）结球叶菜类——大白菜、圈心菜等。

3）辛香叶菜类——大葱、韭菜等。

（4）花菜类：以花器或肥嫩的花枝为产品的蔬菜，如金针菜等。

（5）果菜类：以果实及种子为产品的蔬菜。

1）瓠果类——南瓜、冬瓜、苦瓜等。

2）浆果类——番茄、辣椒、茄子等。

3）荚果类——菜豆、豇豆、刀豆、豌豆、蚕豆、毛豆等。

4）杂果类——甜玉米、菱角、秋葵等。

2. 水果

按果实的特征分类，水果通常划分为仁果类、核果类、浆果类、坚果类、柑橘类、复果类、瓜果类等。

（1）仁果类。其果实由果皮、果肉和子房构成，种子室为薄膜状，内部长有种仁，故称仁果，较为耐储。

（2）核果类。其果实由外果皮、中果皮、内果皮和种子构成。外果皮薄，其食用部分主要是肉质的中果皮；内果皮形成木质硬壳，内包有种子，故称为核果。核果的种子一般有毒，不能食用。果实成熟后，果肉变软，柔嫩多汁，采摘期为炎热季节，因而不适宜长期储存。

（3）浆果类。这类果实形状较小，成熟后果肉呈浆液状。浆果类还包括一些构造不同但成熟果肉也为浆状的果实。

（4）坚果类。其特征是果实外面包有坚硬的木质硬壳，成熟时干燥不开裂，可食用部分为壳内的种仁（子仁）。坚果富含糖类、脂肪、蛋白质和矿物质，具有很高的营养价值，其含水量低、耐储藏。

（5）柑橘类。由复雌蕊形成，外果皮呈革质，软而厚，有精油腔；中果皮较疏松；中间隔成瓣的部分是内果皮，外果皮坚韧呈革质，有很多油腺，中果皮疏松呈髓质，有维管束分布其间，干燥果皮内的“橘络”就是这些维管束。内果皮呈膜质，分为若干室，室内充满含汁的长形丝状细胞，由原来子房内壁的表皮毛发育而成。

（6）复果类。其果实由整个花序组成，以肉质的花序轴及苞片、花托、子房等作为食用部分。其果肉柔嫩多汁，酸甜可口。

（7）瓜果类。其果实由花托、外果皮、中果皮、内果皮、胎座和种子构成。对于西瓜而言，内果皮、胎座是可食部分；对于甜瓜而言，中果皮和内果皮是可食部分。

（8）其他。一些草本植物和水生作物的果实和根也可作为果品来食用。

蔬果在人类的膳食结构中必不可少，可以为人体提供必要的水溶性维生素、糖类、淀粉、植物纤维素等。

（二）蔬果的质量要求

随着生活水平的提高，人们更加重视食品的安全、洁净、优质、营养。对于蔬果类商品，其新鲜程度也是一个重要的质量检测项目。

1. 蔬菜的质量要求

（1）合格质量：蔬菜有无病虫害、生理病害及严重污染。质检人员可通过视觉判断和实验分析等手段来确认。

（2）外观质量：颜色、大小、形状、外表、整齐度等。质检人员可通过视觉、触觉来进行判断。

（3）口感质量：新鲜度、嫩度、多汁度等。质检人员可通过味觉、视觉、触觉来进行判断。

（4）洁净质量：清洁的程度和净菜的比例。质检人员可通过触觉、视觉来进行判断。

2. 水果的质量要求

（1）合格质量：水果有无病虫害、生理病害及严重污染。质检人员可通过视觉的判断和实验分析等手段来确认。

（2）外观质量：颜色、大小、形状、外表、整齐度、结构等。质检人员可通过视觉、触觉来进行判断。

（3）口感质量：新鲜度、生汁度、甜酸度、软硬度等。质检人员可通过味觉、视觉、触觉来进行判断。

（4）洁净质量：清洁的程度和外包装的良好程度。质检人员可通过视觉、触觉来进行判断。

相关阅读

常见蔬菜品种的收货和验货

品名	优等质量形态	劣等质量形态
小白菜	梗白色、较嫩较短，叶子淡绿色。整棵菜水分充足，无根	有黄叶、枯萎、虫蛀洞或小虫，腐烂、压伤，散水太多
油菜	梗短粗、呈淡绿色或白色，叶子厚、肥大，主茎无花蕾，水分充足	有黄叶、枯萎、虫蛀洞或小虫，有花蕾、腐烂、压伤，散水太多
韭菜	叶较宽、挺直，翠绿色，根部洁白，较嫩且有韭香味，根株均匀	有泥土，黄叶或叶上有斑、枯萎、干尖，腐烂
香芹	叶翠绿，无主茎，分枝少，根细，茎挺直、脆，芹香味浓，水分充足	有泥土，黄叶、烂叶、干叶，根粗、分枝多，弯曲、空心、锈斑、黄斑、断裂、腐烂
西芹	叶茎宽厚、颜色深绿，新鲜肥嫩，爽口无渣	有黄叶、梗伤、水锈、腐烂、断裂、枯萎
菠菜	颜色碧绿、鲜嫩，叶子大、挺直，根桃红、无主茎且叶柄无红色，棵株适当	带穗，黄叶、枯叶、干尖，腐烂、虫眼、断裂
生菜	颜色鲜艳淡绿，叶子水分充足、脆嫩薄、可竖起，棵株挺直	叶子发黄，褐色边或褐斑，干软，烂根、脱叶
空心菜	叶薄小翠绿，有光泽，棵株挺直，梗细嫩脆、淡绿色、易折断	叶子大、黄叶、烂叶或叶斑，有花蕾、虫洞、腐烂，棵株软，梗粗老
菜心	颜色碧绿，梗脆嫩，掐之易断，有花蕾或无花蕾，棵株挺直，水分充足	有叶斑、虫洞、枯萎，梗粗老，或开花过多
芥蓝	颜色墨绿，叶短少，有白霜，挺直，梗皮有光泽、绿色、粗长，断面绿白色、湿润	叶枯萎，有花蕾、压伤，断面黄色、锈色、腐烂或干涩
小葱	叶翠绿、饱满充气、均匀细长，鳞茎洁白、挺直，香味浓郁	黄叶、烂叶、干尖、叶斑，有毛根、泥土，枯萎，茎弯曲或浸水过多
青椒	长形或萝卜状，颜色碧绿，有光泽，表面光滑，饱满有一定硬度和弹性，肉层中等，有辣味	腐烂、干尖、表面无光泽、有皱纹，断裂、干软、凹陷，有泥土

（三）鲜蔬果的鲜度管理

温度与湿度是影响蔬果质量的两大重要因素，也是工作中可以人为控制的因素。因此，温度管理与湿度管理成为蔬果鲜度管理的重要措施和手段，也是蔬果部门重要的工作之一。

1. 温度 / 湿度管理方法

根据不同蔬果对温度的要求，对蔬果进行管理。

2. 冰冷水处理法

玉米、毛豆、莴苣等蔬果浸在 0℃的冰冷水中，降温后取出，吸去过多的水分。

3. 复活处理法

葱、白菜、叶菜、芥菜、水芹等蔬果茎前切割，置于常温之中，吸收水分后复活。

4. 散热处理法

木瓜、香蕉、菠萝、哈密瓜等后熟的热带水果及瓜类，要先打开纸箱散热，再常温保管。

二、酒类

（一）酒的种类

酒的介绍

酒是很特别的一类商品，它含有酒精，与人们的生活关系密切。酒是人们长期以来的消费品。酒的种类很多，常见的分类方法有以下几种。

1. 按酒精的含量分类

按酒精含量的多少，酒可分为低度酒、中度酒、高度酒 3 种类型。

（1）低度酒。酒精度在 20%vol 以下的酒为低度酒，常见的有葡萄酒、桂花陈酒、香槟酒、低度药酒，以及部分黄酒和清酒。

（2）中度酒。酒精度为 20%vol～40%vol 的酒为中度酒，常见的有餐前开胃酒（如味美思、茴香酒等）、餐后甜酒（钵酒、雪利酒等）。中国的竹叶青、米酒等也属于此类。

（3）高度酒。酒精度在 40%vol 以上的烈性酒为高度酒，一般国外的蒸馏酒都属于此类。中国的茅台、五粮液、汾酒、泸州老窖等白酒也属于此类。

2. 按制作工艺分类

酒的生产方式通常有 3 种，即发酵、蒸馏、配制，生产出来的酒分别被称为发酵酒、蒸馏酒和配制酒。

（1）发酵酒。发酵酒又称为原汁酒、酿造酒，是指将酿造原料（通常是谷物或水果）直接放入容器中，并加入酵母菌进行发酵酿制而成的含有乙醇的饮料。饭店里常见的发酵酒有葡萄酒、苹果酒、啤酒、黄酒、米酒等。

（2）蒸馏酒。蒸馏酒又称为烈性酒，是指将经过发酵处理的含有乙醇的原料（发酵酒）加以蒸馏提纯，然后经过冷凝处理而获得的含有较高乙醇纯度的饮料。饭店里常用的蒸馏酒有金酒、威士忌、白兰地、朗姆、伏特加、特基拉和中国白酒（如茅台、五粮液等）。

（3）配制酒。配制酒是酒与酒之间相兑，或者将药材、香料和植物等浸泡在酒中而制成的。配制酒的制作方法有很多，常用的有浸泡、混合、勾兑等。

（二）酒的质量特点

1. 白酒

中国白酒，又称烧酒、老白干，是一种蒸馏酒。它是以粮食为主要原料，以大曲，小曲或麸曲及酒母等为糖化发酵剂，经蒸煮、糖化、发酵、蒸馏而制成的蒸馏酒。其酒质无色透明（或微黄），气味芳香纯正，入口绵甜爽净，酒精含量较高，经贮存后，具有以酯类为主体的复合香味。中国白酒的生产已有很长的历史。

（1）中国白酒的香型。

中国白酒之酒液清澈透明、质地纯净，口味芳香浓郁、醇和柔绵、刺激性较强，饮后有余香，回味悠长。中国的各个地区均生产白酒，以四川、贵州、江苏、河南、山西等地的产品较为著名。不同地区的白酒各有其独特风格，因其原料和生产工艺等不同而形成不同的香型。

1）酱香型：又称茅香型，其特点是香气幽雅、酒味醇厚、柔和绵长、杯空留香，以贵州茅台酒为代表。

2）浓香型：又称泸香型，其特点是芳香浓郁、甘绵适口、诸味协调、回味悠长，以四川泸州老窖特曲、四川五粮液为代表。

3）清香型：又称汾香型，其特点是清香纯正、醇甘柔和、诸味协调、余味净爽，以山西汾酒为代表。

4）兼香型：又称混香型或复香型，其特点是一酒多香，即兼有两种以上主体香型，以安徽口子窖酒、四川郎酒为代表。

5）米香型：其特点是米香清柔、幽雅纯净、入口绵甜、回味怡畅，以广西桂林三花酒为代表。

6）凤香型：其特点是清而不淡、浓而不艳、入口醇厚、落口干净，以陕西西凤酒为代表。

7）芝麻香型：其特点是以芝麻香为主体，兼有浓、清、酱 3 种香型之所长，故有“一品三味”之美誉。这种酒香气淡雅、焦香突出、口味醇厚爽口、后味稍有苦味，以山东的一品景芝为代表。

8）豉香型：其特点是豉香独特、醇和甘滑、余味爽净，以广东的玉冰烧为代表。

9）特香型：其特点是以大米为原料，富含复合香气、香味协调、回味悠长，以江西四特酒为代表。

10）药香型：又称董香型，其特点是香气典雅、浓郁甘美、略带药香、醇甜爽口、后味悠长，以贵州董酒为代表。

11）老白干香型：其特点是酒香清雅、醇厚丰满、诸味协调、回味悠长，以河北衡水老白干酒为代表。

12）馥郁香型：其特点是浓郁中透出秀雅、入口绵柔甘冽、酒体爽净、回味悠长，以湖南酒鬼酒为代表。

（2）白酒的质量鉴定。

1）感官鉴定。对白酒进行感官鉴定，要求鉴定人员是训练有素的专业人员。白酒的感官质量指标包括色泽、香气和滋味。

色泽上，白酒一般应无色透明，清亮无悬浮物，无浑浊和沉淀。发酵较长、贮存期较长的优质白酒，酒液略带微黄是正常的。

香气上，优质白酒醇香、芳香扑鼻。白酒的香气可分为溢香、喷香和留香 3 种香气。品酒时当鼻腔靠近杯口，顿觉芳香物质溢散于杯口附近，这叫溢香（也叫闻香）。酒液进入口腔，香气立即充满口腔，这叫喷香。白酒中的香气物质在与空气接触后会挥发出来，填充整个杯子的空间，这叫留香。一般白酒都应有一定的溢香；名优白酒要兼有溢香、喷香和留香，而且香气典雅纯正，不带异味。

滋味上，白酒滋味要纯正，无强烈的刺激性，白酒的滋味与其香气是协调一致的。香气较好的，滋味也较好。优质、名牌酒要求滋味醇厚、味长、甘洌、有回甜、入口各味协调，有愉快舒适的感觉。

在给白酒评分上，除色、香、味外，还有风格一项。

2）理化、卫生标准。白酒的理化指标有酒精度、总酸等含量指标。卫生指标有甲醇、杂醇油等限制性指标。

2. 啤酒

（1）主要成分。啤酒中除了水，还有少量其他成分。这些成分与啤酒的保存期及口味有密切关系。主要有：酒精，啤酒含酒精成分低；二氧化碳，对于啤酒来说是重要成分，使啤酒具爽口的风味；甘油，是酒精发酵的副产物，适量甘油的存在，可使啤酒泡沫更持久，酒味更醇和；浸出物，多数为营养性物质。

（2）按照有无杀菌分类，啤酒分为生啤酒和熟啤酒两种。生啤酒（Draught Beer），又称鲜啤酒或扎啤，是指酿成的啤酒不经加热杀菌处理而直接入桶密封，口味较鲜美，但稳定性较差，极易变质，其低温下保存期为 3～7 天，在 0℃～5℃条件下冷藏可以放 1 个月左右。生啤酒在饮用时须经生啤机加工（加入二氧化碳并速冷）。熟啤酒（Pasteurized Beer）是指酿成的啤酒须经过加热杀菌处理的瓶（罐）装啤酒。熟啤酒稳定性较好，但口味及营养不如生啤酒，其保存期一般为 2～6 个月。按照啤酒的颜色分类，啤酒分为黄啤酒和黑啤酒。黄啤酒（Beer）是啤酒中的最主要品种，呈浅黄色。其酒精度为 3%vol～5%vol，麦芽度为 10° P～12° P。黑啤酒（Stout）是以烘烤得较焦的麦芽为原料经发酵后酿成的啤酒，呈咖啡色或棕黑色。其酒精度为 5%vol～8.5%vol，麦芽度为 14° P～18° P。

（3）啤酒的储藏。啤酒在保管时，由于外界因素（杂菌感染或理化作用）的作用，易引起质量变化，轻者失色，严重时会出现混浊沉淀。

啤酒应避光低温储藏，温度越高，储存期越短。生啤酒适宜温度为 5℃～10℃，不超过 15℃；熟啤酒为 5℃～20℃，不超过 25℃。生啤酒约为 5～7 天，熟啤酒为 3～9 个月。

相关阅读

啤酒中麦芽浓度和酒精度的区别

啤酒的度数和白酒的度数所代表的含义是不同的，白酒的度数是指其酒精含量，但在啤酒包装上的度数标示，代表的却并不是其酒精浓度，而是指啤酒的生产原料麦芽汁的浓度。在啤酒的酿造过程中，首先要将麦芽等原材料进行出糖以产生麦芽汁，然后经过将麦芽汁发酵等工序制成啤酒。麦芽汁浓度就是麦芽汁进行发酵之后产生的麦芽糖等物质的浓度。一般情况下，啤酒中麦芽汁的浓度越高，啤酒的酒精度也会越高，啤酒的营养价值也会越高，且啤酒成品中的泡沫也会越细腻、持久，酒味更加醇厚、柔和，保存期也越长。因此，啤酒中麦芽汁的浓度也是衡量啤酒质量的一项重要的指标。

事实上，啤酒中的麦芽汁浓度，用糖度来形容会更加贴切一些，因为啤酒的生产原料麦芽、大米等，经出糖过程后所得的麦芽汁，经过发酵所产生的物质不仅仅包括麦芽糖，只不过麦芽糖是主要成分罢了。所以，麦芽汁浓度实际上指的是每升麦芽汁中所含的糖的浓度；酒精度则是指啤酒成品中所含的乙醇的浓度。

3. 葡萄酒

（1）按照葡萄酒的颜色分类。

红葡萄酒（Red Wines）：是以紫红色葡萄为原料，连皮带汁一起发酵酿制而成的葡萄酒。因为酒液中溶有葡萄皮的色素，所以酒液呈红色。

白葡萄酒（White Wines）：是以青绿色葡萄为原料，去皮后仅取葡萄的肉、汁发酵酿制而成的葡萄酒。因为葡萄皮不参加发酵过程，所以酒液中没有葡萄皮的色素而呈浅黄色。

桃红葡萄酒（Rose Wines）：是以紫红和青绿色葡萄混合在一起连皮带汁发酵酿制而成的葡萄酒。因为在酿制的中途会将皮渣滤出，葡萄皮在酒液中浸泡时间较短，所以酒液中仅溶有少许葡萄皮的色素而呈桃红色。

（2）按照葡萄酒的含糖量分类。

干葡萄酒（Dry Wines）：是指含糖量在 4 克 / 升以下的葡萄酒，饮用时尝不出甜味。

半干葡萄酒（Semi-dry Wines）：是指含糖量在 4～12（含）克 / 升的葡萄酒，饮用时可尝出微弱的甜味。

半甜葡萄酒（Semi-sweet Wines）：是指含糖量在 12～45（含）克 / 升的葡萄酒，饮用时可尝出较明显的甜味。

甜葡萄酒（Sweet Wines）：是指含糖量在 45 克 / 升以上的葡萄酒，饮用时可尝出浓厚的甜味。

（3）按照二氧化碳含量分类。

平静葡萄酒：即静态葡萄酒或无气泡葡萄酒，是指排除发酵后产生的二氧化碳的葡萄酒。

起泡葡萄酒：是指含有一定量的二氧化碳的葡萄酒。

（4）按照国际传统方法分类。

无气葡萄酒（Still Wines）：是指酒精度在14%vol以下的各种红葡萄酒、白葡萄酒和桃红葡萄酒。

有气葡萄酒（Sparkling Wines）：是指酒液在装瓶后进行第二次发酵，发酵过程中产生的二氧化碳气体自然地聚集在瓶内，使酒液带有气泡的葡萄酒，其酒精度一般在14%vol以下。香槟酒是有气葡萄酒的典型代表。

加强型葡萄酒（Fortified Wines）：是指在葡萄酒的发酵过程中掺入白兰地或食用酒精，使发酵中断，留有一定的糖分并提高酒精含量而得的葡萄酒。其酒精度一般在14%vol～24%vol，如雪利酒。

芳香葡萄酒（Aromatized Wines）：是指在葡萄酒发酵过程中，除掺入白兰地或食用酒精外，再加入各种芳香原料（如水果、果实和香料等）浸制而成的葡萄酒。该酒既有酒香，又有特殊的香料香味，如味美思。

（5）按照葡萄酒的饮用时间分类。

餐前葡萄酒（Appetizer Wines）：餐前饮用的葡萄酒一般为干型。

佐餐葡萄酒（Table Wines）：进餐时饮用的葡萄酒一般为干型。

餐后葡萄酒（Dessert Wines）：餐后饮用的葡萄酒一般为甜型。

4. 黄酒

黄酒的主要原料是糯米、粳米、黍米。原料经蒸煮、摊晾后，加入酒曲或酵母搅拌，在缸内进行糖化和发酵，经多种微生物共同作用，即可酿成这种低度原汁酒。经压榨收集的米酒液，因色泽橙黄，故称黄酒。

黄酒色泽黄亮透明，香气浓郁芬芳，口味鲜美醇厚，风格独特，酒度适中，营养丰富，并有健胃、明目之功效。

黄酒的品种很多，分类方法各异。下面以中国黄酒为例进行说明。

（1）根据原料、风味、产区不同，黄酒可分为：

1）南方糯米、粳米黄酒。长江以南地区，以糯米、粳米为原料，以麦曲为糖化剂、酵母为发酵剂酿制黄酒，在全国的黄酒销售中占有很大比重，其中以绍兴老酒最为著名。

2）北方黍米黄酒。华北和东北地区，以黍米（又称黄米）为原料，以米曲或麦曲为糖化剂，以酵母为发酵剂酿制黄酒，以山东即墨老酒、山西黄酒为代表。

3）红曲黄酒。东南沿海地区，以糯米或粳米为原料，以红曲为糖化发酵剂酿制黄酒，福建以闽北红曲黄酒为代表，浙江以温州乌衣红曲黄酒为代表。

4）大米精酒。这是一种改良的大米黄酒，以粳米为原料，以米曲为糖化剂、酵母为发酵剂酿制而成。酒色淡黄透明，糖度、酸度均较低，具有类似清酒的香味。大米精酒以吉林清酒、山东即墨特级清酒为代表。

（2）根据含糖量不同，黄酒可分为：

1）干黄酒。“干”表示酒中的含糖量少，总含糖量低于或等于15.0克/升，口味醇和、鲜爽、无异味。

2）半干黄酒。“半干”表示酒中的糖分还未全部发酵成酒精。在生产时，这种酒的加水量较低，相当于在配料时增加了饭量，总含糖量为15.0～40.0克/升（含40.0克/升），故又称“加饭酒”。我国大多数高档黄酒，口味醇厚、柔和、鲜爽、无异味，均属此种类型。

3）半甜黄酒。这种酒采用的工艺独特，成品酒中的糖分较高，总含糖量为 40.0～100 克 / 升（含 100 克 / 升），口味醇厚、鲜甜爽口，酒体协调，无异味。

4）甜黄酒。这种酒一般是采用淋饭操作法，拌入酵母，先酿成甜酒酿，当糖化至一定程度时，加入 40%vol～50%vol 浓度的米白酒或糟烧酒，以抑制微生物的糖化发酵作用，总含糖量高于 100 克 / 升，口味鲜甜、醇厚，酒体协调，无异味。

三、茶叶

（一）茶叶的主要成分

茶叶中含有多种有益人体健康的营养物质。与茶叶质量直接相关的成分，主要是影响其色、香、味的多酚类、生物碱等。

茶多酚是茶叶中 30 多种酚类物质及其衍生物的总称，是茶叶中主要的化学成分。茶多酚含量高、分布广、变化大，对茶叶的品质影响最为显著，是茶叶生物化学研究最广泛、最深入的一类物质。茶多酚主要由儿茶素类、黄酮类、黄酮醇类、花青素、花白素和酚酸、缩酚酸类组成。其中儿茶素含量最高，占茶多酚总量的 70%～80%。茶鲜叶加工成干茶后，多酚类物质会发生不同程度的变化，其变化程度取决于加工方法。绿茶在加工过程中由于钝化了茶叶多酚氧化酶的活性，最大限度地保留了茶多酚，因此绿茶的茶多酚含量在所有茶类中是最高的。红茶的加工方法则使茶多酚尽可能多地被氧化成茶黄素（TFs）和茶红素（TRs）等产物，所以红茶中的茶多酚含量在所有茶类中是最低的，但红茶含有大量的多酚氧化产物。乌龙茶则介于绿茶与红茶之间，它既保留了一定数量的茶多酚，同时也含有一些多酚氧化产物。茶多酚在不同茶类中的含量，主要取决于加工中多酚类物质所受酶促氧化或非酶性氧化的程度，因此茶多酚在加工中的氧化方式和氧化程度是茶叶分类的重要依据之一。

茶叶中的主要生物碱有咖啡碱（又称咖啡因）、可可碱和茶叶碱，三者都属于甲基嘌呤碱类化合物，是茶叶特征性化学物质之一。茶叶中的生物碱以咖啡碱含量最高，一般占茶叶干物重的 2%～4%，其余两种含量较少。世界上含咖啡碱的植物很少，茶叶、咖啡、可可是最主要的几种，因此咖啡碱的存在可以用来鉴别真假茶。纯咖啡碱是白色绢丝光泽的针状结晶，易溶于水，尤其易溶于热水，其水溶液呈弱碱性，在 120℃时开始升华。咖啡碱具有苦味，添加氨基酸，对咖啡碱的苦味有消减作用，而添加茶多酚则对其苦味有增强作用。在红茶茶汤冷却后，咖啡碱可以与茶黄素、茶红素等通过氢键络合形成茶乳凝复合物，产生“冷后浑”现象，这是红茶茶汤好的表现。茶叶中的咖啡碱对人具有提神益思、强心利尿、消除疲劳等功用。

氨基酸一般占茶叶干重的 1%～4%，有一些茶树品种的氨基酸含量很高，如白叶一号（安吉白茶）、黄金芽等。目前在茶叶中发现的氨基酸有 26 种，除组成蛋白质的 20 种氨基酸外，还有 6 种是非蛋白质氨基酸，茶氨酸、豆叶氨酸、谷氨酸甲胺、γ-氨基丁酸、天冬酰乙胺、β- 丙氨酸，因为不构成蛋白质，所以 6 种全部都是游离氨基酸。在茶叶所有的游离氨基酸中，茶氨酸含量占一半以上，具有焦糖香和类似味精的鲜爽味，是茶叶的特征性氨基酸。氨基酸是组成蛋白质的基本物质，其在茶汤中的浸出率可达 80% 以上，是茶叶的主要滋味物质，也是形成茶叶香气和鲜爽度的重要成分，尤其与绿茶香气的形成关系密切。

氨基酸与人体健康关系密切，如谷氨酸、精氨酸能降低血氨，治疗肝昏迷等。与茶叶保健功效关系最大的氨基酸是茶氨酸和 γ-氨基丁酸。

芳香物质是茶叶中易挥发性物质的总称。茶叶芳香物质的特点是含量少、种类多、易挥发，每一种芳香物质要以 ppm 为单位计量，全部芳香物质只占干物重的 0.005%～0.03%，迄今已分离鉴定的茶叶芳香物质多达 700 余种，包括碳氢化合物、醇类、酮类、酸类、醛类、酯类、内酯类、酚类、过氧化物类、含硫化合物类、吡啶类、吡嗪类、喹啉类、芳胺类等。这些香气成分一部分是鲜叶固有的，但大部分是在茶叶加工中形成的。绿茶以清香、烘炒香、栗香、嫩香为主；红茶以水果香、甜香、焦糖香为主；乌龙茶以花香突出为特点。香气组成十分复杂，看不见、摸不着，千变万化，一个香型由几种甚至几十种芳香物质组成。香气成分的性质很不稳定，光照、氧气、温度都会使它变化分解，从而使香气消失。茶叶芳香物质根据沸点从低到高排列是草香（青草气）、清香、豆香、栗香、花香、蜜香、果香、甜香、焦糖香、陈香。黑茶类由于发酵原理的特殊性，因此往往带有菌香。

茶叶中含有丰富的维生素类，其含量占茶叶干重的 0.6%～1%，维生素类分水溶性和脂溶性两类。水溶性维生素有维生素 C、维生素 B_1、维生素 B_2、维生素 B_3、维生素 B_{12}、维生素 P 和肌醇等。脂溶性维生素有维生素 A、维生素 D、维生素 E 和维生素 K 等，水溶性维生素可以进入茶汤，脂溶性维生素则要通过吃茶叶才可以吸收。在茶叶中的维生素当中以维生素 C 含量最高，一般绿茶维生素 C 的含量约为 250mg/100g，有的绿茶甚至高达 500mg/100g，可以和新鲜的水果蔬菜媲美，其他茶类相对少些，因此多喝绿茶对每日补充维生素 C 很有帮助。

茶叶中含有其他物质成分，如糖类物质，以及各种色素。糖类物质的存在使茶汤具甜醇味；色素的存在使不同类别的茶叶叶底和茶汤呈现与其品质相符的颜色。茶叶中还含有多种矿物质。

（二）主要品种及其特点

茶的介绍

1. 绿茶

绿茶是不发酵茶。加工工序：鲜叶→杀青→揉捻→干燥。

杀青是主要工序，目的是破坏鲜叶中酶的活性，抑制茶多酚氧化和叶绿素分解。它的特点是保护了茶叶的绿色，即做到干绿、汤绿、叶底绿“三绿”。绿茶按初制杀青的干燥方法不同，分为炒青、烘青和晒青 3 类。

（1）炒青。初制干燥是用铁锅炒制的茶，称炒青绿茶。其品质特点是各条索紧洁光润，汤色叶底碧绿，香气清高，滋味浓，收敛性强，耐冲泡。炒青的主要品种又可分为扁炒青、长炒青和圆炒青。

（2）烘青。烘青茶干燥方式是采用烘笼或烘干机，而不是直接接触铁锅。烘青茶既有成品茶，也是供窨制花茶的原料茶。烘青茶外形较为舒展，色泽翠绿油润，汤色黄绿明亮，香气清纯，味鲜醇，叶底嫩缘匀齐。

（3）晒青。晒青是利用日光干燥的一类绿茶，其品质不及炒青和烘青，一般香气低，汤色和叶底黄色，带有日晒味。这类茶除在产地销售外，多作紧压茶原料。

2. 红茶

红茶是全发酵茶，品质特征和绿茶不同，绿茶以保持天然绿色吸引人，红茶则以红艳而名贵。加工工序：鲜叶→萎凋→揉捻→发酵→干燥。

发酵是主要工序，制作中，采用细嫩叶为原料，经完全发酵使绿叶变为红叶。发酵使茶多酚加速了酶促氧化，形成红叶红汤、香甜味醇的品质特征。红茶根据制法与品质的差异分为工夫红茶、小种红茶、红碎茶 3 类。

（1）工夫红茶。工夫红茶是我国特有的传统产品，以做工精细而得名。工夫红茶在制作过程中很讲究茶的形状和色、香、味，特别要求紧卷、完整、匀称、洁净。其成品特点是条索紧细、色泽乌润、汤色红艳明亮、香气浓郁纯正，滋味甘醇、叶底匀嫩鲜红。其中，祁红、滇红、川红、宜红被称为我国的四大红茶。

（2）小种红茶。我国的小种红茶多产于福建省。因烘干时用松木熏制，故成品茶有独特的松木香味，这是小种红茶与工夫红茶最明显的区别。小种红茶的品质特点是条索粗实、叶质肥厚、色泽乌黑、汤色红浓、滋味爽口。

（3）红碎茶。红碎茶在国际市场上很受欢迎。红碎茶在初制时经过充分揉捻和切碎、发酵、干燥而成。其特点是外形整齐一致，色泽乌黑、香气很浓，滋味浓厚、汤色浓红，适于添加牛奶、柠檬、糖等饮用。因红碎茶制作时经揉、撕、切，已使茶叶组织破坏，故饮用时一次冲泡就能将大部分有效成分浸出，这很符合西方人的饮茶习惯。

3. 乌龙茶

乌龙茶即青茶，属半发酵茶。其制作方法兼有红茶与绿茶的发酵和杀青，其成品特点既有绿茶的鲜爽也有红茶的甘醇，而且叶底具有绿叶红镶边的特点。加工工序：鲜叶→萎凋→摇青→杀青→揉捻→干燥。

摇青是主要工序，将鲜叶置于特制容器内不断摇动，使茶叶相互碰接至叶缘细胞破裂，茶汁流出，氧化发酵，发酵到适当程度后立即杀青，使发酵过程终止。这样，片片茶叶边缘发酵，中心部分不发酵，故而形成绿叶红镶边的特殊风格。

乌龙茶也是我国特产，主产于福建、广东、台湾 3 省，以福建的产量最大、品种最多、质量最好，主要品种有安溪铁观音、武夷岩茶（大红袍）等。

经临床医学研究证明，乌龙茶对高血压、高脂血症有显著疗效。

4. 花茶

花茶是我国特有茶类，属再加工茶，是由成品茶加鲜花窨制而成，有助消化和兴奋神经作用。花茶多以所用鲜花命名，如茉莉花茶、柚子花茶、玳玳花茶、玫瑰花茶、桂花茶等。

（三）茶叶的质量评审

茶叶质量包括感官质量和理化指标两部分。在我国，茶叶品质的好坏、等级的划分、价值的高低，主要是人根据茶叶外形、香气、滋味、汤色、叶底等，通过感官审评来决定的。

评茶和茶宠

感官审评分为干茶审评和开汤审评，即干评和湿评。干评是审评干茶外形。开汤为湿评内质重要的步骤。开汤后应先嗅香气，快看汤色，再尝滋味，后评叶底。操作程序分述如下：

（1）嗅香气。品茶者嗅香气时应一手拿住已倒去茶汤的评审杯，另一手半揭开杯盖，靠近杯沿用鼻轻嗅或重嗅。为了正确判别香气的高低和类型，品茶者嗅时应重复一两次，但每次嗅的时间不宜过久，过久不但容易失去嗅觉的灵敏度，而且杯数较多时，冷热程度不一，难以评比。每次嗅评时，品茶者都要将杯内叶底抖动一下。未评之前，杯盖不得打开。

（2）看汤色。汤色又称水色，俗称汤门或水碗。审评汤色要及时，因茶汤中的成分和香气接触后很容易发生变化，所以有的品茶者把评汤色放在嗅香气之前。汤色易受光线强弱、茶碗规格、容量多少、排列顺序、沉淀物多少、冲泡时间长短等各种因素影响，品茶者在审评时要加以足够注意。汤色以深浅、明暗、清浊等评定优次。

（3）尝滋味。审评滋味应在评汤色后立即进行。茶汤的温度要适宜。温度过高或过低都易使滋味失真。尝茶味的方法是品茶者将汤匙自审评碗中取汤入口。汤入口后舌头快速循环打转，让舌头各部分在功能上有区别的味蕾全进入工作状态，以便全面而客观地反映茶滋味。尝味后的茶汤一般不下咽；尝另一碗前，匙要用白开水漂净，以免串味。审评滋味主要按浓度、强弱、爽涩、鲜滞及纯杂等评定优次。

（4）评叶底。评叶底是品茶者根据叶底的老嫩情况、均匀程度、整碎程度和开展与否来评定；同时还应注意有无其他物质掺杂。评叶底时是将杯中冲泡过的茶叶（即叶底）倒入叶底盘或放入审评杯盖的反面，也有放入白色搪瓷漂盘内的。品茶者倒茶时要注意把细碎地黏在杯壁杯底的茶叶倒干净，用叶底盘或杯盖先将叶张拌匀、铺开、揿平，观察茶叶嫩度、匀度和色泽的优次，如果感到不够明显，可在盘里酌加茶汤揿平，再将茶汁徐徐倒出，使叶张漂在水中观察分析。品茶者评叶底时，要充分发挥眼睛和手指的作用。手指揿叶张，感觉其软硬、厚薄、平凸、壮瘦等，用眼睛看芽叶含量、叶张卷摊、光糙、色泽及均匀度等以区别好坏。

四、乳类食品

乳是营养丰富的食品，含有丰富的蛋白质、脂肪、矿物质和多种维生素等人体生长发育以及代谢所需的营养成分，所含营养价值几乎能全部被人体消化吸收，被人们称为完全营养食物。

（一）乳的基本成分及其性质

乳主要由水、蛋白质、脂肪、乳糖以及以钙为主的矿物质和一些维生素组成。牛乳含有乳蛋白质、乳脂肪、乳糖、乳矿物质、乳维生素等。

（二）乳的消毒

（1）煮沸消毒法。直接煮沸，对乳的理化性质改变较大，营养成分损失较多。

（2）瓶装蒸汽消毒法。加热至 80℃～85℃，维持 15 分钟。此方法简单可靠，可避免消毒后再污染。

（3）巴氏消毒法，分为低温长时间消毒法和超高温短时间消毒法。

以上消毒可使乳中细菌含量减少至最低程度，但仍残留耐热的微生物，不能长时间储存。

（三）乳的质量指标

（1）感官指标：色泽、状态、气味、滋味。

（2）理化指标：脂肪、酸度、细菌总数、致病菌等。

（3）微生物指标：微生物来源主要是牛（羊）体污染、外界污染、疾病，包括细菌、酵母、霉菌等。

（四）乳制品分类

（1）液体乳类。由健康牛（羊）所产的鲜乳汁，经有效的加热杀菌方式处理后，分装出售的饮用乳品，又分为杀菌乳、灭菌乳、酸牛（羊）乳等。

（2）乳粉类。以生鲜牛（羊）乳为原料，添加或不添加辅料，经杀菌、浓缩、喷雾干燥制成的粉状产品。成品呈极淡的黄色，含有少量水分，用水冲调后基本上和鲜乳汁相同。乳粉可分为：全脂乳粉、低脂乳粉、脱脂乳粉、全脂加糖乳粉、调味乳粉、配方乳粉。

（3）炼乳类。以生鲜牛（羊）乳或复原乳为主要原料，添加或不添加辅料，经杀菌、浓缩，制成的黏稠态产品。按照添加或不添加辅料，分为全脂淡炼乳、全脂加糖炼乳、调味 / 调制炼乳、配方炼乳。

（4）乳脂肪类。以生鲜牛（羊）乳为原料，分离出脂肪，此脂肪成分经杀菌、发酵或不发酵等加工过程，制成的黏稠状或质地柔软的固态产品。按脂肪含量不同，乳脂肪类产品分为稀奶油、奶油、无水奶油。

（5）干酪类。以生鲜牛（羊）乳或脱脂乳、稀奶油为原料，经杀菌、添加发酵剂和凝乳酶，使蛋白质凝固，排出乳清，制成的固态产品。干酪类产品分为原干酪和再制干酪。

（6）其他乳制品类。干酪素、乳糖、乳清粉及地方特色的乳制品（奶皮子、奶豆腐、乳饼、乳扇等）。

相关阅读

含乳饮料

含乳饮料，是以鲜乳或乳粉、植物蛋白乳（粉）、果菜汁或糖类为原料，添加或不添加食品添加剂与辅料，经杀菌、冷却、接种乳酸菌发酵剂、培养发酵、稀释而制成的活性或非活性饮料。

含乳饮料是一种常见的营养型饮料，这种饮料的配料中除牛（羊）奶以外，一般还有水、甜味剂、果味剂等，一般不含二氧化碳。含乳饮料分为配制型和发酵型两种。

任务三　了解食品的消费趋势

一、食品安全与食品卫生的概念

食品安全是指食品无毒、无害，符合应有的营养要求，对人体健康不造成任何急性、亚急性或者慢性危害。

食品卫生是为防止食品污染和有害因素危害人体健康而采取的综合措施。食品中的有毒有害物质主要来自两个方面：首先是食品本身有毒；其次是各种污染，包括生物性污染、化学性污染、放射性污染。

（一）生物性污染

食品在生产、运输、储藏、销售等各个环节中，受到致病微生物和寄生虫卵的污染。

防治措施：各级机构、生产者、消费者加强食品的卫生管理和监督，提高食品卫生的科学管理水平，创造适宜的食品储藏环境。

（二）化学性污染

1. 农药污染

（1）农药喷洒于农作物后渗入植物体内。

（2）农药散落在土壤中后通过农作物根部吸入植物体内。

（3）农药污染农作物的茎秆和牧草，再做饲料喂养畜禽。

（4）农药污染水源进入农作物或人体内。

2. 重金属污染

（1）废水、废气、废渣污染。

（2）汞、镉、砷、铅等污染。

3. 添加剂污染

防腐剂、抗氧化剂、发色剂、漂白剂、凝固剂、疏松剂、着色剂、香精等污染。

（三）放射性污染

（1）天然的放射性污染。

（2）人为的放射性污染。

二、食品消费的主要趋势

随着生活水平和居民收入的不断提高，消费者的消费方式、消费观念和消费偏好也发生了变化。伴随着对于追求更加美好生活的向往、对于食品安全与卫生的重视，消费者不再满足于基本的生活必需品，开始越来越青睐有健康、绿色、环保等方面属性的食品，购买无公害农产品、绿色食品、有机产品成为食品消费的主要趋势。

（一）无公害农产品

1. 定义

无公害农产品，是指产地环境、生产过程和产品质量符合国家有关标准和规范的要求，经认证合格获得认证证书并允许使用无公害农产品标志的未经加工或者初加工的食用农产品。

2. 基本要求

无公害农产品的认证机构，由国家认证认可监督管理委员会审批，并获得国家认证认可监督管理委员会授权的认可机构的资格认可后，方可从事无公害农产品认证活动。

无公害农产品产地应当符合下列条件：产地环境符合无公害农产品产地环境的标准要求；区域范围明确；具备一定的生产规模。

无公害农产品的生产管理应当符合下列条件：生产过程符合无公害农产品生产技术的标准要求；有相应的专业技术和管理人员；有完善的质量控制措施，并有完整的生产和销售记录档案。

从事无公害农产品生产的单位或者个人，应当严格按规定使用农业投入品。禁止使用国家禁用、淘汰的农业投入品。

无公害农产品产地应当竖立标示牌，标明范围、产品品种、责任人。

获得无公害农产品认证证书的单位或者个人，可以在证书规定的产品、包装、标签、广告、说明书上使用无公害农产品标志。

3. 无公害农产品的特征

无公害农产品注重产品的安全质量，具有安全性、优质性、高附加值的特点。其标准要求不是很高，涉及的内容也不是很多，适合我国当前的农业生产发展水平和国内消费者的需求。对于多数生产者来说，达到这一要求不是很难。当代农产品生产需要由普通农产品发展到无公害农产品，再发展至绿色食品、有机产品，绿色食品跨接在无公害农产品和有机产品之间，无公害农产品是绿色食品发展的初级阶段，有机产品是质量更高的绿色食品。

（二）绿色食品

1. 定义

绿色食品是指产自优良生态环境、按照绿色食品标准生产、实行全程质量控制并获得绿色食品标志使用权的安全、优质食用农产品及相关产品。由于与环境保护有关的事物，国际上通常都冠之以“绿色”，为了更加突出这类食品产地良好的生态环境，因此定名为绿色食品。

2. 绿色食品的特征

（1）绿色食品出自最佳生态环境，采用优质的原料加工成为优质的初加工产品；同时，企业、农民对资源和环境的保护意识强，以实现可持续利用资源和环境。

（2）我国对绿色食品实行从土地到餐桌的全程质量控制，简单来说就是在原料转化为绿色食品的过程中，实现产前的环境检测、原料检测，产中的具体生产、加工操作规程的落实，产后的产品质量、卫生标准、保险运输、储藏、销售等方面的控制。

（3）我国对绿色食品依法实行标志管理，政府授权专门机构管理绿色食品标志。绿色食品标志是一个质量证明商标，受《中华人民共和国商标法》保护。

3. 绿色食品的分级

为适应我国国内消费者的需求及当前我国农业生产发展水平与国际市场竞争，在申报审批过程中将绿色食品区分A级和AA级。

A级绿色食品是指在生态环境质量符合规定标准的产地，生产过程中允许限量使用限定的化学合成物质，按特定的操作规程生产、加工，产品质量及包装经检测、检验符合特定标准，并经专门机构认定，许可使用A级绿色食品标志的产品。AA级绿色食品是指在环境质量符合规定标准的产地，生产过程中不使用任何有害化学合成物质，按特定的操作规程生产、加工，产品质量及包装经检测、检验符合特定标准，并经专门机构认定，许可使用AA级有绿色食品标志的产品。

（三）有机产品

1. 定义

有机产品是指有机生产、有机加工的供人类消费、动物食用的产品。

2. 基本要求与特征

第一，原料必须是来自有机农业生产体系或采用有机方式采集的野生天然产品；第二，整个生产过程遵循有机产品生产、加工、包装、储藏、运输等要求；第三，生产流通过程中具有完善的跟踪审查体系和完整的生产、销售档案记录；第四，通过独立的有机产品认证机构的认证审查。

3. 有机产品的销售

为保证有机产品的完整性和可追溯性，销售者在销售过程中应采取但不限于下列措施：

（1）避免有机产品与常规产品的混杂；

（2）避免有机产品与标准禁止使用的物质接触；

（3）建立有机产品的购买、运输、储存、出入库和销售等记录。

有机产品销售时，采购方应索取有机产品认证证书、有机产品销售证等证明材料。（注：使用了有机码的产品销售时，可不索取销售证。）

有机产品加工者和有机产品经营者在采购时，应对有机产品认证证书的真伪进行验证，并留存认证证书复印件。

对于散装或裸装产品，以及鲜活动物产品，销售方应在销售场所设立有机产品销售专区或陈列专柜，并与非有机产品销售区、柜分开；应在显著位置摆放有机产品认证证书复印件。

（四）无公害农产品、绿色食品、有机产品的异同

总的来说，无公害农产品、绿色食品、有机产品是为了保障居民对于健康食材的标准

和流行选择。三者既有一些共同的特征，也存在明显的区别。

1. 共同特征

环保：产地环境要求无污染，具有良好的生态条件，生产过程中减少使用或完全不使用化肥、农药等人工合成的化学物质，有效地防止生产过程对环境的污染。

安全：在生产过程中，通过严密的监测和控制，防止有毒有害物质在各个环节的污染，确保蔬菜内有毒有害物质的含量在安全标准以下，不构成对人体健康的危害。

优质：蔬菜的商品质量要符合标准要求。

卫生：不使用尚未充分腐熟的人、畜粪尿，产品中不带有危害人体健康的各种病原菌和寄生虫等。

营养：注重蔬菜的内在品质，即品质优良，营养价值和卫生安全指标高。

2. 区别

（1）目标定位。

无公害农产品以规范农业生产、保障基本安全、满足大众消费为目标，达到中国普通蔬菜质量水平。

绿色食品以提高生产水平、环境良好、食品安全优质、满足更高需求、增强国内外市场竞争力为目标，达到发达国家普通食品质量水平。

有机产品以保持良好生态环境，回归自然，人与自然的和谐共生为目标，达到生产国或销售国较高蔬菜质量水平。

（2）质量水平。

无公害农产品保证人们对食品质量安全最基本的需求，符合国家食品卫生质量标准，是最基本的市场准入条件。

绿色食品达到了国家的先进标准，满足人们对食品质量高层次的需求。

有机产品满足更高层次的安全消费。

项目小结

食品是人类获取营养的来源，是必不可少的生活必需品，与我们生活日常紧密相连。了解食品的营养成分、食品的特征有助于我们对世界产生更加深刻的认知，有助于我们对食品商品进行质量鉴定，对于提高商品质量、树立正确的食品安全与卫生观念具有重要的现实意义。

过关检测

一、单选题

1. 可用香型来划分的酒类是（　　）。

A. 白酒　　B. 啤酒　　C. 黄酒　　D. 葡萄酒

2. 下列水果中属于浆果的是（　　）。

A. 核桃　　B. 葡萄　　C. 橘子　　D. 苹果

3. 下列茶叶中属于乌龙茶的是（　　）。

A. 龙井　　B. 铁观音　　C. 黄山毛峰　　D. 茉莉花茶

4. 下列营养物质中不是碳水化合物的是（　　）。

A. 多糖　　B. 葡萄糖

C. 植物纤维素　　D. 蛋白质

5. 茶叶成分中，饮后使人兴奋的主要成分是（　　）。

A. 茶多酚　　B. 儿茶素　　C. 咖啡因　　D. 氨基酸

二、多选题

1. 茶叶中的主要有效成分是（　　）。

A. 茶多酚　　B. 咖啡因　　C. 蛋白质　　D. 脂肪

2. 红茶初制的主要工序有（　　）。

A. 萎凋　　B. 揉捻　　C. 发酵　　D. 烘干

3. 属于脂溶性维生素的有（　　）。

A. 维生素 A　　B. 维生素 B

C. 维生素 C　　D. 维生素 D

三、判断题

1. 维生素是人体大量需要的一类营养成分。（　　）

2. 苹果可以用真空包装的办法保鲜储存。（　　）

3. 白兰地是蒸馏酒。（　　）

4. 配制酒是用食品酒精或成品酒配制的。（　　）

5. 茶叶疏松多孔，易吸附异味。（　　）

6. 酒类商品储存时间越长越好。（　　）

7. 葡萄酒没有保质期的要求。（　　）

8. 干红葡萄酒比半干红葡萄酒甜。（　　）

9. 碳水化合物又称糖类，可以供给人体热量，多来源于植物性食品。（　　）

10. 多种不同类别，不同等级的花茶不能混放。（　　）

四、思考题

1. 食品的主要营养成分包括哪些？

2. 中国白酒主要有哪些香型？代表品种有哪些？

3. 茶叶有哪些分类？主要代表品种有哪些？各有什么特点？

4. 乳的成分主要有哪些？

5. 食品中的有毒害物质主要来自哪些方面？

五、案例分析

“一滴香”注明的主要成分是酶解肉膏、水解植物蛋白、氨基酸等，但通过化工合成或用劣质香油精都能做出这种“一滴香”来。

“一滴香”属化学工业制品，食用后对人体损害非常大，会损伤肝脏，还能致癌。个别小店使用“一滴香”作为调味品，制作米线、火锅、麻辣烫等食品，其标榜的“鸡汤”“大骨汤”，实际都是用这种食品添加剂调制而成的。其产品功效十分厉害，打开瓶盖后，整个办公室、走廊内都飘散着浓重的异香。据一名餐厅厨师透露："在饭店里吃饭，只要看到肉和菜的颜色特别鲜亮，红的特别红，绿的特别翠，味道又非常鲜美，这十之八九加了添加剂。离开添加剂，很多厨师都不会做菜了，要是让我做一道纯'绿色'的菜，还要色香味俱全，我承认我做不到。"

分析：

1. 以上案例材料中的有毒有害物质，会对人体造成什么影响？

2. 企业应当践行怎样的生产观念，担负怎样的社会责任？

3. 作为消费者，我们应当树立怎样的消费观念？

任务实训

◆ 任务描述

全班学生共同准备 5～8 种茶叶样品，并按照课程小组的形式开展商品推荐会，每组学生自行调研组内选择的几种典型茶叶，做成 PPT 进行展示并同步进行茶叶的商品推荐。

◆ 任务目标

（1）加深对典型食品商品的认知，体会知识与现实生活的联系。

（2）培养收集信息、整理材料与分析问题的能力。

（3）激发学习本课程的兴趣。

◆ 任务实施

（1）首先总体介绍商品，吸引消费者。

（2）对消费者感兴趣的商品进行推荐介绍，重点是：商品的特点；饮茶的作用；饮用的方法。

◆ 成绩评定

茶叶推介服务能力训练考核如表 11-2 所示。

表 11-2 茶叶推介服务能力训练考核表

组别： 成绩：

项目	评分标准	得分
商品推荐介绍（60 分）	介绍全面、准确、恰当，对商品情况、功能熟悉，能按要求迅速、准确介绍，演示恰当，对消费者有吸引力，得 40 分；有遗漏，根据情况扣 4～8 分；有错误每处扣 10 分。扣完为止 动作熟练，边讲解边注意动作，准确、恰当，得 20 分；动作笨拙、讲解不准确、无讲解，视情况扣 4～8 分；有错误每处扣 10 分。扣完为止	
帮助挑选鉴别（40 分）	方法介绍正确，得 20 分；有一处错误扣 10 分 演示动作熟练，得 20 分；动作不熟练扣 2～6 分；有错误每处扣 10 分。扣完为止	

参考文献

1. 窦志铭 . 商品学基础 [M]. 2 版 . 北京：高等教育出版社，2008.

2. 曹汝英 . 商品学基础 [M]. 4 版 . 北京：高等教育出版社，2014.

3. 向洪玲，张娜，何道新 . 商品学 [M]. 成都：电子科技大学出版社，2022.

4. 何毓颖，张智清 . 商品知识 [M]. 3 版 . 北京：高等教育出版社，2020.

5. 罗安伟，刘兴华 . 食品安全保藏学 [M]. 3 版 . 北京：中国轻工业出版社，2019.

6. 陈宗懋 . 中国茶叶大辞典 [M]. 北京：中国轻工业出版社，2008.

7. 段磊 . 我国居民食品消费变化趋势分析 [J]. 食品安全质量检测学报，2018，9（15）：4138-4142.

8. 柯映如，杨雨凡 . 商品标准化在国际贸易中的作用 [J]. 中外企业家，2017（28）：149-150.

9. 樊汇川 . 以检促改——近代商品检验制度与茶业革新 [J]. 学术界，2022（3）：192-202.